KB275921

건강한 소그룹 사역 어떻게 할 것인가?

건강한 소그룹 사역 어떻게 할 것인가?

지은이 | 이상화
발행일 | 초판 1쇄 2005년 3월 1일
            개정증보판 2025년 12월 22일
등록 | 2001.05.02.(제 4-423)
등록된 곳 | 서울시 마포구 잔다리로7길 31 교육관 503호
발행처 | 소그룹하우스
발행인 | 이상화
편집책임 | 김태연
편집 | 김건일
디자인 | 바룸디자인
영업부 | 070-7578-2957
총 판 | 국제제자훈련원(02-3489-4306)
값 : 17,000원
ⓒ도서출판 소그룹하우스 2005
ISBN 978-89-91586-16-1 (03230)

한국소그룹목회연구원
한국소그룹목회연구원은 한국 교회가 건강한 소그룹을 통하여 건강하고 균형잡힌
교회를 이룰 수 있도록 돕는 소그룹 사역 전문기관입니다.

소그룹하우스
소그룹하우스는 건강한 소그룹을 통해 건강한 교회를 이루고자 하는 모든 교회들이
필요로하는 소그룹 소프트웨어와 자료들을 공급하기 위해 설립되었습니다.

건강한 소그룹 사역 어떻게 할 것인가

소그룹 사역의 필독서

초판 발행 20주년 기념 개정증보판

소그룹하우스

건강한 소그룹 사역 어떻게 할 것인가?

|목차|

1장 | 소그룹이란 무엇인가?

2장 | 건강한 소그룹, 이렇게 운영하라

3장 | 소그룹 교과과정을 어떻게 구성할 것인가?

4장 | 소그룹 인도자는 과연 누구인가?

5장 | 건강한 소그룹 성경공부, 이렇게 인도하라

6장 | 새로운 소그룹을 출발시키라

*** 부록**

|개정증보판 머리말|

21세기를 살아가는 우리는 지금 거대한 문명의 변곡점 위에 서 있습니다. 디지털 혁신, 세대 간의 가치 충돌, 인구 구조의 변화, 팬데믹 이후의 사회적 재편 등 어느 시대보다 빠르게 세상이 변하고 있습니다. 이 변화의 물결은 결코 교회 밖의 일만이 아닙니다. 오늘날 교회 역시 세상의 흐름 속에서 방향을 잃고 표류하고 있다는 사실을 부인하기 어렵습니다.

"이제 교회는 어디로 가야 하는가?"

이 질문이야말로 오늘의 목회자와 리더들이 반드시 붙들어야 할 화두입니다. 코로나 팬데믹은 그 질문을 우리 눈앞에 명확하게 드러내 주었습니다. 눈에 보이지 않는 작은 바이러스가 전 세계의 질서를 무너뜨렸고, '모이면 죽고 흩어지면 산다'는 역설적인 구호 속에서 교회는 예배당의 문을 닫고 각자의 집으로 흩어져야만 했습니다. 예배는 영상으로 대체되었고, 교제는 멈추었습니다. 그러나 그 긴 시간 동안 우리는 뼈아픈 진리를 배웠습니다. 교회는 건물이 아니라 사람이며, 프로그램이 아니라 관계라는 사실입니다.

온라인의 벽 너머에서도 누군가의 안부를 묻고, 함께 기도하며,

삶의 이야기를 나눌 수 있었던 작은 모임들이 바로 교회의 생명 줄이었습니다. 역사를 돌아보면, 하나님께서는 언제나 '작은 공동체'를 통해 주님의 구속의 역사를 이어 가셨습니다. 에덴동산의 첫 가정, 광야의 장막 공동체, 그리고 예수님께서 친히 부르신 열두 제자들의 모임은 하나님 나라의 축소판이자 교회의 원형이었습니다. 사도행전 2장에 기록된 초대 예루살렘교회 또한 '성전'이라는 대그룹과 '집'이라는 소그룹이 조화를 이루며 말씀과 기도, 떡을 떼는 교제 속에서 성령의 역동성을 경험했습니다. 그 결과 "하나님을 찬미하며 온 백성에게 칭송을 받으니 주께서 구원 받는 사람을 날마다 더하게 하셨다"(행 2:47)는 놀라운 부흥의 역사가 일어난 것입니다.

오늘의 한국 교회가 잃어버린 것도 바로 그 '소그룹의 교회' 정신입니다. 소그룹은 단순한 조직이 아니라, 교회 안의 작은 교회(Ecclesiola in Ecclesia)입니다. 그곳에서는 성도가 단순한 '참석자'가 아니라 '지체'로 살아가며, 말씀을 나누고, 기도로 서로를 세우며, 삶의 현장에서 복음을 살아내는 법을 함께 배우게 됩니다. 이것이 바로 교회의 본질이며, 예수 그리스도께서 원하신 제자공동체의 모습입니다.

팬데믹 이후 한국 사회는 '외로움'이라는 새로운 병을 앓고 있습니다. 2023년 조사에 따르면 국민의 72%가 지난 한 달 동안 외로움을 느꼈고, 그 중 19%는 '거의 항상 외롭다'고 응답했습니다. 놀라운 것은 신앙인들 역시 이 예외가 아니라는 사실입니다. 개신교인의 46%가 외로움을 경험한다고 답했습니다. 교회의 문은 열려 있지만, 마음의 문은 닫혀 있는 시대에 살아가고 있습니다. 이 고립과 단절의 시대에 교회가 다시 생명의 울타리가 되기 위해서는 서로의 얼굴을 마주하고 마음을 나누는 소그룹 공동체가 절실히 필요합니다.

소그룹은 프로그램보다 사람이, 성과보다 관계가 우선됩니다. 소그룹에서 사람들은 자신이 환영받는 존재임을 느끼고, 누군가의 기도와 눈물 속에 자신의 이야기를 놓을 수 있게 됩니다. 소그룹이 살아 있는 교회는 그 자체로 치유의 공동체이며, 복음이 삶으로 확장되는 살아 있는 선교 현장이 될 것입니다. 이 책은 바로 그러한 교회의 회복을 위한 방향을 제시하고자 합니다.

30여 년간 현장에서 소그룹목회를 임상해 온 경험과 수많은 리더 훈련, 그리고 연구 데이터를 토대로 '왜 소그룹목회가 건강한 교회성장을 위한 대안인가'에 대한 신학적 근거와 실천적 지침을 담았습니다.

이 책이 그 길을 찾는 이들에게 작은 나침반이 되기를 바랍니다. 목회자에게는 교회를 다시 세우는 통찰이, 리더들에게는 사람을 세우는 지혜가, 그리고 모든 성도들에게는 함께 살아가는 기쁨이 이 책을 통해 회복되기를 소망합니다.

소그룹의 회복은 교회의 회복이며, 교회의 회복은 곧 하나님의 나라가 이 땅 가운데 확장되는 일입니다. 우리 모두가 그 일에 동역자가 되기를, 그리고 '건강한 소그룹, 건강한 교회'라는 비전이 한국 교회의 미래를 향해 든든히 세워지기를 간절히 기도합니다.

한국소그룹목회연구원 대표 이상화 목사

1장

소그룹이란 무엇인가?

소그룹의 정의와 사역의 가치

소그룹의 정의

교회 안의 또 하나의 작은 교회(Ecclesiola in Ecclesia)인 소그룹은 건강한 교회성장을 꿈꾸는 교회라면 필수적으로 집중해야 할 사역이다. 특히 전 사회적으로 코로나 팬데믹이라는 전대미문의 어려움을 겪으면서 교회의 회복과 지속적인 성장을 위해 소그룹 사역의 중요성은 더욱 증대되었다. 그렇다면 소그룹이란 무엇인가?

훌륭한 소그룹 인도자인 로베르타 헤스테네스(Roberta Hestenes)는 소그룹을 다음과 같이 정의했다. "소그룹은 정해진 시간에 3명에서 12명 정도의 그리스도인들이 그리스도 안에서 풍성한 삶을 위한 가능성을 발견하고 성장하려는 공통의 목적을 가지고 의도적으로 얼굴을 맞대고 한자리에 모인 모임이다." 이 정의는 일곱 가지 요소로 되어 있는데 한마디 한마디가 중요한 의미를 담고 있다.

첫째, 소그룹은 "의도적"인 모임이다. 우리가 말하는 소그룹은 강요된 모임이 아니다. 새로 시작되는 소그룹 모임을 소개받은 사람이 자의로 결정하여 소그룹에 참여하는 모임을 말한다.

둘째, 소그룹은 "얼굴과 얼굴을 맞대고" 모이는 모임이다. 의사소통에는 언어적인 것과 언어 외적인 것이 있다. 통계적으로 볼 때, 모든 의사소통의 90%는 언어 외적인 관계에서 이루어진다고 한다. 그러므로 사람들이 서로의 얼굴을 마주할 때 그리고 한 자리에 모여 앉을 때 더욱 원만한 의사소통을 이룰 수 있다.

셋째, 소그룹은 "3명에서 12명"이 모이는 모임을 가리킨다. 모임의 인원이 12명을 넘게 되면 언외적(言外的) 의사소통이 어렵게 된다. 따라서 모든 사람이 대화에 적극적으로 참여하는데 어려움이 생겨서 모임은 역동성을 잃게 된다. 소그룹 참가자가 7명이 넘으면 성경공부를 진행할 때에는 4사람씩의 소그룹으로 모임을 더 작은 그룹으로 나누어야 한다. 이것이 모든 사람들을 참여시키고 제 시간 안에 모임을 끝낼 수 있는 방법이다.

넷째, 소그룹은 "정해진 시간"에 모이는 모임이다. 나중에 그룹이 견고하게 된 다음에는 융통성 있게 모일 수 있지만 모임을 시작하고 나서 처음 몇 주 동안에는 반드시 매주 모임을 가져야 한다.

다섯째, 소그룹은 "동일한 목적"을 가지고 모이는 모임이다. 정확하게 명시된 목적이 없는 소그룹을 시작하게 되면 그 모임은 흔들리게 된다. 소그룹의 목적 설정을 위하여 다음의 두 가지 질문을 확인해야 한다. 첫째, 우리는 왜 여기에 모였는가? 둘째, 우리는 무엇을 하고자 하는가?

여섯째, 소그룹은 "발견"을 위한 모임이다. 소그룹에 참여하는 자들이 소그룹 모임을 통하여 그 무엇인가를 얻도록 해야 한다. 교회에 나오지 않는 구도자들이나 초신자들이 소그룹에 참여하여 그리스도인으로서의 삶이 무엇인지를 알게 해 주어야 한다.

일곱째, 소그룹은 "성장"을 위한 모임이다. 소그룹 모임은 "연약한 그리스도인들"이 성숙한 신앙으로 자랄 수 있도록 돕는 자리이다.

위와 같이 학술적으로 정의한 소그룹의 개념은 우리에게 쉽게 다가오지 않는다. 실제적으로 우리 피부에 와 닿는 소그룹에 대한 정의가 있다. 소그룹이란 한마디로 말해서 "모든 사람이 당신의 이름을 아는 곳"이다.

소그룹을 피부에 와닿을 정도로 쉽게 정의하자면 "모든 사람들이 나를 아는 곳"이라고 할 수 있다. 그런데 또 다른 관점에서 말하자면, 소그룹은 "나를 진정으로 도와줄 그 한 사람이 있는 곳"이라고 정의할 수 있다. 소그룹은 루터의 말대로 교회 안의 '작은 교회'이기 때문에, 소그룹 역시 "믿음의 공동체요, 소망의 공동체요, 사랑의 공동체"이다. 그러므로 우리는 소그룹 안에서 성도 간의 진정한 교제와 사랑을 나눌 수 있다.

미국에서 소그룹 운동의 모체가 되었던 세렌디피티 하우스(Serendipity House)의 설립자 겸 총재였던 라이먼 콜먼(Lyman Coleman) 박사가 한 번은 달라스에 있는 한 교회의 수련회를 인도한 적이 있었다. 그곳에서 콜먼 박사가 리더들에게 물었던 질문이 있다. 그것은 "만일 당신에게 개인적인 위기 상황이 발생했을 때 달려와서 모든 문제를 해결해 줄 수 있는 네 명의 친구가 필요하다면, 당신은 지금 누구누구에게 연락하겠는가?"라는 것이었다.

어떤 여자 성도는 대학 시절 같이 활동했던 동아리 자매들에게 먼저 연락하겠다고 대답했다. 남자 성도 두 사람은 먼저 군대 친구들에게 연락하겠다고 대답했다. 그 교회 담임 목사님은 신학교 동기들에게 먼저 연락하겠다고 했다. 어떤 사람들은 연락할 곳이 없다고 대답하기도 했다.

두 시간 여 동안 이를 나누게 했고, 마무리 시간에 콜먼 박사는 다음과 같은 한 가지 질문을 통해 그들에게 도전을 주었다. "여기 있는 이 그룹에 속한 사람에게 연락하겠다고 생각한 사람은 없는가?" 그때 모든 사람이 유구무언으로 침묵만 지켰다고 한다.

건강한 소그룹은 단순히 사무적인 일을 실행하거나, 교육적인 일만 수행하는 곳이 아니다. 한 영혼을 끝까지 돌봐주는 곳이다. 대형 그룹 안에서는 그룹원들의 어려움이 무엇인지 파악하기 어렵다. 소형 그룹 안에서는 그룹원들의 어려움을 쉽게 파악하고 적절한 도움을 제공해 줄 수 있다. 소그룹은 작은 형태의 교회라고 할 수 있기 때문에, 그곳에서 진정한 영혼 돌봄의 사역이 수행되어야 한다. 소그룹은 그곳에 속한 멤버들에게 언제나 마음이 가는 곳이어야 하고, 도움을 요청할 수 있는 곳이어야 한다.

그래서 소그룹 멤버들로 하여금 소그룹은 "나를 도와줄 수 있는 그 한 사람이 있는 곳"이라는 생각을 갖게 해야 할 것이다. 꼭 물질적인 해결이 아니더라도, 소그룹에서 어려움을 겪는 멤버에게 관심을 가지고, 그 어려움을 놓고 기도해주는 것만으로도 그에게 소그룹은 늘 고마운 곳으로 기억될 것이다.

콜먼 박사가 질문했던 것처럼, 오늘 우리에게 위기 상황이 닥쳐왔을 때, 그것이 영적인 위기이든 어떤 형태의 위기이든지 우리의 소그룹을 찾는 사람들이 있는가? 우리의 소그룹은 단지 평화와 안정의 시대에만 열려 있는 곳인가? 어려움을 겪고 있을 때에도 사람들이 여전히 생각하고 찾는 곳인가?

소그룹은 우리에게 도움을 줄 수 있는 그 한 사람이 있는 곳으로 인식되어야 한다. 성경 공부만 하고 추상적인 교리 이야기만 하는 모임이라면, 그것은 유명무실한 모임이 될 수밖에 없다. 소그룹은 구원의 확신의 문제이든, 영적 평안을 구하는 문제이든, 가정과 직장의 문제이든 우리의 삶 속에서 겪고 있는 문제들을 함께 고민하고 기도해줄 수 있는 모임이 되어야 한다. 나의 소그룹에 나를 도와줄 만한 한 사람이 없다면, 그 소그룹을 다시 생각해 보아야 할 것이다. 소그룹이 적어도 '나를 도와줄 그 한 사람이 있는 곳'으로 인식되어야 건강한 소그룹으로 세워지게 될 것이다.

소그룹 사역의 가치

코로나19의 광풍이 휩쓸고 지나간 자리에서, 많은 교회들이 "어떻게 다시 부흥의 불씨를 지필 것인가"를 고민하고 있다. 그 답을 모색하는 과정에서 소그룹 사역은 전략적 대안으로 급부상했다. 사실 소그룹 사역은 코로나 이전부터도 교회 성장과 성숙의 핵심 열쇠로 거론되어 왔다. 교회사적으로 볼 때 교회 부흥의 이면에는 언제나 소그룹 운동이 있었고, 현대 교회 성장학도 "작은 교회들이 모인 큰 교회"라는 개념을 강조해 왔다. 코로나 팬데믹 이후에는 이러한 소그룹 사역의 가치가 더욱 분명해졌다. 왜 소그룹이어야 하는가? 이 질문에 대한 대답을 몇 가지 측면에서 정리해 보겠다.

첫째로, 소그룹은 개인의 영적 성장과 돌봄에 최적화된 공동체이기 때문이다. 팬데믹 기간, 목회자들은 대면으로 성도를 돌보기 어렵고, 영상 예배만으로는 각 사람의 영혼 상태를 파악하기 어려운 답답함을 토로했다. 반면, 이미 소그룹 체계를 갖추고 있던 교회들은 각 소그룹 리더들을 통해 성도들의 영적 건강을 일대일로 챙길 수 있었다. 소그룹 한 모임에 5명, 7명씩 연결되어 있으니, 서로의 형편과 기도제목을 주고받는 데 큰 무리가 없었던 것이다. 이런 구조는 유사시 위기 대응에도 강점을 보였다. 예를 들어 어떤 성도가 확진되어 격리될 때 소그룹에서 음식을 나르고 기도하며 돌볼 수 있었고, 교회 차원에서 놓치기 쉬운 한 사람 한 사람의 필요를 소그룹이 메워 주었다. 결국 소그룹은 "한 영혼도 놓치지 않고 돌볼 수 있는 교회의 손과 발"이라 할 수 있다. 서로 잘 아는 소수의 멤버로 이루어져 있으니 신앙 생활에서 느끼는 어려움이나 삶의 고민까지 속 시원히 나눌 수 있고, 그 자리에서 즉각적인 중보기도와 격려, 상담이 가능하다. 이러한 1:1 맞춤 돌봄은 대그룹 집회에서는 이루기 어려운 소그룹만의 강점이다. 코로나 이후 심화된 멤버십 이탈 문제에 대응하여, 소그룹은 탈퇴 방지와 회복의 견인차가 된다. 이렇듯, 소수의 깊은 교제에서 나오는 힘은 구성원들의 신앙을 지켜 줄 뿐 아니라 복음의 확장으로까지 이어지는 것이다.

둘째로, 소그룹은 교회 공동체 전체의 균형 잡힌 성장과 참여를 촉진하는 구조이다. 대예배와 설교 중심으로만 운영되던 교회는 자칫 일방향적 신앙(목회자→성도 전달)으로 흐르기 쉽다. 그러나 소그룹이 활성화되면 모든 성도가 말씀을 함께 나누고 삶에 적용하며 피드백하는 쌍방향 훈련에 참여하게 된다. 이는 평신도의 은사와 리더쉽을 개발하는 장이 되기도 한다. 예를 들어, 순수 평신도가 소그룹 리더로 세워져 동료 성도들을 섬길 때 평신도 리더쉽의 계발과 극대화가 이루어진다. 사랑의교회 제자훈련의 사례에서 보듯, 훈련받은 평신도들이 '소그룹 다락방'이라는 소그룹을 인도하게 함으로써 기존 구역예배의 한계를 넘고 평신도 지도력을 극대화할 수 있었다. 이것은 교회 성장에 매우 중요한 요소로서, 많은 일꾼을 필요로 하는 현대 교회 사역에서 평신도의 주도적 참여 없이는 한계가 있기 때문이다. 소그룹을 통해 평신도들이 동역자로 세워지면 교회는 몸 전체가 기능하는 건강한 유기체로 움직이게 된다. 또한 소그룹 간사나 코치, 지역장 등의 중간지도자 계층이 형성되어 목회적 돌봄의 층위가 세분화되고 견고해진다. 이런 구조에서는 목회자 한 사람이 모든 성도를 목양하지 않아도 소그룹이 제 역할을 하며 돌아가기 때문에, 교회 규모와 상관없이 목양의 질을 높이고 사각 지대를 최소화할 수 있다.

셋째로, 소그룹은 효과적인 전도와 양육의 플랫폼이 된다. 코로나 이후 교회의 전도가 어려워졌다. 길거리에서 전해주는 물품도 좀처럼 받지 않고 또 교회로 초대하는 행사성 전도가 위축되었다. 결국 교회에 처음 오는 새신자의 발걸음이 드물어졌다. 하지만 소그룹에 초대하는 방식의 전도는 여전히 유효하다. 주변 사람들이 "작지만 따뜻한 모임"에 마음을 열고 자연스럽게 복음의 현장에 들어오는 일이 일어나기 때문이다. 소그룹은 비신자들도 거부감 없이 참여할 수 있는 작은 단위의 모임이기 때문에, 관계전도의 최적 환경을 제공한다. 기존 성도 한 명이 자신의 친구나 이웃을 소그룹 모임에 데려와 교제하다 보면 어느새 마음의 문을 열고 교회 공동체에 스며들게 된다. 실제로 여러 교회에서 새신자의 정착률을 높인 비결로 활발한 소그룹 활동을 꼽는다. 새로 온 사람이 주일 예배만드리고 가면 교회에 붙어 있기 어렵지만, 작은 그룹에서 이름을 불리고 환영받는 경험을 하면 정착 확률이 크게 높아진다. 이처럼 소그룹은 새가족에게는 적응을 돕는 요람이 되고, 비신자에게는 복음을 체험하는 창구가 되는 것이다. 또한 소그룹은 기존 신자들의 제자훈련과 영적 성숙을 위한 훌륭한 장이다. 서로의 삶을 밀접히 나누며 말씀을 삶에 적용하고 순종하도록 권면하기에, 신앙이 단순 지식이 아니라 생활로 뿌리내리게 한다. 주일 설교를 듣고 "아, 좋은 말씀이다" 하고 끝나버릴 수 있지만, 소그룹에서 다시 그 말씀을 붙들고 "나는 어떻게 실천할까?" 서로 나눌 때 말씀은 삶 속에 살아 움직이는 양식이 된다. 이러한 지속적인 양육 환경 덕분에, 코로나 이후 신앙이 오히려 더 깊어졌다고 고백하는 성도들이 많이 생겨났다. 목회데이터연구소의 조사처럼, 소그룹에 꾸준히 참여한 성도들은 코로나 이전보다 자신의 영적 상태가 오히려 성장했다고 느끼는 비율이 높았다. 이는 소그룹 사역이 단순히 위기 극복 차원을 넘어 교회의 질적 성장, 곧 성도 개개인의 영적 깊이를 더해주는 전략임을 보여준다.

넷째로, 소그룹은 교회의 위기 대응력과 지속가능성을 높여주는 구조이다. 코로나 같은 예기치 않은 상황이 다시 온다면, 대그룹 예배나 전체 행사는 또다시 중단될 수 있다. 그러나 소그룹은 상황에 따라 유연하게 대처할 수 있다. 대면이 힘들면 온라인으로 전환하고, 전체 봉쇄 시기에도 가족 단위로 소규모 모임은 지속할 수 있다. 실제로 이번 팬데믹에서 경험했듯, Zoom이나 화상회의 기술을 활용하여 온라인 소그룹을 운영한 교회들도 많았다. 물론 화면을 통해 교제하는 것이 한계를 갖지만, 최소한 성도들이 영적으로 완전히 고립되지 않도록 연결해주는 끈이 되어주었다. 향후에도 어떤 형태로든 위기가 올 때 소그룹 조직은 교회의 기본 단위로서 성도들을 묶어주는 안전망 역할을 할 것이다. 뿐만 아니라 평상시에도 소그룹은 교회 내 문제를 조기 발견하고 치유하는 통로이다. 예를 들어 누군가 시험에 들어 낙심하거나 신앙이 식어갈 때, 소그룹 안에서는 그 신호를 빨리 감지하여 목회자에게 보고하고 함께 도울 수 있었다. 반대로 대형 교회에서 소그룹이 없으면, 한 성도가 조용히 사라져도 주변에서 모르는 경우가 허다하다. 그러므로 소그룹 체계는 교회가 건강하게 오래 존속하기 위한 필수 인프라라 할 수 있다. 이와 관련해, 팬데믹 기간 한국교회 데이터를 추적한 보고서는 흥미로운 사실을 전한다. 코로나의 충격 속에서도 회복력을 보인 교회들은 공통적으로 소그룹 사역에 지속적으로 힘을 실어온 교회들이었다는 것이다. 한마디로 소그룹에 강한 교회가 위기에도 강했다는 분석인데, 이를 통해 우리는 소그룹 사역이 미래 교회의 생존과 번영을 좌우할 전략적 요소임을 다시 한번 확인할 수 있다.

한 가지 덧붙인다면, 소그룹은 천국 공동체를 미리 맛보는 가장 작은 단위이기 때문에 그 자체로 소중하다. 소그룹 안에는 예배, 교육, 친교, 봉사, 전도의 교회 본질적 사역들이 축소판으로 모두 담겨있다. 그러므로 교회가 소그룹을 활성화한다는 것은 곧 교회의 본질을 회복하는 길과도 같다. 코로나 이후 침체기를 겪은 교회들이 다시 일어서기 위해 프로그램이나 이벤트를 늘리기보다, 소그룹이라는 교회의 기본을 재건하는 일이 선행되어야 할 것이다. 어떤 의미에서 소그룹은 교회의 생태계와 같다. 나무에 비유하면, 겉으로 보이는 줄기와 잎이 주일예배라면 보이지 않는 뿌리가 소그룹이다. 뿌리가 튼튼해야 줄기가 살고 열매를 맺는다. 팬데믹으로 한때 잎이 시들고 가지가 꺾였을지라도 뿌리가 살아있다면 교회는 다시 잎을 내고 열매를 맺을 것이다. 이 뿌리를 지금 깊고 굵게 만드는 작업, 그것이 바로 소그룹 사역의 강화이다.

소그룹의 필요성

소그룹의 성경적 근거와 필요성

소그룹의 중요성은 현대의 필요에 의해 갑자기 대두된 것이 아니다. 오히려 성경적 기반 위에 굳게 서 있다. 비록 '소그룹'이라는 용어 자체는 성경에 등장하지 않지만, 하나님께서 만드신 교회의 원형과 공동체 정신 속에 소그룹의 개념이 깊이 배어 있다. 우선, 창세기의 아담과 하와를 만드신 사건을 통해 인간이 공동체로 부름받은 정체성을 발견할 수 있다. 하나님은 태초에 아담과 하와 두 사람을 창조하셔서 가족이라는 최초의 소그룹 안에서 함께 살도록 만드셨다. 인간을 "우리의 형상을 따라, 우리의 모양대로" 만드시고 (창 1:26) 남자와 여자로 짝지어 한 공동체를 이루게 하신 것은, 하나님 자신이 삼위일체의 사랑의 교제 속에 존재하시는 분이시기 때문이다. 삼위일체 하나님은 본질적으로 관계적 존재이며, 그 형상을 따라 지음받은 인간도 근본적으로 관계적 존재이다. 다시 말해, 인간은 공동체 속에서 비로소 참된 삶의 목적과 행복을 누리도록 창조된 것이다.

이러한 신학적 통찰은 작은 공동체로서의 소그룹을 재조명하게 한다. 초기 교회의 모습을 기록한 사도행전 2장 42-47절은 소그룹 공동체가 지닌 성경적 모델을 잘 보여준다. 오순절 성령 강림 후 탄생한 예루살렘교회는 성전에 모이는 대그룹 예배와 집에서 모이는 소그룹 모임을 균형 있게 병행했다. "날마다 마음을 같이하여 성전에 모이기를 힘쓰고 집에서 떡을 떼며 기쁨과 순전한 마음으로 음식을 먹고"(행 2:46)라고 하듯이, 모든 성도가 함께 성전에 모여 예배드리는 동시에, 각 가정에서 소수의 교회 식구들이 모여 말씀을 배우고 교제하며 기도했다. 특히 집에서 드려진 작은 모임에서는 더 깊은 친밀함과 돌봄이 실현되었다. 성도들은 모일 때마다 사도의 가르침을 함께 받고, 식탁을 나누며 교제했고, 함께 집중하여 기도했다. 또한 서로의 필요를 채워주며 물질을 나누는 섬김이 자연스럽게 이루어졌다. 그 결과 "하나님을 찬미하며 또 온 백성에게 칭송을 받으니 주께서 구원 받는 사람을 날마다 더하게 하시니라"(행 2:47)고 기록한다. 즉, 소그룹을 통한 친밀한 교제와 양육이 교회 부흥의 원동력이 되었던 것이다.

신약 서신들도 교회 공동체를 가족에 비유하며 작은 공동체의 중요성을 시사한다. 바울은 "믿음의 가정"(갈 6:10)을 언급하며 교회를 한 가족으로 보았고, 에베소서에서는 성도를 "하나님의 권속" 즉 하나님의 가족이라 불렀다. 또 고린도전서 12장에서는 교회를 "그리스도의 몸"으로, 베드로전서 2장에서는 "산 돌들로 지어진 집"으로 묘사한다. 이러한 성경의 가르침은, 교회가 단순히 큰 건물에 모이는 군중이 아니라 서로를 알고 돌볼 수 있는 작은 공동체들의 연합임을 보여준다. 바꾸어 말하면, 주일의 대예배는 교회라는 몸의 머리이신 하나님께 경배드리는 시간이라면, 주중의 소그룹 모임은 서로 지체된 성도들이 몸을 이루는 시간인 것이다.

새로운 사회환경과 소그룹의 필요성

앞서 살펴본 성경적 토대 위에서, 우리는 현재 시대의 사회·문화적 현실을 직시할 필요가 있다. 코로나 팬데믹은 전 세계적으로 사람들의 생활 양식과 의식을 크게 바꾸어 놓았고, 사회적 거리두기와 비대면 문화의 지속은 사람들 사이에 깊은 관계 단절과 정서적 고립을 초래했다. 팬데믹 기간 내내 "안 만나야 산다"는 말이 일상이 되면서 대면 만남이 극도로 축소되었고, 모임과 행사들이 취소되거나 온라인으로 전환되었다. 그 결과 사람들 사이의 유대 관계는 약화되고 각자 고립된 생활 패턴에 익숙해졌다.

팬데믹 이후 3년여의 시간이 흐르는 동안, 사회 전반적으로 개인주의가 극심화되었다는 분석이 나온다. 많은 이들이 타인과 어울리기보다 혼자를 편안하게 느끼는 은둔형 라이프스타일을 선택하거나, 최소한의 관계 맺기만을 선호하는 경향을 보이게 되었다. 기술 발전과 재택근무의 확산 등도 개인의 물리적·심리적 고립을 부추겼다고 지적하고 있다. 이러한 사회에서 외로움은 시대의 흔한 정서로 자리 잡았다.

대한민국은 OECD 국가 중에서도 주관적 외로움 지수가 매우 높은 나라로 꼽혀 왔는데, 코로나 이후 그 수치는 더욱 악화되었다. 앞서 언급했듯이 10명 중 7명 이상이 외로움을 경험하고 있고 그 중 상당수는 치료가 필요한 심각한 수준으로 보고 있다. 외로움의 문제는 단순히 개인 행복의 저해 요인을 넘어 사회적 위험 요인으로까지 논의되고 있는 상황이다. 경제적으로 취약한 독거노인의 고독사는 지속적으로 증가하고 있고, 젊은 층에서도 '코로나 블루'로 불린 우울감과 사회적 고립으로 인한 정신건강 문제가 대두되었다.

한 설문에서는 코로나 이후 국민 4명 중 1명은 전문적인 치료가 필요할 정도의 외로움을 겪는다고 보고되었는데, 이는 공동체 회복이 개인의 정신건강 뿐만 아니라 사회 전체의 회복탄력성을 높이는 일임을 방증한다.

교회는 본질적으로 이러한 고립과 외로움의 시대에 치유와 화합의 공동체를 제시해야 할 책임이 있다. 사람들은 이제 익명의 군중 속에 섞여 들기보다는 소수의 신뢰할 수 있는 사람들과 깊이 교류하기를 원하는 경향을 보이고 있다. 한 사회 조사에 따르면 코로나 이후 대다수 사람들이 "이름도 얼굴도 모르는 많은 사람이 모인 자리"보다 친밀한 소수가 모이는 모임을 선호한다고 응답했다. 또 코로나 팬데믹 이후 사람들은 "익명의 다수가 모이는 현장보다는 소수의 사람들이 모이는 소그룹 현장"을 훨씬 선호하는 양상을 보이고 있다. 이는 단순한 취향 변화가 아니라, 정신적 건강을 위해 소그룹이 주는 안정감과 유대감이 필수적이라는 인식이 확산된 결과이다. 실제로 소그룹 모임은 코로나 시기 많은 이들의 마음의 백신 역할을 했으며 제한된 인원이 모여 서로의 안부를 묻고 삶을 나누는 작은 만남은 불안과 우울을 해소하는 정신적 비타민이 되었다. 대형 집회나 축제는 여전히 조심스럽지만, 소그룹으로 만나 대화하고 위로를 주고받는 것은 사람들에게 심리적 치유와 활력을 주는 안전한 공간으로 인식되고 있다.

이런 맥락에서 교회 소그룹은 코로나 이후 시대의 사회적 필요를 가장 잘 채워줄 수 있는 "대안적 공동체"라 할 수 있다. 앞서 언급한 외로운 사람들의 필요 — "내 이야기를 들어줄 단 한 사람"에 대한 갈망 — 를 교회의 소그룹이 채워줄 수 있다. 어느 심리학자는 현대인을 "눈물의 국에 상처의 밥을 말아 먹는 시대의 사람들"이라고 표현했다. 즉, 마음에 상처와 어려움을 안고 살아가지만 그것을 함께 나눌 존재를 찾지 못해 눈물과 상처를 스스로 삼키고 있는 사람들이 많다는 것이다. 그러나 만일 내 삶에 무슨 일이 일어나도 달려와 줄 한 사람이 있는 공동체가 있다면, 그곳은 더 이상 고독한 세상이 아니라 함께 울고 함께 웃을 수 있는 참된 가족 공동체일 것이다. 나아가 사람들은 "이 시대의 사람들이 나에게 어떤 상황이 생기든 도움을 구하고 또 줄 수 있는 한 사람이 존재하는 곳이 있다면, 그곳은 원만한 의사소통이 일어나는 소그룹 현장"이라고 말한다. 교회 소그룹이야말로 그런 대안 가족이 될 수 있는 곳이다. 사도 바울이 "즐거워하는 자들과 함께 즐거워하고 우는 자들과 함께 울라"(롬 12:15)고 권면한 말씀이 구현되는 삶의 현장이 바로 소그룹이다.

나아가, 코로나 시대를 통해 사람들은 삶과 신앙의 본질에 대한 갈증을 느끼게 되었다. 죽음과 질병의 위협 앞에서 물질이나 세상의 즐거움이 줄 수 없는 영적 갈망이 커졌다. 동시에 교회에 대한 불신이나 실망도 일부 나타났지만, "고립과 절망에 빠진 사람들에게 가장 큰 희망을 주는 종교는 기독교"라는 조사 결과가 말해주듯, 이 시대 사람들은 여전히 참된 공동체와 영적 돌봄을 갈망하고 있다. 이제 교회는 이러한 갈망에 응답해야 한다. 대면 예배가 재개되고 일상의 리듬이 회복되는 이 시점에서, 교회는 단순히 예배 출석률 회복에 머물 것이 아니라 "어떻게 상처 입은 영혼들을 치유하고 잃은 양들을 다시 공동체로 불러 모을 것인가"에 대한 답을 내놓아야 한다. 그리고 그 핵심 답변은 바로 "소그룹 공동체"이다. 소그룹은 외로운 개인들을 환대와 공감의 울타리 안으로 초대하여 영적 가족을 경험케 할 것이다. 또한 소그룹은 신앙의 본질적인 부분—말씀, 기도, 사랑의 섬김—을 가장 실제적으로 나누는 자리이기에, 팬데믹으로 침체되었던 성도의 영적 성장과 제자도가 다시 살아나는 통로가 될 것이다.

요약하면, 코로나 이후 사회가 직면한 고독과 단절의 문제에 대한 교회의 해답은 소그룹 공동체의 회복과 강화이다. 이는 단지 교회 내부의 문제 해결을 넘어 지역사회에 희망을 주는 선교적 사명이기도 하다. 작은 그룹으로 모여 서로 돌보고 사랑할 때, 세상은 교회를 통해 잊힌 공동체성의 아름다움을 보게 될 것이다. "너희가 서로 사랑하면 이로써 모든 사람이 너희가 내 제자인 줄 알리라"(요 13:35) 하신 주님의 말씀처럼, 소그룹 안에서 실천되는 사랑의 교제가 곧 세상에 비추는 최고의 복음 증거가 될 것이다. 코로나 이후 고립 사회가 된 이 시대에, 교회 소그룹은 "세상 속의 작은 천국"으로서 사람들을 초대하는 등불과 피난처의 역할을 감당해야 한다.

새로운 교회 생태계와 소그룹의 필요성

2020년 초 시작된 코로나19(covid19) 팬데믹은 전 세계 교회에 전에 없던 충격을 주었다. "모이면 죽고 흩어지면 산다"는 역설적인 구호 아래 대면 예배가 제한되고 성도 간 교제가 단절되면서, 많은 교회는 공동체적 활력을 잃어버렸다. 변화는 기본적이고 불가피한 것이다. 비록 2023년 5월에 세계적으로 팬데믹 공식 종료가 선언되었지만, 팬데믹의 후유증으로 한국 교회는 여전히 완전한 회복 탄력성을 회복하지 못한 상황이다. 한국소그룹목회연구원이 목회데이터연구소와 함께 계속된 추적 연구를 통해 얻은 결론은, 엔데믹 선언 이후에도 교회가 팬데믹 이전의 성장 동력을 되찾지 못하고 있다는 진단을 내렸다. 무엇보다도, 코로나 기간 동안 심화된 고립감과 관계 단절의 여파로 교회 안팎의 많은 사람들이 외로움의 트라우마를 겪고 있다. 또 2023년 말 한 조사에서 대한민국 국민 72%가 최근 한 달 내 외로움을 느꼈고, 5%는 "거의 항상", 14%는 "자주" 느낀다고 응답했다. 5명 중 1명(19%)이 만성적 외로움 상태에 노출되었음을 의미하며, "코로나 이후 4명 중 1명은 의료 도움이 필요할 정도로 외로움을 탄다"는 언론 보도까지 나올 정도로 상황은 심각하다고 진단 내렸다

이러한 사회적 고립 현상은 교회 공동체에도 영향을 미치고 있다. 신앙을 가진 사람들도 예외가 아니다. 실제로 개신교인 거의 절반(46%)이 자신을 "외롭다"고 느낀다는 조사 결과가 있다. 목회데이터연구소 조사에 따르면 2023년 말 개신교인의 46%가 외로움을 느끼고 있는 것으로 나타났다. 외로움은 단순한 감정 문제가 아니라 영적·정신적 건강에 심각한 영향을 미칠 수 있다. 연구에 의하면 만성적 외로움은 면역체계를 억제하고 뇌 기능을 저하시켜 수면의 질을 떨어뜨린다고 한다. 또한 하버드대학의 75년에 걸친 인간의 행복에 관한 연구는 외로움이 통증을 더 민감하게 하고, 면역력을 약화시키며, 노년층의 경우 고독이 비만보다도 건강에 해롭고 사망 확률을 26% 높인다고 보고한다. 요컨대 외로움은 영혼과 육신을 병들게 하는 '보이지 않는 병'이며, 코로나 이후 시대를 살아가는 21세기 현대인들의 현실이 되었다.

그런데 문제는 우리 사회 구조도 친밀한 관계 맺기를 어렵게 하

는 방향으로 빠르게 변하고 있는 점이다. 1인 가구 비율이 꾸준히 증가하여 2023년 현재 전체 가구의 3분의 1 이상(35.5%)이 1인 가구일 정도로 개인화된 생활이 일반화되었다. 통계청에 따르면 2000년 15.5%에 불과하던 1인 가구 비율이 2023년에는 35.5%까지 상승했다. 특히 고령화로 인해 혼자 사는 노년층 인구가 젊은 층보다도 많아지는 추세이며, 이는 교회 공동체가 책임지고 돌보아야 할 고립된 이웃이 더욱 늘어났음을 뜻한다. 여기에 더하여 코로나 기간동안 온라인 네트워크와 언택트(Untact) 문화가 자리 잡으면서 대면 모임이 줄어들자 사람들은 더욱 파편화된 '슈퍼개인'으로 살아가게 되었고, 인간관계의 폭은 좁아졌다. 그 결과 혼자서 모든 것을 해결해야 하는 각자도생의 상황에 직면하게 되었다.

이런 배경에서 포스트코로나 시대의 교회는 새로운 도전에 직면해 있다. 주일 대예배 출석률은 점차 회복되고 있지만 여전히 팬데믹 이전 수준에 못 미치는 교회가 많고, 특히 다음 세대 교육과 전도 등 여러 사역의 위축이 지속적으로 일어나고 있다. 그러나 한편으로 교회들의 희망적인 움직임도 존재한다. 2023년 말 발표된 조사에 의하면 전반적으로 한국교회는 회복세를 보이고 있으며, 목회데이터연구소가 발표한 '한국교회 주요 지표 추적' 보고서에서 "특히 소그룹 운영을 중심으로 사역이 활발해지면서 '신앙이 깊어졌다'고 생각하는 성도들이 많아졌다"고 보고되었다. 또 다른 분석에서는 소그룹이 활발한 교회일수록 코로나 이후 예배 출석과 교인 수가 빠르게 회복되었으며 심지어 성장한 경우도 많다. 2022년 대비 2023년 교인 수가 증가했다고 응답한 교회는 43%로 감소한 교회(21%)보다 많았고, 목회자의 66%는 2024년에 교인 증가를 전망했다. 특히 "교인수가 증가할 것"으로 낙관한 목회자 중 해당 교회들의 78%는 소그룹이 잘 운영되는 교회였고, 그렇지 않은 교회는 56%에 그쳤다. 이 결과는 소그룹이 교회 성장에 중요한 역할을 함을 시사하며, 코로나 이후 예배 회복과 교회 성장을 기대하는 교회일수록 소그룹 사역에 더욱 중점을 둘 필요가 있다고 분석되었다. 실제로 코로나 시기 동안 위축되었던 소그룹 모임 참여율도 빠르게 상승하여, 2020년에는 75%의 성도가 "소그룹에 거의 참석하지 않는다"고 했으나 2023년 11월에는 과반수 이상(52%)의 성도가 가끔이라도 혹은 정기적으로 소그룹에 참여하고 있는 것으로 나타났다. 코로나 기간인 2020년에는 "소그룹 모임에 거의 혹은 전혀 참여하지 않는다"는 응답이 약 75%에 달했으나, 2023년 11월 기준 "가끔 또는 정기적으로 소그룹에 참여한다"는 응답이 52%로 절반을 넘었다. 이렇듯 소그룹 활동이 활발한 교회일수록 회복과 부흥의 흐름이 뚜렷하게 나타나고 있어, 코로나 팬데믹 이후 소그룹 사역은 선택이 아닌 필수임을 보여주고 있다.

결론적으로, 코로나 이후 교회가 직면한 가장 시급한 과제 중 하나는 흩어진 양떼를 다시 돌보고 영적 공동체성을 회복하는 일이다. 그리고 많은 목회자들과 지도자들은 그 핵심 열쇠가 바로 "소그룹"에 있음을 공감하고 있다. 팬데믹 기간 동안에도 소그룹은 마치 백신처럼 교회 공동체성을 지켜내고 관계를 지속시키는 역할을 감당했었다. 목회데이터연구소는 "3년 반의 코로나 기간 동안 '소그룹'이라는 백신이 교회의 공동체성을 유지하고 관계를 지속하게 만들어 예배 회복의 토대를 마련했다"고 평가한다. 이제 포스트 코로나 시대를 맞아, 교회는 소그룹 사역을 통해 잃어버린 친교와 제자도를 회복하고 새로운 도약을 준비해야 할 절대적인 필요성을 가지고 있다.

소그룹의 다양한 모델들

성경에 나타난 소그룹 모델들

구약: 소그룹 언약의 모델

하나님께서는 아담, 노아, 아브라함, 이삭, 야곱, 요셉 그리고 이스라엘 민족과 언약을 맺어 주시고 끊임없이 그 언약을 강조하시는 모습이 구약성경에 잘 나타나 있다. 이 언약은 하나님과 개인 혹은 백성들 사이에 확실한 약속과 지위를 나타내 주었다. 이것은 소그룹 모임을 시작할 때 작성하는 언약서의 성경적인 근거가 되고 있다.

우리는 모세의 리더십 변화에 주목할 필요가 있다. 왜냐하면 거기에서 소그룹 리더십 모델을 찾을 수 있기 때문이다. 아래의 도표를 보라. 모세가 처음 이스라엘 백성을 출애굽시켜서 인도하던 때는 형편없는 리더십의 모습을 보여주었다. 그러나 그의 장인 이드로의 권유를 통해서 새로운 리더십의 모습을 보여주었다. 그것은 천부장-백부장-오십부장-십부장과 같은 바람직한 리더십의 모델을 보여준다. 이것이 바로 소그룹 리더십의 구약적인 모델이 되고 있다.

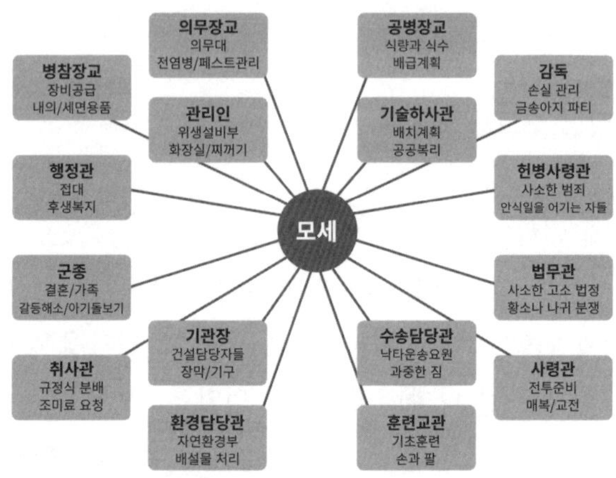

표1 모세의 모델: 빈곤한 지도력 / 높은 실패율

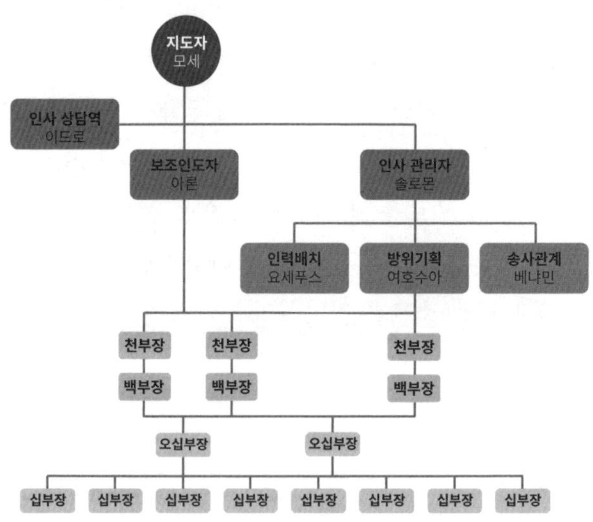

표2 이드로 모델: 강한 지도력 / 낮은 실패율

예수님과 열두 제자: 제자훈련 모델

예수님께서 열두 제자를 모으셨다. 마가복음3:13~14을 보면 "또

산에 오르사 자기가 원하는 자들을 부르시니 나아온지라. 이에 열 둘을 세우셨으니 이는 자기와 함께 있게 하시고 또 보내사 전도도 하며”라고 증거하고 있다. 예수님은 열둘을 택하여 제자로 삼으셨 다. 예수님은 열두 명의 제자를 더 작은 세 개의 소그룹으로 나누어 훈련하신 것으로 짐작된다. 복음서와 사도행전에 기록된 열두 제 자 명단을 보면 한 가지 공통점을 발견하게 된다. 그것은 누가 기 록했든지 항상 세 개의 작은 그룹을 보여준다는 사실이다. 첫 번째 소그룹은 “베드로 안드레 야고보 요한”이고, 두 번째 소그룹은 “빌 립 바돌로매 도마 마태”이며, 세 번째 소그룹은 “야고보 다대오 시 몬 가룟유다”이다. 중간에 순서가 바뀔지라도 항상 세 소그룹의 머 리는 변함없이 “베드로 빌립 야고보”라는 사실을 보여준다. 그러므 로 예수님은 열두 명의 제자도 네 명씩 세 개의 소그룹을 나누시고 베드로, 빌립, 야고보를 각 소그룹의 리더로 세우셨다는 사실을 유 추해 볼 수 있다. 그래서 예수님은 전도여행이나 기도하는 곳에 소 그룹을 따로 대동하셨다는 생각을 배제할 수 없다(참고: 마10:1~4; 막3:16~18; 눅6:12~14; 행1:12~13).

예수님은 제자들을 훈련하신 다음 그들에게 자신의 사역을 위임 해 주셨다. 예수님은 제자들을 네 가지 단계의 훈련을 받도록 하셨 다. (1) 실전을 통한 교육 과정; (2) 리더십 업무분담을 통한 교육 과정; (3) 전도파송을 통한 교육과정; (4) 전도 보고를 통한 교육과 정. 이 네 가지 과정을 통해서 주님은 제자들을 훈련하신 것이다.

예수님께서는 모여진 사도들에게 임무를 맡기셨다. 마태복음 28:18~20에 보면 “예수께서 나아와 말씀하여 이르시되 하늘과 땅 의 모든 권세를 내게 주셨으니 그러므로 너희는 가서 모든 민족을 제자로 삼아 아버지와 아들과 성령의 이름으로 세례를 베풀고 내가 너희에게 분부한 모든 것을 가르쳐 지키게 하라…”고 말씀하셨다.

예수님께서는 모인 사도들에게 전략을 주셨다. 사도행전1:4, 8을 보면, "…그들에게 분부하여 이르시되 예루살렘을 떠나지 말고 내게서 들은 바 아버지께서 약속하신 것을 기다리라… 오직 성령이 너희에게 임하시면 너희가 권능을 받고 예루살렘과 온 유대와 사마리아와 땅 끝까지 이르러 내 증인이 되리라 하시니라"고 말씀하셨다.

다락방: 협력소그룹 모델

제자들과 예수님을 따르던 사람들은 예수님이 십자가에 달려 죽으신 후 각기 제 길로 달아났다. 그들은 깊이 실망하여 도망갔으며, 심지어 전에 그분을 알았다는 사실까지도 부인할 정도였다. 사도행전1:12~14을 보자. "제자들이 감람원이라 하는 산으로부터 예루살렘에 돌아오니 이 산은 예루살렘에서 가까워 안식일에 가기 알맞은 길이라. 들어가 저희 유하는 다락에 올라가니 베드로 요한 야고보 안드레와 빌립 도마와 바돌로매 마태와 및 알패오의 아들 야고보 셀롯인 시몬 야고보의 아들 유다가 다 거기 있어 여자들과 예수의 모친 마리아와 예수의 아우들로 더불어 마음을 같이하여 전혀 기도에 힘쓰니라"

사도행전 2:1~4을 보면, "오순절 날이 이미 이르매 그들이 다같이 한 곳에 모였더니 홀연히 하늘로부터 급하고 강한 바람 같은 소리가 있어 그들이 앉은 온 집에 가득하며 마치 불의 혀처럼 갈라지는 것들이 그들에게 보여 각 사람 위에 하나씩 임하여 있더니 그들이 다 성령의 충만함을 받고 성령이 말하게 하심을 따라 다른 언어들로 말하기를 시작하니라"고 증거하고 있다. 그들은 다락방 체험을 통해서 거듭나게 된 것이다. 성령께서는 사도들이라고 하는 소그룹 구성원들을 치유하셨고 그들은 자기들이 고침 받은 이야기들을 서로 나누기 시작했다. 사도들은 이제 서로 돕기 위해 하나의 그룹이 된 것이다. 오순절 다락방에서 성령의 치유를 경험한 그룹은 오늘날 협력과 회복을 위한 소그룹의 모델이 된다.

초대교회: 융화그룹 모델

오순절에 성령의 권능을 통해서 자신이 회복된 이야기를 가지고 제자들은 다락방을 나섰다. 삼천 명의 사람들이 성전 앞에서 그 이야기를 듣고 예수를 믿는 역사가 일어났다. 상처를 치유 받은 제자들의 나눔에 반응하여 사람들이 제자들의 교제권으로 들어왔다. 사도행전2:42~47을 보면, "사람마다 두려워하는데 사도들로 말미암아 기사와 표적이 많이 나타나니 믿는 사람이 다 함께 있어 모든 물건을 서로 통용하고 또 재산과 소유를 팔아 각 사람의 필요를 따라 나눠 주며 날마다 마음을 같이하여 성전에 모이기를 힘쓰고 집에서 떡을 떼며 기쁨과 순전한 마음으로 음식을 먹고 하나님을 찬미하며 또 온 백성에게 칭송을 받으니 주께서 구원 받는 사람을 날마다 더하게 하시니라"고 말하고 있다.

그들은 집에서 모임을 시작했다. 사도행전 20:20은 초대교회가 이 모델을 표준적인 운영모델로 발전시켰음을 보여준다. 성전 뜰과 각 가정을 연결하여 오늘날로 말하면 주일에 불신자들을 인도하고, 그리스도인다운 삶의 성장을 원하는 이들을 가정에서 모이는 소그룹에 참여하도록 하는 "메타 교회(meta church)"와 같은 모습을 보여준다.

현대의 소그룹 운동과 다양한 소그룹 모델들

현대교회의 흐름 속에서 소그룹의 모델들을 소그룹이라는 우산 아래 다양한 명칭을 사용하여 발전해 왔다. 각 모델들은 모두 강점과 약점을 가지고 있다.

역사를 돌아보면, 소그룹에 뿌리박은 부흥 운동의 사례가 많이 있다. 17세기 경건주의의 아버지라 불리는 필립 야콥 슈페너(Philip J. Spener)는 국가교회의 형식화에 대한 대안으로 "교회 안의 작은 교회(Ecclesiola in Ecclesia)" 운동을 제창했다. 이는 평신도들이 가정집에서 소모임으로 모여 경건 생활을 나누는 형태였는데, 독일 교회의 영적 각성과 갱신을 이끌었다. 또한 18세기 영국의 존 웨슬리도 회심자들을 클래스 모임(class meetings)이라는 소그룹으로 편성하여 신앙을 점검하고 서로 권면하게 했고, 이를 통해 감리교 운동의 폭발적 성장을 이루었다. 우리나라에서도 초창기 부흥 운동 시기에 학생들과 청년들이 구역 모임, 성경 공부 모임 등을 통해 신앙을 뜨겁게 한 역사가 있다. 이런 예들은 모두 말씀과 기도로 결속된 소규모 신앙 공동체가 교회 부흥의 촉매가 되어 왔음을 보여준다. 오늘날에도 교회의 본질을 회복하고 건강하게 성장하기 위해서는 성경적 원리에 따른 소그룹 사역을 등한시해서는 안 될 것이다. 한국 제자훈련 운동을 주도했던 고(故) 옥한흠 목사도 "근본적으로 교회가 몸의 기능을 회복하기 위해 초대 교회의 체질인 소그룹으로 돌아가야 한다"고 역설했다. 또 옥한흠 목사는 <평신도를 깨운다>에서 "냉대화된 조직체로 석화되어 가는 교회의 현실을 염려한다면 성경에 가득한 소그룹 정신으로 돌아가야 한다"고 강조했다. 결국 성경이 가르치는 교회의 DNA는 소그룹 공동체의 역동성 속에서 가장 잘 발현된다. 두세 사람이 내 이름으로 모인 곳에 주님도 함께하시겠다고 하신 약속대로(마 18:20), 소그룹은 예수님이 친히 임재하시어 역사하시는 '작은 교회'이다. 따라서 포스트 코로나 시대에 교회가 새롭게 살아나려면 다시 성경적 소그룹 사역의 뿌리로 돌아가는 일이 무엇보다 중요할 것이다.

교회 상황에 맞춘 소그룹 모델들의 개발
(셀, 제자훈련, 회복, 언약 공동체 등)

소그룹 사역에도 다양한 접근 방식과 모델이 존재한다. 모든 교회가 한 가지 방식만을 따라야 하는 것은 아니다. 각 교회의 역사, 전통, 규모와 문화에 따라 가장 적합한 소그룹 유형을 선택하거나 개발하는 것이 지혜롭다. 본 절을 통해 소그룹의 모델들을 소개하고, 시대에 맞게 어떻게 맥락화(컨텍스트화)하여 활용할 수 있을지 논의해볼 것이다. 교회 역사 속에 등장한 소그룹 모델은 여러 가지가 있으며, 어느 하나만 옳고 나머지는 틀린 것이라 말할 수 없다. 각자의 장단점이 있으므로 교회가 상황에 맞게 선택하고 혼합할 수 있어야 할 것이다. 다음은 한국 교회에서 주로 시행되었거나 관심이 높은 모델들이다.

제자훈련 모델

제자훈련 소그룹 모델은 한국에서 1970년대 후반부터 본격화된 형태로, 옥한흠 목사의 사랑의교회를 통해 널리 알려져있다. 제자훈련 모델의 핵심은 교회 내 헌신된 성도들을 엄선하여 소수 정예로 예수님의 제자처럼 훈련시키는 것이다. 일반적으로 교회에서 지원자를 받아 4~6명 내외의 훈련 그룹을 편성하고, 목회자나 훈련받은 평신도 리더가 1년 남짓 해당 그룹을 집중 양육한다. 훈련 내용은 성경공부, 제자도의 원리, 경건 생활 훈련, 사역 훈련 등으로 구성되며, 매주 과제와 암송 등을 부여하여 강도 높게 진행된다. 사랑의교회의 경우 이 훈련을 마친 이들을 새로운 소그룹(다락방) 리더로 파송하여 다시 일반 성도들을 돌보게 함으로써, 영향력이 배가되는 구조를 만들었다. 한국교회에 소그룹 사역의 불씨를 당긴 사랑의교회 제자훈련은 훈련받은 자들이 다시 소그룹을 인도하게 함으로써 구역예배의 한계를 넘어 목회자 + 평신도 이원 지도력을 가능케 했다고 평가한다. 예수님의 12제자 공동체가 이 모델의 성경적 원형이라 할 수 있다. 예수께서도 열두를 따로 세우시고 3년간 집중 훈련하신 후 세상으로 파송한 것과 같은 맥락이다

제자훈련 모델의 장점은 교회 내에 영적으로 성숙한 핵심 일꾼층을 형성할 수 있다는 것이다. 깊이 있는 교육과 훈련을 통해 참가자들은 신앙의 뿌리가 견고해지고, 자연히 교회 지도력으로 세워져 다양한 사역에 헌신하게 된다. 실제로 사랑의교회뿐 아니라 이 모델을 도입한 많은 교회들이 평신도 지도력의 수준 향상과 교회 부흥을 경험했다. "한 사람 철저한 제자가 평신도 수십 명을 깨운다"는 말이 있을 정도로, 훈련된 한 사람의 파급 효과는 크다는 것이 익히 검증되었다. 또한 이 모델은 소그룹의 긴밀한 관계 속에서 진행되기 때문에 서로 깊이 알고 평생 동역자로 남는 유대가 형성되는 경우도 많이 있다.

하지만 단점과 한계도 분명한데, 우선 참여 진입 장벽이 높다는 점이다. 대부분 훈련에 지원하려면 일정 기간 등록교인, 세례교인, 적극 봉사자 등 조건이 붙고, 매주 과제를 수행할 시간적 여유와 의지가 있어야 한다. 자연히 평신도 중에서도 헌신된 소수만 참여하게 되고, 많은 성도들은 비훈련 상태로 남게 된다. 즉 포괄성이 떨어지는 셈이다. 또한 강도 높은 훈련에 탈락자도 생길 수 있고, 끝마친 이들도 소수 엘리트 의식에 빠질 위험이 지적되기도 했다. 무엇보다 코로나 이후 교회의 과제가 전 성도의 회복이라 할 때, 제자훈련 모델만으로는 대중적인 치유와 돌봄에 한계가 있다. 일부 열

심 있는 자들만 챙기고 다수 연약한 자들은 소외될 수 있기 때문이다. 그러므로 제자훈련 소그룹은 교회의 핵심 리더 양성용으로 운영하되, 모든 성도를 포괄하는 소그룹 사역과 병행하는 것이 바람직하다. 실제로 많은 교회가 제자훈련 수료자를 소그룹 리더로 세워 전체 성도를 돌보게 하는 혼합 모델을 취한다.

포스트 코로나 시대에도 제자훈련 모델은 유용하다. 오히려 팬데믹을 거치며 교회 헌신자 풀이 줄어든 상황에서, 핵심 멤버들을 재무장시키는 훈련이 절실할 수 있다. 다만 방법론적으로 예전처럼 일괄 대면 모임만 고집할 필요는 없을 것이다. 온라인과 오프라인을 혼합하거나, 기간을 다소 유연하게 조정하여 참여 문턱을 낮추는 시도도 가능합니다. 예컨대 과거 32주 과정이었다면 16주로 나누어 1, 2단계로 운영하거나, 주중 모임이 어려운 직장인을 위해 주말 집중 코스로 재편성할 수도 있다. 핵심은 예수님같이 사람을 키우는 일이며, 그 형식은 각 교회 형편에 맞게 조율할 수 있다. 제자훈련을 통해 양육된 사람들이 결국 교회 소그룹 사역의 든든한 코어가 된다는 점에서, 앞으로도 이 모델은 한국교회에 중요하게 유지될 것이다.

셀(Cell) 교회 모델 (메타모델)

셀 교회 모델은 전 세계적으로 널리 확산된 소그룹 중심 교회 구조이다. '셀'(Cell)이라는 용어는 세포를 뜻하는데, 교회를 유기적 생명체로 보고 셀 단위로 번식하고 성장해 나간다는 개념이다. 이 모델을 주창한 대표적인 인물은 미국의 랄프 네이버(Ralph W. Neighbour)로서 그는 "셀 교회의 아버지"로 불리며, 1990년대에 한국에도 직접 와서 대규모 컨벤션을 통해 소개되며 셀 교회 세미나를 인도하며 큰 반향을 일으켰었다. 셀 교회에서 '셀'은 곧 소그룹과 같은 말이지만, 그 안에는 랄프 네이버가 강조한 독특한 교회관이 담겨 있다. 즉, 교회는 건물이나 예배 형태가 아니라 사람들의 작은 모임들의 집합체라는 인식이다.

셀 모델의 핵심 운영 원리는 "한 셀에서 또 한 셀을 낳는 영적 번식"이다. 이상적인 셀은 영혼 구원과 제자 양육을 동시에 하여, 새로운 사람들이 계속 들어오고 세례 받고 양육되다가 셀 인원이 10명 안팎이 되면 둘로 분가해서 2개의 셀이 되는 것을 목표로 한다. 실제로 어떤 셀 교회들은 교회 통계를 주일예배 출석수가 아닌 셀에 속한 총인원으로 계산하고 있다. "교회의 진짜 크기는 셀에 참여하는 사람 수"라는 사고방식이다. 조직으로 보면, 담임목사가 여러 교구장(또는 지역장)들을 세우고, 각 교구장 아래 여러 셀 리더들을 두며, 셀 리더가 5~10명 정도의 셀원들을 돌보는 피라미드 구조를 이룬다. 담임목회자는 매주 교구장들을 모아 교육하고 (혹은 교구장 통해 리더들 훈련) 리더들은 셀원들을 섬기는 구조이다.

셀 모델의 장점은 교회 전체가 전도와 성장의 운동성을 띠게 한다는 것이다. 모든 셀이 "사이즈가 차면 분가해야 한다"는 목표가 있으므로 자연스럽게 전도와 양육에 대한 열정이 생겨난다. 셀원들도 "우리 셀에서 새생명이 태어나야 해"라는 공감대 아래 친구들을 초청하고, VIP(태신자)를 위한 기도에 힘쓴다. 이러한 분위기 덕분에 새신자 전도/정착에 매우 효과적이다. 또 분가를 거듭하며 수적 성장에 초점을 맞추기 때문에, 단기간에 교회 규모가 커지는 사례도 많이 있다. 나아가 모든 성도를 셀에 포함시키므로, 교인 관리를 체계적으로 할 수 있다. 인원이 늘어나도 계속 분산되니 목양의 누수 없이 커버가 가능하다는 것이 셀의 이상적인 그림이다.

그러나 셀 모델에도 몇 가지 도전이 있다. 첫째는 분가의 어려움이다. 실제 사역 현장에서는 셀모임이 친밀해질수록 분가시키기가 쉽지 않다. 정든 멤버들과 헤어지기 싫어하는 정서, 그리고 "분가하면 누가 리더 하지?" "새로 오면 또 적응해야 하잖아" 하는 부담 등으로 셀원들이 분가를 꺼리는 현상이 자주 발생한다. 그 결과 어떤 셀은 2~3년이 지나도 분가 못 하고 정체되기도 한다. 이를 극복하려고 인위적으로 분가시키면 반발이 생겨 탈퇴하는 사람도 나온다. 분가 자체가 목표가 되어버리면 구성원들의 영적 필요보다 숫자 채우기에 급급해지는 역효과도 있을 수 있다. 둘째, 리더 확충의 난제이다. 셀이 번식하려면 새로운 리더들이 계속 나와야 한다. 그러나 평신도들이 모두 리더 자질을 갖추고 있는 것은 아니어서, 무리하게 세우면 리더 역량 부족이나 번아웃 문제가 생긴다. 실제로 12-14시간 장시간 노동하던 산업화 시대 한국 사회에서, 조용기 목사도 셀 리더(구역장)를 처음에는 남성들에게 맡겼다가 다들 바빠서 못하니 결국 전업주부 여성들에게 맡긴 일화가 있다. 현대에도 직장인 성도들이 리더 역할을 감당하기에 버거운 경우가 많다. 그래서 리더 자원 부족으로 분가가 지연되고, 이는 곧 성장 지체로 이어지는 딜레마가 나타난다. 미국 교회 환경에서 셀 교회 원리를 적용시키고자 한 Carl George 등의 메타모델 이론도 전통적인 교회 구조와 충돌 등 어려움도 겪었다. 한국 역시도 문화적 맥락이 달라 시행착오가 과거에 있었다.

그럼에도 코로나 이후 셀 모델은 다시금 주목받고 있다. 왜냐하면 셀 교회는 "교회 = 소그룹들의 집합"이라는 인식이 뚜렷하여, 대면 예배가 어려울 때도 교회가 흩어진 셀로 존재할 수 있었기 때문이다. 실제로 팬데믹 기간 셀 구조가 잘 잡힌 교회들은 온라인/오프라인을 병행하며 셀 단위 모임으로 교회 활동을 유지했다. 또한 사회적으로 소규모 모임을 선호하는 트렌드와 맞물려, 셀을 통해 교회 친밀감을 제공하는 전략이 유효하다. 앞으로 셀 모델을 적용할 때는 예전의 '급속 성장' 신화만 좇기보다는, 양적 성장과 질적 심화의 균형을 추구하는 것이 중요하다. 전도 열매도 맺되, 셀 내에서 멤버들의 영적 성장과 치유에도 충분히 시간과 공을 들여야 할 것이다. 또한 한국 교회 현실에 맞게 토착화하는 지혜가 필요하다. 예를 들어, 꼭 일정 인원이 되면 기계적으로 분가하기보다 상황에 맞게 셀을 재구성하거나, 부분 분가(몇 명만 다른 셀로 옮겨 새로운 셀 시작) 등의 변형도 가능할 것이다. 궁극적으로 셀 모델의 정신은 "교회는 셀이다"에 있다. 이 정신이 살아있다면 그 운영 방식은 유연하게 현장에 맞게 조율될 수 있을 것이다.

통합(구역) 모델 (Dr. Cho 모델)

통합 모델, 일명 Cho 모델은 한국의 세계적인 교회인 여의도순복음교회 조용기 목사의 소그룹 시스템을 가리킨다. 이 모델은 전통적인 구역 조직을 발전시킨 형태로, 주간 소그룹 모임(구역예배)과 주일 대예배 설교를 긴밀히 연결한 것이 특징이다. 통합 모델에서는 매주 주일 예배 직후에 구역장(소그룹 리더)들이 모여 담임목사의 설교 요지를 다시 교육받는다. 그리고 해당 주간에 각 가정에서 열리는 구역예배(소그룹)에서 구역장들이 담임목사의 가르침을 그대로 전달하며 예배를 드린다. 이렇게 함으로 강단과 가정을 직접 연결시킨다는 의미에서 "통합" 혹은 "통합(구역) 모델"이라 불린다.

조용기 목사는 1960년대 교회를 개척할 당시부터 이 구역 모임을 조직하여 교인들을 돌봤는데, 처음에는 본인이 모든 소그룹을 다 인도하려 하다가 곧 한계에 부딪혔다. 그래서 구역장을 임명하여 목회자의 돌봄 역할을 나누어주는 방향으로 선회했고, 특히 앞서 언급했듯 남성들이 생계로 바빠 감당 못하는 부분을 여성 구역 장들이 맡아 교회의 성장을 도왔다. 여의도순복음교회는 이렇게 조직된 구역망을 통해 폭발적인 부흥을 통해 세계 최대 교회로 성장을 이뤘으며, 전성기에는 수만 명의 구역장들이 매주 순복음교회 여의도성전 등에 모여 조용기 목사의 강의를 듣는 광경이 연출되기도 했다.

통합 모델의 강점은 교회의 핵심 메시지를 일관되게 전체 성도들에게 전파할 수 있다는 것이다. 담임목회자의 설교와 가르침이 한 방향으로 교회 전체를 이끌어가는데, 소그룹 현장에서도 그 맥이 이어지니 교회의 비전과 목표가 구석구석까지 스며드는 효과가 있다. 또한 구역장들은 매주 담임목사에게 직접 재훈련을 받으므로 영적 분위기와 목회의 방향을 공유하게 된다. 이것은 소그룹 리더들의 질적 관리를 용이하게 해주며, 잘만 운영되면 상당한 시너지 효과를 낸다. 실제로 이 모델 아래에서 구역장들은 담임목사의 "작은 목사"로서 권위를 부여받아 섬김과 심방에 헌신했고, 교인들은 주일에 받은 은혜를 주중에 재확인하며 신앙을 생활 속에서 붙들 수 있었다.

그러나 통합 모델은 몇 가지 전제 조건이 받쳐줘야 성공한다. 첫째, 담임목회의 탁월한 지도력과 말씀의 카리스마가 필수이다. 통합(구역)모델의 효과는 말씀의 카리스마를 지닌 능력 있는 메신저(담임목사)가 있을 때 극대화될 수 있다고 평가되기 때문이다. 구역예배에서 구역장이 전달하는 내용의 원천이 되는 강단 메시지가 탄탄해야 하고, 또한 구역장들이 그것을 잘 받아들일 만큼 목회자에 대한 신뢰와 존경이 뒷받침되어야 한다. 조용기 목사의 경우 탁월한 설교 은사와 비전 제시 능력이 있었기에 가능한 일이었다. 만일 담임목사의 설교력이 약하거나, 구역장들이 목회자에게 동기 부여를 받지 못하면 이 모델은 힘을 잃을 수밖에 없다. 둘째, 조직 관리의 어려움이다. 수백, 수천 명의 구역장들을 매주 훈련시키고 관리하는 일은 방대한 행정력과 헌신이 필요하다. 여의도순복음교회는 이를 위해 전담 부서를 두고 엄격히 운영했지만, 일반 교회에서 이를 그대로 모방하기란 쉽지 않다. 셋째, 하향식 구조로 인한 경직성이 발생할 우려이다. 통합 모델에서는 소그룹이 비교적 자율성이 적고, 위로부터 지시를 이행하는 구조가 되기 쉽다. 모든 구역이 동일한 교안을 따라 일사불란하게 움직이는 것은 강점이자, 동시에 창의성과 자발성의 제한이라는 약점이 될 수 있다. 시대가 변하면서 개개인의 요구와 상황이 다양해졌는데, 천편일률적인 접근으로는 미세한 필요를 채우는 데 한계가 있을 수 있다. 예컨대 구역예배가 매주 똑같은 틀로 진행되다 보면 "형식적"이라는 느낌에 식상함을 느끼는 성도들도 있다.

포스트 코로나 시대에 통합 모델을 적용하려면, 기존의 획일적 구역예배를 보완하는 지혜가 요구된다. 일단 이 모델이 전제하는 전교인 주일 대예배 참여가 팬데믹으로 흔들렸던 것이 사실이다. 온라인 예배의 편리함을 경험한 성도들이 다시 현장예배로 100% 돌아오게 하는 것도 과제인데, 만약 여전히 일부는 온라인 예배를 드리고 있다면 구역장 모임에 참석시키는 것부터 어려울 수 있다. 따라서 통합 모델을 운영하려는 교회는 예배와 소그룹 참석에 대한 강력한 헌신 강조가 선행되어야 한다. 그리고 구역 모임의 내용도 팬데믹 이후 성도들이 갈망하는 친밀감과 치유의 요소를 더해야 한다. 단순히 설교를 반복 듣는 시간이 아니라, 서로의 마음을 나누는 대화 시간을 충분히 배정해야 한다. 이를테면, 이번 주 설교를 들으며 각자가 느낀 점과 삶의 적용을 이야기하고, 중보기도 하는 시간을 길게 갖는 식이다. 통합 모델의 장점을 살리되, 소그룹다운 따뜻함과 상호작용을 강화하는 방향이다. 또한 통합 모델 하에서도 다른 모델들 (제자훈련, 관심사 소그룹 등)을 보완적으로 병행할 수 있다. 예를 들어 여의도순복음교회도 구역 조직 외에 별도로 양육반, 전도폭발 훈련, 청년 제자훈련 등 다양한 프로그램을 병행했다. 그러므로 교회 상황에 맞게 통합 모델을 혼합형으로 운영하면 단점을 보완할 수 있었다.

언약 모델

언약(covenant) 모델은 북미 교회에서 발전된 소그룹 유형으로, 모임의 규칙과 목표에 대해 구성원들이 사전에 동의(언약)하고 시작하는 것이 특징이다. 1950-60년대 미국의 라이먼 콜먼(Lyman Coleman)이 "소그룹에 의한 성장"이라는 개념을 발전시켰고, 후에 로베르타 헤스테네스(Roberta Hestenes)가 이 모델로 한 세대의 목회자들을 훈련시키며 교회 현장에 널리 보급했다. 한국에서는 상대적으로 생소하지만, 서구 교회들이 소그룹 활성화를 위해 많이 활용한 모델이다.

언약 모델의 핵심은 모임의 초기에 멤버들이 한 마음으로 약속을 맺는다는 것이다. 이 언약에는 보통 모임의 목적, 기간, 공부 주제, 기본 규칙, 전략 등이 명시된다. 예를 들면, "우리는 향후 6개월간 매주 화요일 저녁 7시에 모여 '삶으로 배우는 갈라디아서'를 함께 공부하며, 서로의 기도제목을 나누고 격려한다. 멤버들은 가능한 한 모든 모임에 참석하고, 모임에서 나눈 내용은 비밀을 지킨다. 6개월 후에는 함께 평가하고 다음 단계를 논의한다" 등의 내용이다. 이렇게 민주적인 합의 과정을 거쳐 출발하기 때문에, 참여자들은 자발적 헌신과 책임감을 가지고 임하게 된다.

언약모델의 강조점은 학구적 성경공부와 장기적인 동행이다. 언약 그룹에 참가하는 사람들은 "다소 어렵고 힘든 교과 과정이라도 기꺼이 참여하겠다"고 스스로 결정한 만큼, 깊이 있는 성경 연구와 고강도 양육도 가능하다는 것이다. 실제로 언약 그룹들은 신약의 헬라어 원어 연구나 조직신학 교재 등을 함께 공부할 정도로 영적 학구열이 높은 경우가 많았다. 또한 언약 모델은 오랫동안 함께 성장하는 공동체를 지향한다. 강한 헌신과 높은 책임감을 요구하기 때문에 쉽게 그만두는 일이 적고, 그만큼 멤버들 사이의 유대가 깊어져 "확장된 가족"처럼 되기도 한다. 서로 오랜 기간 지지해주며, 미래의 소그룹 리더로도 성장시키는 효과가 있다. 장기간 함께하다 보면 자연스럽게 베테랑 멤버들이 양성되고, 그들이 나중에 또 다른 그룹을 인도하거나 교회의 다른 사역을 책임지는 등 지도자 배출 효과도 크다. 그래서 언약모델은 "성숙한 그리스도인"을 만들고 새신자도 깊은 신앙으로 성장시키는 좋은 모델로 평가되고 있다.

언약모델의 가장 큰 장점은 앞서 말한 강한 소속감과 친밀감이다. 서로 언약을 맺고 시작했기 때문에, 멤버들은 이 그룹을 가족처럼 여긴다. 모임 규칙을 함께 정했기에 지키려는 의지도 높고, 그 과정에서 민주적 의사결정과 팀워크가 발휘된다. 또한 한 번 그룹이 형성되면 목표한 기간동안 꾸준히 지속되므로 신뢰가 쌓이고 깊은 속 이야기까지 터놓는 관계로 발전한다. 사실 이런 안정적이고 신뢰할 수 있는 공동체를 현대인들이 굉장히 갈망한다. 언약 그룹은 그런 면에서 참가자들에게 영적 안식처와 든든한 울타리가 되어준다.

그러나 단점은 그 장점의 이면과 같다. 즉 높은 헌신을 요구하기 때문에 아무나 쉽게 참여 못한다는 것이다. 제자훈련 모델과 비슷하게, 언약 그룹은 교회 내 선택된 사람들만 몰입하는 경향이 있다. 대신 열린 구조가 아니어서 전도나 새가족 유입에는 약할 수 있다.

또한 모임이 장기화될수록 폐쇄적 그룹이 될 위험도 있다. 너무 오래 같은 멤버로만 교제하다 보면 외부에 새 사람이 끼기 어렵고, 그룹 내 정체성이 형성되어 교회 전체보다는 자기 그룹에만 집중하는 현상도 생길 수 있다. 그리고 높은 수준의 공부를 추구하다 보니 지적 능력이나 신앙 연륜이 낮은 성도들은 부담을 느낄 수 있다.

한국교회에서는 사실 언약모델과 유사한 형태가 제자훈련 소그룹으로 많이 구현되었다고 볼 수 있다. "훈련생 서약서" 등을 쓰고 32주 동안 쉬지 않고 달리는 제자훈련은 그 자체로 언약그룹적 요소가 강했다. 다만 한국 제자훈련은 기간이 끝나면 해산하고 새로운 훈련반이 구성되는 식이라, 언약 그룹처럼 오랜 기간 지속되지는 않았다. 서구의 언약모델 그룹들은 몇 년씩 함께 하는 경우도 많다.

포스트 코로나 시대에 언약모델의 강점은 "함께 한다는 안정감"을 사람들에게 줄 수 있다는 것이다. 불확실성과 고립감이 커진 시대에, 작더라도 확실한 약속 공동체가 있다는 것은 큰 위로와 힘이 된다. 그러므로 소그룹과 별개로, 교회 내 소수의 열정 있는 신자들을 언약 그룹으로 묶어 보는 것도 권장할 만하다. 이를테면 침체된 신앙을 회복하기 원하는 성도들을 모집하여, "영적 회복 언약반" 같은 것을 운영할 수 있다. 여기서 6개월이든 1년이든 함께 말씀과 기도로 깊이 교제하면서, 서로의 신앙을 견인하면 참여자들에게 큰 각성과 치유가 일어날 것이다. 언약모델은 평신도 리더십이 어느 정도 갖춰진 교회에서 시도하면 좋다. 예를 들어 제자훈련 수료자들이나 구역장 중 희망자를 모아 언약 리더 그룹을 만들고 더 높은 차원의 훈련과 나눔을 갖게 하는 것이다. 이런 코어 그룹은 교회 전체의 영적 엔진 역할을 해줄 수 있다. 언약 그룹에서 받은 은혜와 배움을 다시 각자 맡은 셀이나 구역에 흘러보내도록 하면, 교회 전체가 세워질 것이다.

정리하자면, 언약모델은 "높은 헌신 – 깊은 성장 – 강한 소속감"으로 요약되는 작은 제자공동체이다. 모든 교인이 다 참여하지는 못해도, 그룹의 영향력이 교회 전반에 선한 영향을 미치도록 전략적으로 활용할 수 있다. 특히 포스트코로나 시대에 핵심 멤버들을 재무장시키고 영적 기둥을 세우기에 언약 모델은 탁월한 도구가 될 것이다.

가정교회 모델

가정교회 모델은 이름 그대로 "집에서 모이는 교회" 형태의 소그룹을 말한다. 사실 이는 신약성경에 나타난 초기교회의 원형이기도 하다. 사도행전 2장이나 로마서 16장 등에는 집에서 모이는 교회들에 대한 언급이 있다. 현대에 와서 "가정교회"라는 용어는 특히 최영기 목사가 이끄는 가정교회사역원을 통해 정립된 하나의 모델을 가리키기도 한다. 이 운동은 1990년대부터 한인교회를 중심으로 퍼져나가 현재 한국교회에서도 많은 교회들이 채택하고 있다.

가정교회 모델은 셀교회와 유사하면서도 다른 결을 갖고 있다. 셀교회가 교회 성장학적 접근이었다면, 가정교회는 신약교회의 단순성과 친교에 초점을 두는 접근이다. "교회 안의 작은 교회"라는 표현이 여기서도 자주 쓰인다. 12명 이하의 가족 같은 공동체를 이루어 삶을 나누고, 음식을 함께 먹고, 말씀을 나누며, 전도를 생활화하는 것을 강조하며 목장 혹은 하우스처치 등의 용어로도 불린다. 이 모델에서는 VIP(아직 신앙이 없는 대상자)를 초대하여 자연스럽게 복음을 접하게 하고, 인위적 프로그램보다 관계 전도를 중시한다. 또한 목장 모임에서 나눈 간증이나 삶의 나눔이 풍성하도록 자유로운 분위기를 강조한다.

이들은 주일 예배 외에 주중 가정집에서 열리는 목장 모임을 교회의 핵심으로 삼고, 목장들이 스스로 예배와 교제, 전도를 하도록 했다. "평신도 교회"라는 구호를 내걸기도 했는데, 그만큼 평신도들이 목장 리더(목자)가 되어 목회를 함께 감당한다는 뜻이다.

가정교회 모델의 강점은 말 그대로 "가족 같은 교회"를 맛볼 수 있다는 점이다. 이는 가정교회라는 명칭 자체가 신약성경의 원형교회를 떠올리게 하며 꾸준히 관심을 불러일으키고, 수평적이고 가족애적인 공동체로서 소그룹을 지향한다는 의미를 담고 있다. 수평적이고 비형식적인 분위기에서 진행되므로, 처음 온 사람도 집안 거실에 앉아 편안히 식사하며 어울릴 수 있다. 교회 건물에서 갖는 소그룹은 아무래도 격식이 느껴질 수 있지만, 누군가의 집에 모이면 자연스레 삶 이야기가 나오고 친밀감이 높아진다. 이러한 환경에서 신앙의 본질인 사랑과 진실한 나눔이 잘 실현된다. 또한 집에서 모이기에 가정 단위의 섬김이 일어난다. 아이들은 아이들대로 뛰놀며, 어른들은 교제하고, 음식을 준비하며 섬기는 과정에서 공동체의 친밀함이 커진다.

전도 측면에서도 비신자들이 쉽게 접근한다는 이점이 있다. 교회 건물은 거부감을 가질 수 있지만, 이웃의 집 초대는 가벼운 마음으로 갈 수 있기 때문이다. 가정교회 목장들은 종종 "VIP들과의 삶나눔"에 집중하여, 믿지 않는 친구가 와도 부담 없도록 찬송이나 기도 비중을 조절하기도 한다. 먼저 인간적 관계를 맺고, 신뢰가 쌓이면 점차 복음을 제시하는 식이다. 이러한 관계전도는 현시대에도 유효하며 오히려 교회 공식 행사보다는 개인적인 집 초대를 사람들은 더 편히 여길 수 있다.

다만 가정교회 모델의 약점이라면, 모델의 완성도가 리더 부부의 역량에 크게 좌우된다는 점이다. 또 집을 오픈하는 목자(목녀) 가정의 섬김 부담이 만만치 않다. 집 청소, 음식 준비, 아이들 돌봄 등 수고가 많이 들어간다. 집을 내어주려면 어느 정도 경제적·환경적 여유도 필요하다. 모든 성도가 그 역할을 감당하기는 어렵다. 그래서 교회 내 헌신자와 여건 되는 가정 위주로 목장이 편성되고, 그렇지 못한 성도들은 상대적으로 수혜를 받는 입장이 될 수도 있다. 또한 가정교회 목장 모임은 구조가 느슨한 대신, 목자의 리더십 스타일에 따라 천차만별이 된다. 어떤 목장은 친교만 하고 말씀은 부족할 수 있고, 또 어떤 목장은 너무 교리적으로 흐를 수도 있다. 통일성과 체계 측면에서는 셀교회보다 자유로운 만큼 편차 관리가 과제이다.

포스트 코로나 시대에 많은 교회들이 소그룹을 가정집으로 전환하거나 식탁 교제를 강조하는 움직임을 보인다. 이는 가정교회 모델의 요소를 받아들이는 것이라 할 수 있다. 팬데믹으로 공적인 장소 모임이 제한되었을 때, 몇몇 성도 가정이 돌아가며 모임을 연 사례가 있다. 향후에도 교회 시설에 모이는 것과 가정에 모이는 것을 병행하는 하이브리드 형태가 자리잡을 수 있다. 예를 들어 교회 구역 모임이라 하더라도, 각 구역원 가정이 돌아가며 차나 다과를 대접하며 집에서 만나는 식으로 변화를 줄 수 있다.

가정교회 모델에서 배울 핵심은 "소그룹이 곧 교회다"라는 인식과 수평적·자발적 교제의 분위기이다. 이 본질을 유지한다면 형식은 유연하게 취사선택 가능하다. 예컨대 모임 장소는 꼭 집이 아니어도, 교회 식당이나 카페 같은 편안한 공간으로 꾸며 가정집 분위기를 낼 수도 있다. 또한 반드시 식사 부담을 지울 필요 없이, 간단한 티타임만 하며 교제해도 좋다. 중요한 것은 대예배에서 느낄 수 없는 가족적 친밀감을 제공하는 것이다.

우리 교회에 적합한 창의적인 소그룹 모델을 개발하자

요약하자면, 각 모델마다 독특한 강점과 한계가 있으므로 교회는 자신의 상황을 면밀히 살펴 가장 적합하거나 또는 복합적인 모델을 선택해야 한다. 예를 들어, 대형교회라면 통합모델+셀모델을 섞어 조직 관리의 효율성과 전도력을 함께 추구할 수 있다. 중형교회라면 제자훈련모델+가정교회모델로 핵심리더 양성과 친밀한 양육을 동시에 노릴 수 있으며, 소형교회라면 오히려 전 교인이 하나의 소그룹처럼 움직이는 가정교회형 교회가 될 수도 있다. 중요한 것은 소그룹 사역의 본질 - 제자 삼고 서로 사랑하며 공동체를 세우는 것 - 을 잃지 않으면서 유연하게 모델을 적용하는 지혜이다. 코로나 이후 시대는 변화에 빠르게 대응해야 하므로, 혼합모델, 맞춤형모델의 필요성은 더욱 커졌다. 각 교회의 지도자들은 자기 교회의 영적 DNA와 문화를 고려하여, 위에서 살펴본 다양한 모델들의 요소들을 적절히 조합함으로써 "우리 교회형 소그룹 모델"을 구축하기 바란다.

2장

건강한 소그룹, 이렇게 운영하라

소그룹 TALK 전략을 구사하라

TALK 전략

소그룹을 건강하게 만들기 위해서는 적어도 최소한의 전략이 있어야 한다. 많은 전략들을 고안하고 정리할 수 있겠지만 가장 핵심적이고, 기초가 되는 4가지 전략으로 정리할 수 있다. 아마도 교회 내에서 소그룹 관리자들은 목회자가 대부분일 것이라고 짐작할 수 있겠는데, 소그룹 관리자들이 적어도 이 4가지 전략을 기억하며 소그룹을 운영해 나간다면 역동적인 소그룹을 이룰 수 있을 것이다.

네 가지 전략은 각각 '삼각기둥 전략(Triangle), 빈자리 전략(Amplify), 생명주기 전략(Life Cycle), 코이노니아 전략(Koinonia)'이며 영문 이니셜을 모아서 'TALK 전략'이라고 부를 수 있다. 이 네 가지 전략들은 긴밀하게 상호 연결되어 있을 뿐만 아니라 서로 다른 전략들을 보완해 주는 기능을 가지고 있는데 이제 각 전략들을 좀 더 상세히 살펴보자.

T (Triangle)전략 : 삼각기둥 전략

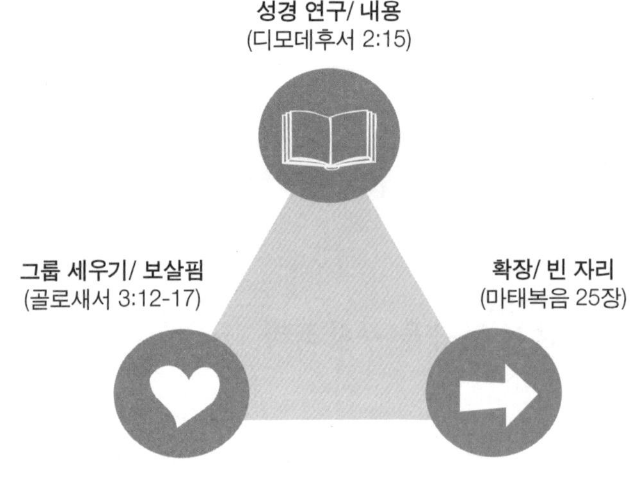

그림4 삼각기둥 전략

　모든 전략의 기초가 되는 이 전략은 건강한 소그룹이 본질적으로 가져야할 삼대 요소들을 강조하는 것이다. 건강한 소그룹은 성경 연구와 그룹 세우기, 그리고 모임의 확장을 통한 선교와 전도의 요소를 내부에 필수적으로 가지고 있다.

　'성경 연구' 즉 하나님의 말씀에 대한 연구는 건강한 소그룹의 생명에서 가장 중요한 요소다. 이것은 "네가 진리의 말씀을 옳게 분별하며 부끄러울 것이 없는 일꾼으로 인정된 자로 자신을 하나님 앞에 드리기를 힘쓰라"(딤후 2:15)는 말씀에 근거하고 있다.

'그룹 세우기' 혹은 '보살핌, 교제'라고 일컬어지는 두 번째 요소는 하나의 그룹을 이루어 가는 결속 과정으로 시간과 노력과 헌신이 요구되는 요소다. 그리고 이 요소는 다음과 같은 말씀에 그 근거를 두고 있다.

"그러므로 너희는 하나님의 택하신 거룩하고 사랑하신 자처럼 긍휼과 자비와 겸손과 온유와 오래 참음을 옷 입고 누가 뉘게 혐의가 있거든 서로 용납하여 피차 용서하되 주께서 너희를 용서하신 것과 같이 너희도 그리하고 이 모든 것 위에 사랑을 더하라. 이는 온전하게 매는 띠니라. 그리스도의 평강이 너희 마음을 주장하게 하라. 평강을 위하여 너희가 한 몸으로 부르심을 받았나니 또한 너희는 감사하는 자가 되라. 그리스도의 말씀이 너희 속에 풍성히 거하여 모든 지혜로 피차 가르치며 권면하고, 시와 찬미와 신령한 노래를 부르며, 마음에 감사함으로 하나님을 찬양하고, 또 무엇을 하든지 말에나 일에나 다 주 예수의 이름으로 하고 그를 힘입어 하나님 아버지께 감사하라"(골 3:12~17)

세 번째 요소인 '확장'의 요소는 일명 '빈자리' 요소라고 일컬을 수도 있는데 소그룹 내에서 서로에 대한 사랑과 섬김 가운데 항상 그 모임이 확장되어야 함을 의미한다. 이것은 "또한 우리를 위하여 기도하되 하나님이 전도할 문을 우리에게 열어 주사 그리스도의 비밀을 말하게 하시기를 구하라"(골 4:3)는 말씀에 기초하고 있다.

소그룹 활동이 처음 소개될 때 사람들은 소그룹 모임은 오로지 성경 공부와 기도에만 초점을 맞추어야 한다고 생각했다. 그러나 이것은 소그룹 자체가 가르침과 배움의 과정만 있는 상당히 지루한 모임이라는 인식을 하게끔 만들었다. 이에 더하여 서로를 돌아보거나 이 모임이 궁극적으로 지향하고 하나님 나라와 이웃을 향해서 섬겨야 할 구체적인 내용이 무엇인지를 많이 상실하게 만들었다. 곧 소그룹 구성원들의 머리는 냉철하게 했고, 성경 지식은 풍성하게 만들었는지 모르지만 공동체성을 상실하게 만든 것이다.

또 교회 안에서 소그룹으로 모인다는 것은 바로 이웃들을 전도하기 위한 효과적인 도구로 활용하기 위함이라는 의식이 팽배했던 시기가 있었다. 실례로 교회에서 '총동원 전도주일'과 같은 전도 프로그램이 실시될 경우 소그룹으로 모이는 각 교구의 구역들은 전도의 전위부대화 되는 것은 당연한 일로 여긴다. D-Day를 앞두고 교회 현관의 게시판에는 각 교구 산하 구역별로 전도한 분량대로 별 모양의 스티커가 차례대로 붙는 것은 별로 이상한 일이 아닌 것이다. 그래서 매주일 의기양양한 구역(소그룹)이 있는가 하면 그 반면에 쥐구멍에라도 들어가고 싶은 머쓱한 표정으로 예배드리러 나오는 구역 식구들도 다반사로 보게 되는 것이 현실이었다. 먼저 복음을 들은 자들이 전도에 힘을 써야 하는 것이 당연한 일이긴 하지만 모임의 확장만을 배타적으로 강조하게 되면 그것으로 인해 소그룹의 건강성을 해칠 경우도 사실상 배제할 수 없는 것이다.

이외에도 일부 소그룹에서는 다른 요소들은 젖혀 두고 그룹 자체를 하나의 공동체로서 견고히 세워가는 것에만 초점을 맞추고 구성원들 서로간의 협력과 교제에만 몰두하게 되는 경우도 생겨났다. 특별히 80년대와 90년대 소그룹 성경 공부 모임이 활발했던 시절, 일명 '그룹 바이블 스터디'(GBS)라는 이름으로 청년 대학부에서 활발하게 일어났던 소그룹의 형태가 이런 경우에 해당된다고 볼 수 있다. 청년부나 대학부 자체 집회 후 이루어지는 GBS 시간은 종종 그들만의 친목과 교제의 시간으로 전락하는 경우가 많이 있었다. 특별히 리더 훈련 과정이 박약하고 리더로 세울 만한 인력층이 엷은 교회의 청년 대학부일수록 이런 경향은 더 심하게 나타난 것이 사실이다. 모든 힘을 내부에 탕진해 버리는 경우 그 이후에 나타날 결과는 강 건너 불 보듯이 뻔한 상황이다.

이상에서 살펴보았듯이 각 교회에서 행해지던 지금까지의 소그룹 운동들은 많은 경우 다른 두 가지 본질적인 요소들은 젖혀 두고 오로지 한 가지 요소에만 몰두해서 소그룹을 이끌어 가려고 했기 때문에 시행착오를 겪고 혼돈에 빠질 수밖에 없었다. 그래서 한 가지에만 열정을 소모했던 많은 교회들이 기진맥진하고 마침내 소그룹 사역을 포기하는 모습을 많이 볼 수 있었던 것이다.

그러나 소그룹 사역이 도달하고자 하는 목표는 이러한 세 가지 본질적인 요소들이 조화를 이루는 것이다. 실제로 성경 연구는 건강한 소그룹의 생명에 있어서 가장 중요한 요소다. 그러나 성경 연구 한 가지만으로는 부족하다. 이것은 다른 두 가지 요소들을 충분히 고려할 때 최고의 효과를 발휘하게 된다. 따라서 하나의 그룹은 세 가지 요소들을 모두 활용할 때 가장 뛰어난 사역을 이루게 되는 것이다. 그룹 세우기와 보살핌 역시 '하나의 공동체를 이루어 가는' 과정이며 서로를 보살피고 돌보아 주는 과정으로써 절대적으로 필요한 요소다. 여기에는 시간과 노력과 헌신을 요구한다. 그러나 교제만을 강조하고 헌신하지 않으면 그 모임은 궁극적인 결속력을 가질 수 없다. 즉, 아무 것도 없이 '교제'에만 몰두하면(사실 요즘의 많은 소그룹들이 이런 모습을 보여주고 있다) 그 소그룹은 사람들끼리만 서로 의존하게 되는 모임으로 빗나갈 수 있다. 그렇게 되면 교회의 본질을 잃어버리고 하나의 친목단체로 전락해버릴 가능성이 있는 것이다. 따라서 소그룹이 제자리 걸음을 반복하고 내부 구성원들끼리의 상호 의존 모임으로 전락해버린 나머지 '변화산 신드롬'(변화산에서 예수님의 변형되는 모습을 바라보고 "여기가 좋사오니”라고 고백한 베드로의 상황을 표현한 것이다)에 사로잡힌 것을 막는 방법은 다른 사람들을 향해서 열린 사역을 전개하는 ‘모임의 확장’이다. 이것은 건강한 소그룹을 위해서 필수적인 것이다. 성경적인 소그룹은 모임 내에 속한 사람들만을 위해 존재하는 것이 아니다. 그렇지만 소그룹을 오로지 확장 일변도로만 이끌어가는 것도 역시 매우 위험한 일이다. 엘리자베스 오코너(Elizabeth O’Connor)가 “내부로의 여행이 없는 외부로의 여행은 모든 것을 탕진해 버리는 지름길이다”라고 말한 것은 바로 이것을 지적한 것이다. 불행히도 오늘날 많은 ‘선교 모임’에서 벌어지고 있는 문제점이 바로 이러한 모습이다. 그러므로 건강한 소그룹을 운용하기 위해서 소그룹의 필수적인 삼대 요소를 균형 있게 표현한 “삼각기둥의 전략”이 필요한 것이다. 네비게이토의 설립자인 도슨 트로트먼(Dawson Trotman)은 “어떤 쇠사슬이든지 가장 강하게 연결되어 있는 고리에 가장 큰 위험성이 도사리고 있다.”고 말했는데, 세 가지 요소 중에 한 가지만을 강조할 때 그것을 통해 소그룹이 와해될 수 있음을 적절하게 표현한 것이라고 할 수 있다.

A(amplify) 전략: 빈자리 전략

건강한 소그룹을 운용하기 위한 두 번째 전략은 아주 간단한 준비를 통해서 실행될 수 있다. 모임 장소에 빈자리 하나를 놓아두는 것이다. 이것은 모든 소그룹 구성원들에게 우리가 함께하는 모임이 항상 다른 사람들에게 개방되어 있다는 것을 기억하게 해주는 상징이다. 자신의 발걸음을 하나님께로 돌이키려는 사람, 상처를 받았거나 소속될 곳이 필요한 사람, 영적 교제에 갈급한 사람, 치유와 회복이 필요한 사람 등 어떤 사람이든지 그리스도의 복음이 필요한 모든 사람들에게 모임이 열려 있고 받아들일 준비가 되어 있다는 것을 상징적으로 보여 주는 것이 빈자리인 것이다.

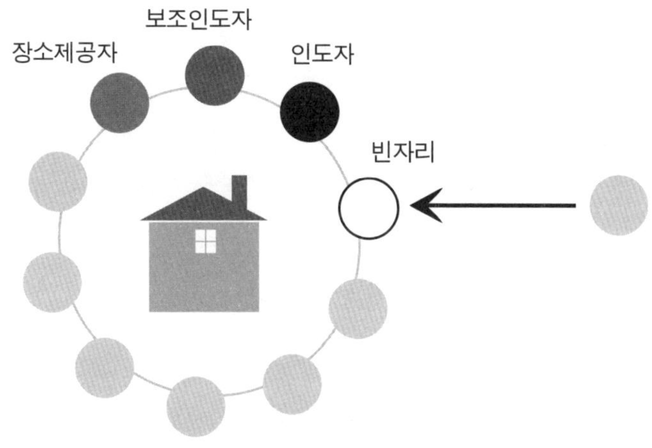

그림5 빈자리 전략

따라서 빈자리는 소그룹에서 반드시 시행되어야 할 삼대 요소 가운데 확장(선교와 전도)의 요소를 확인시켜 주는 중요한 도구가 될 수 있다. 대체로 견고하게 결속된 그룹일수록 타인을 받아들이는데 상당히 경직된 태도를 보일 수 있는 가능성이 높다. 그러나 교회 공동체에서 소그룹 사역을 하는 것은 궁극적으로 새로운 소그룹을 탄생시키기 위한 생명적 모판으로써 소그룹 사역을 진행한다는 점을 깊이 인식할 필요가 있다. 즉 소그룹이 열린 소그룹이어야 함을 주지시키는 것이다. 또한 빈자리는 모든 소그룹 구성원들에게 그 자리에 와서 앉아야 할 사람이 있음을 상기시켜 주고, 그 사람을 위해 기도할 책임과 그 사람을 인도할 책임이 자신에게 있음을 알려주는 실물 도구가 된다. 그러므로 열린 소그룹으로서 항상 빈자리를 기억하면서 함께 기도하고 구체적으로 움직이는 동기를 끊임없이 부여하는 것이 빈자리인 것이다. 여기에 더하여 빈자리 전략은 소그룹이 주님의 교회와 하나님 나라의 확장을 위해 비어 있는 섬김과 봉사의 빈자리가 어디인지를 소그룹 구성원들에게 생각나게 하고 성숙해 가는 과정 속에서 섬김과 봉사를 향한 결단을 가져오게 할 수 있다.

L(Life cycle)전략 : 생명주기 전략

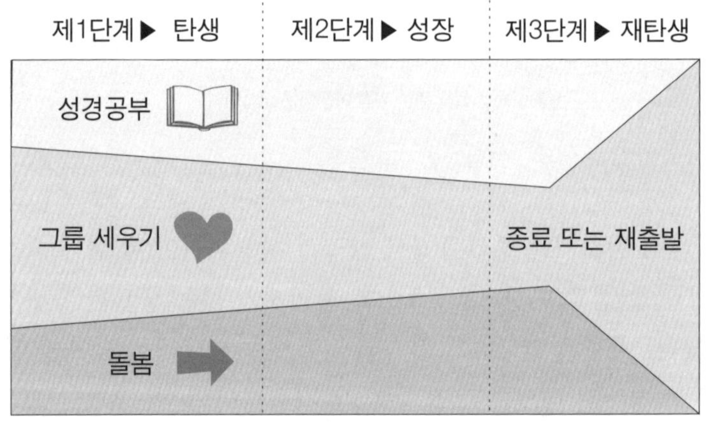

그림 6 생명주기 전략

삼각기둥의 전략에서 건강한 소그룹에는 세 가지 본질적인 요소가 있다는 것을 살펴볼 수 있었다. 세 번째 전략에서는 '최소의 연료를 가지고 최고의 연비를 낼 수 있도록' 어떻게 세 가지 요소들을 적절하게 안배할 것 인가를 살펴볼 수 있다.

　소그룹 인도자들은 지금까지 소그룹을 운용하면서 기본적으로 두 가지중 한 가지의 방식을 선택하면서 소그룹을 운영해 왔을 것이다.

　첫째는 정적인 운용 방식이다. 이것은 소그룹이 만약 90분 동안의 모임을 가진다면 30분 간은 성경 연구, 30분 간은 공동체 세우기와 교제, 30분 간은 모임의 확장을 위한 결단의 시간으로 가지는 것이다. 세 부분이 삼단 케이크처럼 똑같이 30분씩 삼등분 되도록 진행하는 것이 이 정적인 운용 방식의 특징이다. 그러나 사실상 이것은 과거에 사용하던 구식 시스템이다. 소그룹의 세 가지 본질적인 요소를 균형 있게 유지할 수는 있지만 융통성이 없어서 소그룹이 성장하는 단계와 생명주기의 다양한 단계가 있으므로그에 따라 요구되는 필요들을 적절하게 평가하거나 반영하는 데는 실패하기 쉬운 방식이다

　둘째는 동적인 운용 방식이다. 이름하여 '생명주기 전략'이라고 불리는 동적인 활동은 삼각기둥의 세 가지 본질적인 요소들을 점검하고 그룹의 생명주기 전반에 걸쳐서 그때마다 우선 순위를 확인해 주는 것을 의미한다. 한 그룹의 단기적인 활동 단계에 있어서 삼각기둥의 세 가지 본질적인 요소(성경 연구, 그룹 세우기, 확장) 가운데 한 가지에 나머지 두 가지보다 우선 순위를 두는 것이다. 이러한 강조는 다른 측면들을 결코 무시하는 것이 아니다. 이것은 단지 소그룹이 가지는 생명주기의 특별한 단계에서 필요한 요소에 우선 순위를 부여하는 것일 뿐이다. 예를 들어, 만일 하나의 소그룹이 일 년 동안 모임을 갖는다면 여름방학 한 달(7월 혹은 8월)과 겨울방학 두 달(12월과 1월)을 제외하고 9개월을 각각 3단계로 나눌 수 있을 것이다. 소그룹이 처음출범한 탄생 시기에는 그룹 세우기가 가장 중요한 요소가 되고, 그것이 성경 연구와 확장의 요소보다

우선권을 갖는 것이다. 소그룹이 구성되고 구성원들이 처음으로 얼굴을 대하게 된 시기에는 사실상 성경 연구를 깊이 있게 하거나, 전도해야 할 필요성과 결단을 촉구하는 것은 상당히 실천적인 결과를 이끌어내는 것이 어려운 시기다. 이 때 필요한 것은 모든 참석자들이 그 모임 안에서 따뜻함과 평안함을 느끼고 계속해서 소그룹에 참석할 것을 스스로 결정하도록 하는 동기를 부여하는 일이 우선인 것이다. 따라서 구성원들이 하나의 그룹으로서 공동체를 이룰 수 있도록 교제하는 것에 시간과 모든 활동을 집중하고 그 다음에 보다 깊이 있는 성경 연구와 모임의 확장을 꾀하도록 하는 것이다. 탄생의 시기가 지나가면 그룹 세우기를 위한 교제의 요소를 한 발짝 뒤로 돌리고 구성원들이 소그룹 안에서 보다 성숙하도록 하기 위해서 성경 연구와 확장(선교와 전도)에 대한 깊이 있는 결단을 촉구하는 분위기와 시간으로 이끌면 된다. 소그룹의 생명주기에 맞추어 마지막 단계까지 소그룹이 가져야 할 삼대 요소를 우선 순위를 고려하여 시간을 배정하고 교과과정이나 교재 활용을 한다면 그 소그룹은 훨씬역동적으로 진행될 것이다. 결국 정확히 이해하면 생명주기 전략은 '영적성장을 위한 모임'의 목적이 소그룹의 형태를 통해서 어떻게 완성될 수 있는가를 보여주는 것이며, 세 가지 요소들의 우선 순위는 그 그룹이 어떤 라이프 사이클(생명주기)의 단계에 와 있는가에 따라 달라질 수 있는 것이다.

K(Koinonia) 전략 : 코이노니아 전략

첫 번째 전략(삼각기둥)에서 소그룹의 세 가지 본질적인 요소들을 설명했다. 세 번째 전략(생명주기)에서는 본질적인 요소들이 그룹의 발전 단계에 따라 우선 순위를 가질 수 있었다. 이제는 다음과 같은 물음을 던져야 한다. "그룹 세우기는 어떻게 이루어져야 하는가?" 아무리 잘 짜여진 커리큘럼이 있고, 좋은 소그룹 환경과 훌륭한 리더가 있다고 할지라도 기본적으로 소그룹 구성원들의 결속이 약해서 소그룹이 지속적으로 모일 수 있는 가능성이 희박하다면 건강한 소그룹의 운용은 불가능한 일이다. 이런 점에서 소그룹이 처음 출발한 시기인 탄생 시기는 소그룹의 지속성을 위해서 가장 중요한 시기라고 해도 과언이 아니다. 즉 구성원들의 견고한 결속에 실패한다면 소그룹의 생명은 끝나버릴 것이기 때문이다.

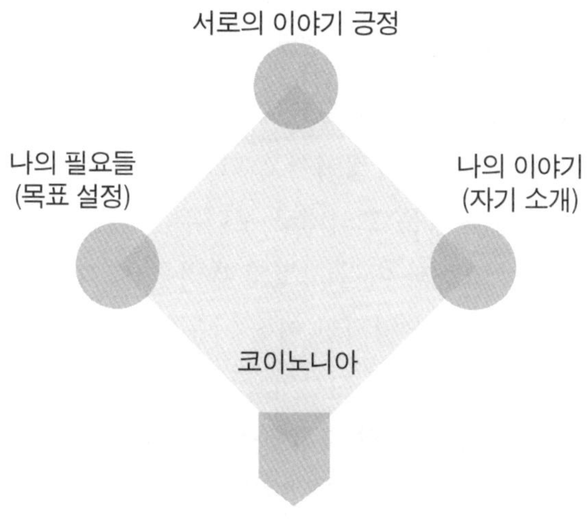

"세 번째 전략인 코이노니아 전략의 목표는
사람들이 각 베이스를 돌아 홈 베이스에 도착하도록 돕는 것이다."

그림 7 야구장 다이아몬드

따라서 소그룹이 탄생 시기에 견고해지기 위해서 거쳐야 할 과정을 잘 보여주는 구도가 있는데 그것이 바로 야구장의 다이아몬드이다. 야구장 그림에 나타나는 각 베이스들은(1루, 2루, 3루, 홈 베이스) 소그룹의 구성원들이 결속되고 견고하게 완성되기 위해서 거쳐야 할 각 과정을 나타낸다. 이 아이디어는 모든 소그룹 구성원들이 홈 베이스(궁극적인 코이노니아)를 향하는 과정에 각 베이스에 머무르며 내야를 한 바퀴 도는 야구 선수처럼 각 과정을 돌아서 목표 지점에 들어가는 과정을 보여준다.

먼저 1루 베이스는 자기 소개의 과정이다. 소그룹에서 소그룹 자체를 건강하고 견고하게 만들기 위해서 구성원 각자가 다른 참가자들에게 줄 수 있는 가장 큰 선물은 다른 것이 아니다. 바로 자기 자신을 선물로 내어놓는 것이다. 이런 점에서 1루 베이스는 구성원 각자가 자신에 관한 이야기들을 다른 사람들과 함께 나누는 과정으로써 '자기 소개'라고 부를 수 있다. 즉 부담없이 '서로를 알기 위한' 시간인 것이다. 이 기회에 모든 구성원들은 거추장스러운 외투를 벗어 걸어 놓고, 무겁게 짊어지고 다니던 짐 보따리를 풀어 놓고, 자신이 살아온 여정을 드러내고 보여주는 과정을 가지는 것이다. 자신의 과거인 고향과 어린 시절의 추억들, 그리고 중요한 사람들에 대해서 뿐만 아니라 영적인 여정 가운데 과거 자신의 삶을 소개할 수 있는 시간이 바로 이 시간이다. 그리고 자신의 현재를 소개하는 시간으로 영적인 순례의 과정에서 지금의 나는 어디에 있는가를 소개하는 시간을 가질 수 있다. 여기에 더하여 장차 미래에 어떤 비전을 품고 무엇이 되고자 하는가에 대한 꿈과 소망들과, 하나님으로부터 받은 소명을 함께 나누는 시간을 가지는 것이다. 이렇게 자신의 과거, 현재, 미래에 대한 자연스러운 소개의 과정을 밟는 동안 모든 구성원들은 스스로 소속감을 가질 수 있게 되는 것이다(참고: 이미 출간된 「New 아이스브레이크 모음집」이 이 자기 소개를 효과적으로 할 수 있는 자료를 담고 있다).

2루 베이스는 긍정의 과정이다. 2루 베이스는 1루에서 자신의 삶에 대해 소개하고 나눈 사람들에게 긍정적인 반응을 보이는 곳이다. 구성원들이 한 구성원의 이야기에 대해서 긍정의 반응을 보이기 시작할 때 그들 사이에는 '관계성'이 창조되는 것이다. 그러나 이 관계성은 단순한 '반응'이나 남의 이야기를 잘 들어주는 기술을 넘어서는 그 이상의 것이다. 즉 2루 베이스에서 모든 소그룹 구성원들은 한 사람의 자기 소개에 대해서 그의 삶의 이야기들에 대한 무조건적인 수용과 전적인 긍정을 하는 것을 의미한다. 진리의 문제와 관련이 없는 이상 전적인 수용과 긍정의 의사를 분명하게 보여줄 때 자기 소개의 과정을 거치는 사람은 소그룹 내에 자신이 분명한 구성원이고, 배려받는 느낌으로 안정성을 가지게 되는 것이다. 그러므로 2루 베이스에서는 "당신의 이야기에 대해 감사드립니다.", " 저는 당신의 이야기를 통해..........을 얻게 되었습니다.", "당신의 이야기는 저에게 참으로 귀한 선물입니다."라고 말하는 것이 중요하다. 이런 점에서 모든 소그룹 구성원들은 서로에게 이렇게 반응하는 방법을 반드시 배워야 하고, 그것을 구체적으로 실천하기 위해 소그룹 전체의 약속이 필요하다. 특별히 "성경이 진리와 위배되지 않는다면 무슨 이야기든지 전적으로 수용하고 긍정할 것입니다."라는 구체적인 약속은 아주 효과적일 것이다.

소그룹의 결속을 위해 마지막으로 거쳐야 할 3루 베이스의 과정은 '목표 설정'이다. 나눔과 긍정은 구성원들 상호간의 좋은 관계성을 이루어주고, 좋은 관계는 거친 물결을 헤치고 항해하는 모험의 위험에서도 하나의 공동체로서 지속성을 유지할 수 있는 힘을 공급해 줄 수 있다. 따라서 3루 베이스에서는 보다 깊은 수준의 이야기를 나눌 수 있는 것이다. "이제 당신은 어떤 삶을 살기를 원하십니까?", " 하나님께서 당신을 부르시는 곳은 어떤 영역입니까?" 등의 물음에 대한 구체적인 비전에 대한 나눔은 모든 소그룹 구성원들에게 새로운 차원을 열어줄 것이다. 따라서 3루 베이스의 과정은 성령님께서 사람들을 결속시키시고, 치료하시고, 새롭게 하셔서 새로운 도전을 할 수 있도록 하는 곳이다.

마침내 1루, 2루, 3루를 효과적으로 거쳤을 때 그 소그룹은 홈 베이스인 온전한 교제의 상태인 코이노니아에 이르게 된다. 코이노니아는 말로 설명할 수 있는 성격이 아니다. 어떤 위대한 음악가가 한 사람으로부터 리듬에 대한 정의를 내려달라는 물음을 받은 적이 있었다. 그는 대답하기를 "만일 당신이 그것을 느껴보면 그에 대한 정의는 필요치 않을 것입니다. 만일 그것을 느끼지 못한다면 아무리 다양한 정의를 내려도 전혀 도움이 되지 않을 것입니다." 라고 말했다. 음악에서의 리듬과 마찬가지로 코이노니아는 어떠한 정의나 서술로도 설명하거나 규정할 수 없는 성질의 것이다. 어떤 사람들은 그것을 카타르시스, 교향곡, 결속 등의 말로 설명하려고 노력하기도 한다. 언어적으로 살핀다면 코이노니아는 희랍어로 믿음을 함께 나눈 연합체의 '친교'를 의미한다. 홈 베이스는 참된 하나님과 그룹 구성원들 사이의 보살핌으로 이러한 친교가 실현된 모습을 보여준다. 이것은 예수님의 이름으로 모인 모임에서 일어나는 기적이며, '각 지체들이 모여 있는 상태보다 훨씬 더 위대한 전체를 만들어 내시는' 성령님의 역사로써 체험을 통해서만 느낄 수 있는 기쁨이다. 결국 효과적으로 자기 소개의 과정과 전적인 수용과 긍정을 통한 관계의 형성, 그리고 관계성을 가진 모든 지체 들의 새로운 목표 설정의 과정이 이루어졌을 때 성경이 가르쳐 주는 진정한 코이노니아의 기쁨이 소그룹 안에 흘러 넘쳐서 건강한 소그룹을 운용할 수 있는 에너지가 형성될 수 있는 것이다.

재탄생에 초점을 맞추라

탄생. 성장. 재탄생

인생에서와 마찬가지로 소그룹에도 역시 탄생, 성장 그리고 재탄생이라는 자연스러운 생명주기가 있다. 소그룹의 구성원들이 함께 모여 견고하게 결속되어 가는 것은 참으로 보기 좋은 모습이다. 그리고 소그룹이 생명력을 가지고 더욱 성장하고 성숙해지는 모습은 참 아름다운 일이다. 그러나 소그룹에서도 사랑의 극치는 인생에서와 마찬가지로 그 그룹이 또 다른 새로운 그룹을 탄생시켜 '재탄생'하는 것이라고 할 수 있다. 여기에 소그룹의 임무가 있는 것이다. 따라서 소그룹의 구성원들로 하여금 출발할 때부터 이 사실을 확인시키고 진행 과정에서 언제나 기억하도록 하는 것은 중요한 일이다.

탄생 시기에 자신의 이야기를 다른 사람들과 함께 나누고, 그 나눔에 대해 감사하면서 서로의 이야기에 긍정적인 반응을 보인 사람들은 마지막으로 삶 속에서 현재 각자에게 개인적으로 도움이 필요한 것들에 대하여 이야기하고 바라는 목표가 무엇인지 나눌 수 있다. 이 시기는 마치 이성 교제에서 이제 막 데이트를 시작하려는 단계와 비교할 수 있다. 상대방과 결혼하기를 원한다면 서로에 대해 알기 위하여 시간을 투자해야 하는 것이다. 그리고 결혼에 골인하기 위해서 어느 정도 지켜야 할 약속을 서로가 목표 설정을 하면서 맺는 과정도 거치게 되는 것이다.

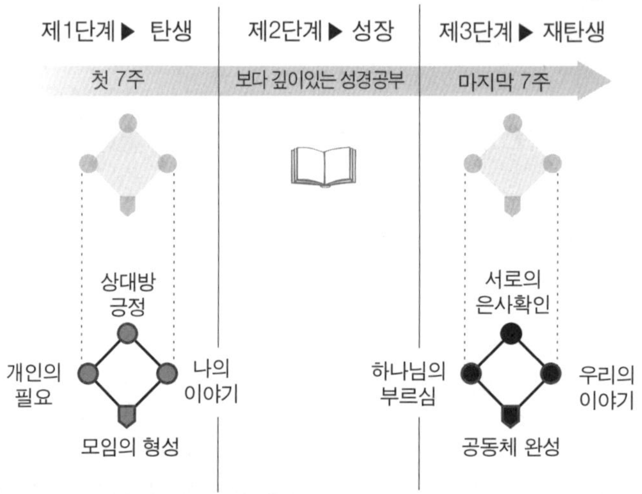

그림 8 그룹 라이프사이클의 세 단계

이런 탄생 시기를 지나면 성장과 성숙의 시기에 이르게 되는데 이 시기는 결혼의 초기 단계에 비교될 수 있다. 소그룹 구성원들은 관계를 지속하기 위해 언약에 스스로 동의했다. 이제는 성장해야 할 시간이 된 것이다. 그렇게 함으로써 모든 구성원들은 하나로 결속되었다. 이제 모든 구성원들은 한 공동체의 지체로서 성장해야 한다. 소그룹이 성장하기 위해서는 말씀에 대한 깊이 있는 공부가 필요하다. 따라서 성경 공부를 영양을 고루 갖춘 건강식으로 변화시킬 필요가 있는 것이다. 그리고 열려 있는 소그룹으로서 새로운 사람이 모임 안에 들어왔을 때 어떤 선택을 해서 그 사람을 효과적으로 안착시킬 수 있을 것인가에 대한 대안 마련도 이 시기에는 필요하다. 궁극적으로 성숙의 과정을 거쳐야 하는데 그러기 위해서는 보다 깊이 있고 삶의 변화를 이끌어내는 성경 공부와 그에 맞는 교재가 필요한 것이다. 그리고 이 시기에도 역시 잊지 말아야 할 것은 빈자리를 만들어서 영적인 성장만큼 수적으로도 성장을 계속해야 한다는 점이다.

성장의 시기를 지나서 건강한 소그룹이 이르는 마지막 시기는 모임의 확장이라는 목표가 달성되는 '재탄생'의 시기다. '삼각기둥'에서 확장의 요소는 소그룹이 또 다른 하나의 새로운 소그룹을 탄생시키는데 초점을 맞추고 있다는 점을 이미 살펴보았다.

이 단계도 역시 야구장 다이아몬드 그림으로 설명할 수 있는데 이 그림은 탄생 시기의 그림과는 중요한 차이가 있다. 소그룹의 구성원들은 이미 1단계와 2단계를 거치면서 서로를 잘 알게 되었고 강한 결속력도 어느 정도 확보하고 있는 상황이다. 또 이 시기의 소그룹은 '새로운 그룹'을 탄생시키기 위한 역량을 깊이 있는 말씀 연구를 통해 확보하고 있는 상황이기도 하다.

두 시기를 거치면서 소그룹은 '재탄생'을 준비해 온 것이다. 그러므로 새로운 소그룹을 탄생시킨다는 것은 '계획에 없던 임신'으로 불쑥 나타난 낭패감이 드는 일이 아닌 것이다. 사실 새로운 소그룹의 재탄생은 소그룹이 원래 가지고 있었던 궁극적인 목적인 셈이다. 그럼에도 불구하고 새로운 소그룹의 탄생은 조심스럽고 자연스런 잉태의 과정이 필요하다. 즉 조심스러운 준비가 필요한 것이다. 이것을 그림으로 표현하면 다음과 같은야구장 다이아몬드 그림과 같다.

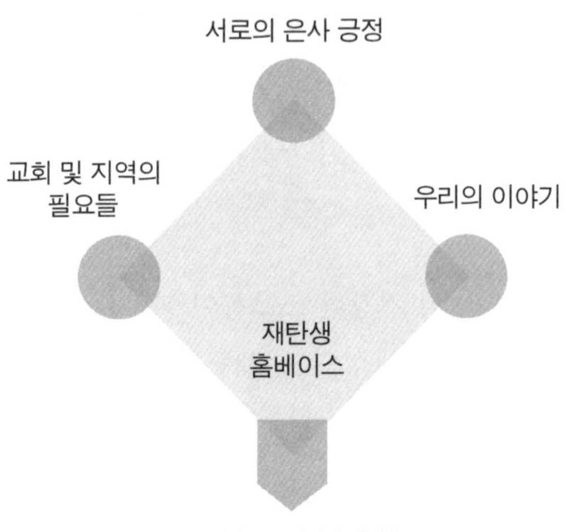

야구장 다이아몬드 전략의 전체구도

· 1루 베이스: 우리의 이야기를 나눔

· 2루 베이스: 서로의 은사에 대한 긍정

· 3루 베이스: 교회와 지역에 대한 기여

· 홈베이스: 코이노니아

"인도자가 가져야 할 직무는 그룹의 멤버들에게
'우리의 소명은 우리끼리의 모임에만 국한되는 것이 아니다'라는
사실을 지속적으로 기억시켜 주는 것이다."

그림 9 야구장 다이아몬드 3단계

인도자가 가져야 할 직무는 그룹의 멤버들에게 "우리의 소명은 우리끼리의 모임에만 국한되는 것이 아니다"라는 사실을 지속적으로 기억나게 하는 것이다.

재탄생 시기의 세 가지 과정

생명이 또 다른 생명을 낳는다는 것은 신비한 일이다. 동시에 많은 준비와 배려가 필요한 것도 사실이다. 그렇다면 어떻게 새로운 소그룹을 낳는 위대한 사역을 효과적으로 이룰 수 있을 것인가? 적어도 소그룹의 생명주기에서 재탄생의 시기에 그림 9로 표현된 다음 세 가지 과정을 잘 거친다면 새로운 소그룹을 탄생시키는 것이 효과적일 수 있을 것이다.

첫째 과정은 1루 베이스로 표현되는 과정이다. 이 과정에서는 '우리의 이야기를 나누는 것'이 필요하다. 소그룹을 수개월 동안 함께 진행하면서 나누었던 기쁨, 갈등, 감동, 잊을 수 없는 순간들을 비롯한 구성원들이 함께 겪었던 영적인 여정들과 더불어 걸어온 시간들을 돌아보는 것이다. 이것 역시 탄생 시기에 자신의 이야기를 효과적으로 나누기 위해서 많은 노력을 기울여야 하듯이 세심한 준비가 필요하다.

두 번째로 거쳐야 할 과정인 2루 베이스는 서로가 받은 은사에 대한 긍정이다. 이제 모든 구성원들은 서로를 잘 알게 되었다. 따라서 "나는 당신이........에 사용될 수 있는 귀한 은사를 지닌 것을 보았습니다."라는 말로 서로가 받은 은사를 평가할 수 있는 것이다. 객관적인 시각에서의 평가와 받은 은사에 대한 격려는 하나님 나라를 위해 필요한 사역자로 하여금 결단하고 헌신하도록 하는 최고의 선물이 될 것이다.

세 번째 과정인 3루 베이스는 지역과 교회에 대한 기여를 위해 구체적인 결단을 하는 것이다. 소그룹을 이룬 다음에는 영적인 여정의 다음 발걸음을 향하여 하나님께서 주시는 소명에 귀를 기울여야 할 필요가 있다. 이 과정을 통해 소그룹은 작게는 가정과 교회 공동체, 좀 더 크게는 지역 사회와 더 큰 범위의 공동체를 향해서 섬김을 확대하는 결단을 할 수도 있고, 궁극적으로 새로운 소그룹을 만들어 생명적 분할을 하는 형태로 나아갈 수 있게 된다. 그러나 한 가지 기억할 사실은 모든 소그룹이 새로운 소그룹을 낳는 목적을 가지고 그 방향을 지향해야 하지만 모든 소그룹이 새로운 소그룹을 탄생시키지 않을 수도 있음을 고려해야 할 필요가 있다. 즉 소그룹의 교과 과정 진행상 졸업 시기가 되었을 때 전교회적인 규모의 졸업식 행사로 절정에 이를 수 있는데 이 시간에 담임 목사님와 소그룹 관리자가 다음 해에 교회를 위한 보다 큰 임무가 무엇인지 하나님께서 각 그룹에게 바라시는 일은 무엇인지에 대해 각 소그룹들에게 도전을 다양하게 줌으로써 이후의 소그룹 운영 방향에 영향을 줄 수 있는 것이다. 이것은 재탄생의 의미가 다양하게 해석될 수 있음을 의미한다. 예컨대 새로운 또 하나의 그룹을 탄생시키기 위하여 기존의 그룹에서 한두 사람을 새로운 소그룹의 인도자로 파송할 수도 있다. 또 교회의 선교 사명에 대한 책임을 함께 짊어지기 위하여 청소년 그룹의 후원자가 되거나, 사회 봉사 프로그램을 시작하는 것을 위해 기존의 소그룹이 그대로 남을 수도 있다. 그리고 완전히 새로운 과정의그룹을 탄생시키기 위하여 기존의 소그룹 모임 자체를 포기할 수도 있는 것이다.

이상과 같은 과정을 거친 사람들은 비로소 '완전한 공동체의 일원'으로 인정을 받을 수 있을 것이다. 어떤 의미에서는 수련 기간을 모두 거친 후 최고의 상황, 즉 평생 회원으로서의 가치를 인정받은 것을 말할 수도 있다. 그러나 진정한 의미에서 소그룹 활동을 통해 교회 공동체의 구성원이 되었다는 것은 단순한 소그룹의 지체가 되었다는 범위를 훌쩍 뛰어넘어 남은 일생 동안 어느 때든지 함께 했던 소그룹 멤버들에게 도움을 주고받기 위해 불러낼 수 있는 동역자가 되었다는 것을 말한다. 또한 동시에 그런 동역자들을 만들기 위해 또 다른 소그룹에 참여하는 것을 의미한다. 결국 건강한 소그룹을 통해 맺어진 동역자들이 많은 교회는 자연스럽게 건강해질 수밖에 없는 특이체질을 소유하는 것이다.

8가지 기초원리에 충실하라

우리 모두에게는 건강한 소그룹을 유지하고 그래서 건강한 교회를 만들고자 하는 열심이 있다. 복합적이고 급변하는 시대적 상황 속에서 건강한 소그룹은 그리스도인들을 더욱 성숙하게 세울 수 있고, 서로 섬김으로써 거대한 조직에서 힘을 못 쓰던 사람들 개개인에게 새로운 역동성을 제공할 수 있는 창의적 공간이 될 수 있다.

그래서 미국의 풀러신학교 교회성장연구소의 칼 조지(Carl George) 박사는 메타 교회 모델 입문서라고 할 수 있는「미래를 위해 당신의 교회를 준비시키라」(Prepare Your Church for the Church)는 책에서 미래 교회에 필요한 요소를 강조하면서 소그룹 사역이 새로운 세기의 대안이 될 것임을 밝히고 있다.

칼 조지 박사는 미래 교회에서 필요한 이러한 요구를 충족시킬 수 있는 대안은 소그룹이라고 강조한다. 건강한 교회를 지향하기 위해서 건강한 소그룹의 효율적인 운용은 필수적이라는 말이다.

건강한 소그룹 8가지 기초원리

그렇다면 건강하고 역동적인 소그룹을 이루기 위해 유지해야 할 기초적인 원리는 무엇인가? 이것 역시 여덟 가지로 정리해 볼 수 있다.

첫째, 구성원 한 사람 한 사람의 잠재력을 인정하라.

모든 그리스도인들은 하나님의 형상을 따라 창조되었다. 따라서 하나님은 그의 자녀 한 사람 한 사람에게 독특한 인격성과 재능을 부여하셨음에 틀림없다. 그러므로 그리스도인 각 개인의 인격이 존중되고, 그들이 하나님으로부터 받은 재능이 충분히 발휘될 수 있는 공간이 필요한데 사실상많은 수의 사람들이 모인 자리에서 이것은 거의 불가능한 일이다. 따라서 각 개인이 가진 잠재적 능력이 최대한 발휘될 수 있는 장으로써 소그룹이 있어야 하고, 소그룹의 인도자와 구성원들은 소그룹에 속한 모든 사람들을 잠재적인 가능성을 가진 '가능성 있는 중요한 사람'으로 인식하기 시작하고 배려할 때 건강한 소그룹이 될 수 있는 것이다.

둘째, 모든 잠재력은 예수 그리스도에 의해서만이 최고로 실현될 수 있다는 점을 인식해야 한다.

하나님께서 아무리 좋은 잠재적 능력을 각 사람에게 부여하셨다고 할지라도, 그것이 궁극적으로 그리스도 밖에 있는 것이라면 의미가 없는 일이다. 그러므로 교회 내의 소그룹을 건강하게 만들기 위해서는 영적 공동체의 기초 체력이라고 부를 수 있는 최고 경영자이신 그리스도에 대한 믿음의 동질성을 확보할 때 비로소 가능한 것임을 끊임없이 효과적으로 강조해야만 하는 것이다.

셋째, 협력과 나눔을 위한 구체적인 약속이 필요하다.

소그룹이 역동성을 동반하고 지속적으로 진행되도록 하기 위해서는 사실상 구성원들의 많은 희생과 노력이 동반되어야 비로소 가능하다. 따라서 모든 구성원들이 협력하고 함께 짊어져야 하는 공동의 약속을 효과적으로 맺는 것이 반드시 필요하다. 서로를 더욱 깊이 알고 협력하기 위해 필요한 시간과 노력, 그리고 함께 나누는 삶을 위하여 '언약서'를 작성하고 그것에 대해 공동으로 약속하는 과정이 있어야 하는 것이다. 이를 위해 각 소그룹이 새로운 시작을 할 때 이에 대한 '언약서 작성' 프로그램 등을 갖는 것은 대단히 의미있는 행사라고 할 수 있다.

넷째, 내적 변화를 추구하라.

궁극적으로 그리스도인의 삶이 새롭게 되고 성숙하기 위해서는 최우선적으로 하나님의 부르심에 응답하는 결단이 필요하다. 구성원 상호간의 친밀한 인격적 교감과 생활 전반에서의 변화를 보여줄 수 있는 소그룹은 그 특성상 모든 구성원들의 내적인 변화를 요청할 수 있는 좋은 장이다. 따라서 모일 때마다 마지막에는 모든 구성원들을 향해 다양한 방법으로 현재 친밀한 교제를 나누는 구성원들 전체가 하나님과 그의 나라를 위해서 무슨 일을 해야 할지 결단을 촉구하고, 그러기 위해서 개인적으로는 어떤 결단을 해야 할지 요청하고, 내적인 변화를 추구해 나가야 건강한 소그룹으로 나아갈 수 있는 것이다.

다섯째, 열린 소그룹이 되어야 한다.

성령님께서 소그룹 구성원들로 하여금 서로 협력하는 공동체가 되게 하시고 각자에게 주어진 잠재적인 은사를 발견하게 하시는 이유가 있다. 그것은 작게는 자신이 속해 있는 가정과 교회, 크게는 세계 내에 존재하는 이웃들을 위해 섬기는 사역을 하도록 하기 위해 그렇게 하신 것이다. 즉, 꽉 닫힌 폐쇄적 공동체로서 내부적으로 모든 힘을 탕진해 버리는 것이 아니라 열린 공동체로서 함께 축적시킨 역량을 가지고 이웃을 위한 사역을 감당하도록 하시려고 소그룹으로 모이게 하셨고 영적인 은사들을 부여하셨음을 인식해야 하는 것이다. 따라서 항상 개방성을 가지고 영적으로 육적으로 지치고 피곤한 사람들과 어떤 상처로 인해 치유받기를 바라는 이들을 격려하고 세우는 소그룹, 그리고 다른 공동체의 필요를 공급하는 공동체로서의 일정한 사역을 감당할 때 역동적이고 건강한 소그룹이 될 수 있다.

여섯째, 성경 중심적이어야 한다.

성경은 하나님의 대속 활동에 대한 살아있는 진술이며 지금 이 순간 그분의 뜻을 보여주는 최고의 안내자이다. 아무리 소그룹 구성원들 사이에 깊은 인격적 교감을 통한 풍성한 교제가 있고, 섬김과 나눔을 통한 훌륭한 사역이 진행된다고 할지라도 말씀에 대한 갈증이 없는 소그룹은 단언컨대 건강성을 결코 유지할 수 없다. 따라서 소그룹이 역동성을 유지하기 위해서는 양육이 없는 사역의 무미건조함을 항상 인식하면서 깊이 있는 말씀 연구의 토대가 항상 제공될 수 있도록 하는 것이 무엇보다 필요한 것이다.

일곱째, 영적인 전체성을 지향해야 한다.

건강한 소그룹은 항상 영적인 전체성을 고려하면서 운용되어야 한다. 영적인 전체성이란 소그룹 구성원들이 존재하는 모든 영역, 즉 '감정, 인간관계, 가치관과 세계관, 생활 방식 등'을 포괄하는 것을 의미한다. 그러므로 편향적으로 한 부분만을 다루는 형식으로 교과과정을 짠다거나 소그룹의 모임 시간을 배분하는 것은 소그룹 자체의 건강성을 해칠 우려가 있다. 성경이 인생의 모든 문제에 대한 대안을 가진 것을 이해한다면 성경적 소그룹이 되기 위해서는 소그룹 구성원들이 당면하고 있는 모든 영역을 효과적으로 다룰 수 있는 방식으로 교과과정이 진행되고 시간도 안배되어야 하는 것이다. 따라서 경직된 형태의 소그룹 운영은 반드시 재고되어야 할 일이다.

여덟째, 풍성한 교제의 기쁨을 누려야 한다.

소그룹의 건강성을 유지하기 위해서 구성원 상호 간에 풍성한 교제의 기쁨을 누려야 한다는 것은 필수적인 요소다. 그러나 문제는 '어떻게 하면 자연스럽게 모든 구성원들이 깊은 교제의 기쁨을 누릴 수 있는가?' 하는 점이다. 여기에는 철저한 준비가 필요하다. 많은 경우 교제의 기쁨을 누려야 한다는 강박관념에 사로잡혀 오히려 분위기를 어렵게 끌고 가는 경우도 있음을 발견할 수 있다. 이런 상황을 효과적으로 피하면서 자연스럽고 자유로운 교제의 환경이 일어날 수 있도록 하기 위해서는 치밀한 준비가 필요한 것이다. 여기에는 어느 정도의 도구나 자료들이 필요할 수도 있다. 그러나 조금만 부지런하다면 충분히 소그룹 구성원들로 하여금 그들 안에 있는 이야기들을 털어놓을 수 있게 할 뿐만 아니라 그리스도 안에서 아름다운 사람들을 발견하고 궁극적으로 자발적인 축제로까지 발전할 수 있도록 이끌 수 있을 것이다.

잊지 말아야 할 소그룹 정신

지금까지 언급한 것과 함께 건강한 소그룹을 이루는 기초적인 여덟 가지 요소로부터 이제 다음과 같이 건강한 소그룹이 중요하게 여기는 것들을 정리할 수 있다.

　첫째, 건강한 소그룹이 있는 교회가 건강한 교회를 만든다는 원리를 중요하게 여긴다.

　교회 공동체의 구성원들이 서로 얼굴을 맞대고 자신의 이야기를 나누고, 서로의 공감대를 확대하며, 함께 손을 맞잡고 하나님이 주신 비전을 향해 나아갈 때 교회는 역동적으로 변화될 수 있다. 바로 이런 목표를 가장 원활하게 성취할 수 있는 공간이 소그룹인 것이다. 거대한 수직적 관료주의 사회가 붕괴되고 모든 구성원들의 참여가 무엇보다 중요하게 인식되는 시대적 상황을 이해한다면 진정한 나눔이 있고 회복과 격려가 있는 건강한 소그룹을 통해 건강한 교회를 세워 나간다는 것은 결코 간과할 수 없는 것이다. 그러므로 "건강한 소그룹을 통한 건강한 교회의 구축!"이라는 명제는 더할 나위 없이 소그룹 사역에서 중요하게 취급해야 하는 부분이다.

　둘째, 열린 소그룹을 지향한다(빈자리 - Amplify).

　건강하다는 것은 생명을 잉태하고 탄생시킬 수 있는 능력을 소유했다는 것을 의미한다. 건강한 소그룹 역시 '건강하다'는 형용사를 계속해서 간직하기 위해서는 또 다른 소그룹을 낳을 수 있는 능력을 가지고 있어야 함을 의미한다. 그러기 위해서 건강한 소그룹은 닫힌 소그룹이 아니라 항상 열려 있는 공동체로서 누구든지 들어오기를 원한다면 언제든지 환영하는 구조가 되어야 하는 것이다. 따라서 '빈자리(Empty Chair) 전략'을 항상 염두에 두면서 우리 소그룹에 하나님께서 격려하시고 세우시기를 원하는 사람들이 들어올 여지를 마련해 놓고, 궁극적으로 소그룹을 통해 세움을 입은 이들이 또 다른 소그룹을 형성할 수 있도록 배려하는 일을 꾸준하게 수행해야 하는 것이다.

셋째, 코이노니아의 가치를 중요하게 여긴다.

소그룹을 통해서 궁극적으로 얻어야 할 가장 중요한 보물이 있다면 그것은 참된 교제를 그 안에서 획득하는 것이라고 말할 수 있다. 소그룹을 진행하면서 많은 경우 어려움이 발생하고 마침내 소그룹이 와해되는 것과 같은 아픔을 겪는 이유는 그 배후에 참된 교제의 기쁨을 소그룹 내에서 누리지 못하기 때문임을 발견할 수 있다. 엄밀히 말하면 교회 내에 소그룹이 존재하는 목적은 가르침의 기능 수행이나 효과적인 조직 관리를 위해서이기보다는 '격려와 세움, 그리고 나눔'을 통한 치유와 회복이라고 할 수 있다. 따라서 건강한 소그룹이 지속적으로 유지되기 위해서는 무엇보다도 교제의 기쁨을 모든 구성원들이 참여할 때마다 나누어 가질 수 있도록 계획되고, 그 분위기가 조성되어야 하는 것이다. 궁극적으로 하나님과의 화해, 그리고 구성원 사이의 화해가 이루어질 수 있는 기초 공동체가 바로 소그룹인 것이다.

넷째, 소그룹의 핵심 3요소(교제, 말씀 연구, 전도-확장)의 균형을 유지한다.

소그룹이 건강성을 유지하기 위해서는 필수 3요소라고 할 수 있는 '교제, 말씀 연구, 전도 혹은 확장'의 각각 요소를 효과적으로 균형 있게 유지하는 데 역점을 두어야 한다. 3요소 가운데 만약 어느 한 쪽에 지나치게 치우치게 된다면 그것은 바로 소그룹의 건강성을 해치는 장애로 나타나게 되기 때문이다. 3요소의 균형을 위해 건강한 소그룹은 항상 소그룹의 생명주기를 전제한다.

다섯째, 소그룹의 생명주기(Life Cycle)를 중요하게 여긴다.

건강한 소그룹은 소그룹이 '탄생, 성장, 재탄생'의 생명주기를 가지고 있음을 충분히 고려하고 각 시기에 맞게 '교제, 말씀 연구, 전도 혹은 확장'의 소그룹의 3요소를 안배한다. 즉 소그룹이 3요소의 균형을 각 시기에 맞게 가질 수 있도록 교과과정과 소그룹의 활동 내용을 적절하게 편성하는 것이다(참고 : 생명주기 전략을 다시 기억하라). 소그룹의 생명주기를 전혀 무시한 상황에서 성경 공부 교재에만 초점을 맞추어 소그룹 사역이 계속 진행된다면 소그룹의 건강성은 거의 유지되지 못한다는 것이 임상을 통한 결과였다.

여섯째, 다변화된 사회 속에서 그리스도인이 직면하는 모든 문제에 대해 성경적 대안을 제시하는 것을 중요하게 생각한다.

주일날 교회에서 행해지는 예배 시의 메시지를 통해 청중들의 삶의 자세와 세계관이 변화되는 것은 아무리 세계가 빠르게 변한다고 하더라도 여전히 계속될 것이다. 한편으로 세상의 패러다임 자체가 복합적이고 다변화되고 있다는 것은 더 이상의 언급이 필요하지 않을 정도로 주지의 사실이다. 그러나 문제는 여기에 있다. '선언적 메시지를 들은 후 삶의 본질과 생각은 전환하였지만, 그리스도인들의 삶의 현장에서 구체적으로 야기되는 현실적인 문제들에 대해서 교회와 교회의 지도자들은 어떻게 대안을 제시할 수 있을 것인가?' 하는 점이다. 대안은 소그룹이다. 아무리 특수하고 복잡한 양상이 일어난다고 할지라도 성경적으로 그들이 당면한 문제를 진지하게 다루고 대안을 제시하는 건강한 소그룹들이 교회 안에 구성되어 있다면 문제는 해결될 수 있는 것이다. 결국 전체성을 띤 교회 공동체가 구성원들이 당면하고 있는 복잡하고 세밀한 여러 가지 문제에 대해 효과적으로 대처할 수 있는 길은 소그룹이다.

일곱째, 특성화된 소그룹을 세우고 유지하는 것을 중요하게 여긴다.

그리스도인들이 삶 속에서 직면하고 있는 다양한 문제들을 깊이 고려하여 구성된 특성화된 소그룹이 교회 내에 많을수록 교회 공동체의 구성원들은 더욱 다양하고 실질적인 도움을 얻을 수 있다. 연령별로나 지역별로 획일화되어 구성된 소그룹들이 아니라 직업별 소그룹, 성별 소그룹, 치유가 필요한 다양한 상황을 고려한 소그룹들, 하나님 나라를 향한 같은 비전을 공유한 사람들 사이의 소그룹 등 여러 가지 상황과 여건에 응답하시는 하나님을 신뢰하고 소그룹을 구성하고 교과 과정을 짜고 운용되는 소그룹이 건강한 소그룹을 이룰 수 있는 중요한 또 하나의 포인트다.

여덟째, 소그룹 리더를 융통성 있게 세우며 돕는 방안을 제시한다.
탄생, 성장과 성숙, 확장의 소그룹 생명주기를 경험한 소그룹 구성원 가운데 성경적 신앙고백이 확실한 사람들이라면 그들은 소그룹 리더가 될 수 있다. 소그룹 관리자와 목회자들은 이런 사람들에게 있어서 부족한 교재(예 : 마음열기를 위해 필요한 게임 자료, 보살핌이나 격려 시간에 필요한 여러 가지 자료나 도구들 등) 준비와 전체 커리큘럼 구성 등과 같은 부분을 배후에서 지원하는 병참기지 역할을 하는 것이다. 따라서 융통성 있게 세워진 리더들은 목회자나 소그룹 관리자와 유기적이고 소그룹 인도 시에 효율을 높일 수 있는 다양한 지원을 통해 힘있게 그들의 사역을 감당할 수 있는 것이다.

소그룹은 상호 섬김으로 완성된다

강의 스타일의 인도자

"몇 년째 소그룹 리더로 섬기고 있는 김 집사의 소그룹 인도 스타일을 한 마디로 정리하자면 강의 스타일이다. 소그룹으로 모일 때마다 인도자인 김집사는 강의하고, 질문하고, 함께 한 구성원들은 여러 성경 구절을 찾아 읽는 것으로 소그룹 모임을 진행한다."

이런 형태의 소그룹을 어떻게 평가해야 할 것인가?

물론 전적으로 잘못된 것만은 아니다. 그러나 조금만 깊이 생각해 보면 이런 소그룹은 어떤 한 사람이 자신만의 특별한 은사를 연습하는 장이며, 조금 지나치게 표현하자면 인도자가 '원맨쇼'를 하는 소그룹이다. 한 사람의 인도자가 가르치고 상담하는 은사를 발휘하는 동안, 다른 사람들은 모임 시간에 참석해서 가만히 듣고 있다가 짧게 답하거나 또 앉아 있기만 하면 되는 것이다.

이런 상황이 연출되는 이유는 '왜 소그룹으로 모이는가?'에 대한 소그룹의 원래 취지를 상실했기 때문일 가능성이 크다. 소그룹은 다양한 은사를 받은 사람들이 소그룹 안에서 자신의 은사를 발견하고, 은사의 활용을 통해 상호 섬김을 이루어내는 적은 수의 모임이라고 정리할 수 있다. 어떤 의미에서 상호 섬김을 효과적으로 이루어낼 수 있는 것은 소그룹만이 가진 특권이다. 물론 대그룹에서도 은사의 발견과 은사배치 사역은 일어난다.

그러나 대그룹에서는 모든 멤버들이 자신의 은사를 발견하는 것과, 은사 발견 이후 섬김의 현장과 연결시키는데 있어서 상당한 시간이 소요되는 어려움이 있다. 또 대규모의 모임에서 어떤 은사들은 거의 쓸모없는 것으로 치부되는 경우도 있다. 하지만 소그룹에서는 모두가 자기 은사를 통해 다른 구성원들을 섬길 수 있는 여건이 확보되어 있고, 동시에 다른 구성원들이 가진 은사를 통해서 기꺼운 섬김을 받을 수 있는 상호 섬김의 장이 보다 효과적으로 형성될 수 있다는 것을 기억할 필요가 있다.

교회 안에서 모이는 소그룹을 크게 오해하고 있는 편견 중에 하나는 소그룹으로 모이는 시간은 성경 공부하는 시간으로만 생각하는 것이다. 그래서 성경 공부에만 치우쳐 가르치는 것과 학습 능력의 은사를 지나치게 강조하고 다른 은사들은 잊어버리고 있다는 데 있다. 그러나 성공적인 소그룹은 결코 한 가지 은사에만 집중하지 않는다. 구성원들 가운데 어떤 이들은 선명한 비전과 방향을 제시하는 은사를 가졌을 수도 있다. 어떤 이들은 함께하는 이들을 환대하고 누가 이야기하든지 잘 경청하며, 사람들을 잘 격려하고 세우는 은사를 가졌을 수도 있다. 이외에도 다양한 은사들을 열거할 수 있을 것이다. 이 사실은 소그룹이 한 사람은 일방적으로 가르치고, 나머지 구성원들은 그저 앉아서 한 사람의 이야기를 들으며 성경책만 넘기는 학습 현장으로 전락되어서는 곤란하다는 것을 말해준다. 이른바 대그룹에서 시간적인 이유를 비롯한 여러 가지 이유로 퇴짜 맞은 은사들을 개발해서 서로 섬길 수 있도록 하는 것이 필요하다는 점을 깨닫게 해주는 것이다.

섬김을 위한 준비와 과정

그렇다면 소그룹 안에서 구성원들이 자기의 은사를 통해 서로 효과적으로 섬기기 위해서 어떤 준비와 과정이 필요할까?

첫째, 분위기 조성이 필요하다.
소그룹 사역을 하는 중요한 목적 중에 하나는 느슨한 조직의 회중들을 만들어내는 데 있는 것이 아니라 구성원들 사이에 깊은 관심과 사랑이 있는 이른바 서로 헌신하는 사람들을 세우는 데 있다. 그런데 문제는 서로를 향한 섬김이 저절로 일어나지 않는다는 데 있다. 진정한 상호 섬김이 아닌 위장된 섬김은 구성원들을 피곤하게 만들 뿐이고, 급기야는 가면을 쓰고 섬기는 일로 인해 소그룹 참석 자체를 꺼리게 만들 수도 있다. 진정한 상호 섬김은 계획하거나 연출하는 것이 아니라 구성원 각자가 성령과 그룹 내의 다른 사람에게 굴복할 때 일어나는 성령의 역사이다. 따라서 진정한 상호 섬김이 이루어지기 위해서는 섬김이 일어날 수 있도록 분위기 조성이 일차적으로 필요하다. 즉 구성원들이 서로에게 개방적이고, 정직하고, 상처받을 것을 감수하고, 책임감을 가질 수 있도록 하는 것이다. 그러므로 소그룹 내에서 이렇게 이야기하고 동의를 구하는 것이 요청된다. "우리가 참여하고 있는 소그룹에서는 가식을 부릴 필요가 없습니다. 우리는 서로에게 개방적이고 정직해야 합니다. 좀 더 적극적으로 표현하면 서로에게 상처받을 각오를 해야 합니다."

이것이 결코 쉬운 일은 아니다. 상처받을 각오를 하는 것이 종종 마음이 편치 않을 때도 있고 불쾌할 때도 있다. 그러나 소그룹 내에서의 상호 섬김은 누가 무엇이라고 하든지, 어떤 방식으로 버릇없이 굴든지 기꺼이 상처를 감내하겠다는 구성원들이 많아지면 많아질수록 진실하게 나타나게 되어 있다.

둘째, 인원수를 제한하라.

소그룹 내에서 원활한 상호 섬김이 일어나도록 하는데 아주 분명한 요소인데 자주 간과되는 것이 바로 이 부분이다. 만약 소그룹 내에서 상호 기꺼운 섬김을 원한다면 인원수를 제한하는 것은 필수적이다. 많은 사람을 대상으로 사역하는 것을 자랑하기 좋아하는 사람들에게서 밀도 있는 섬김을 기대한다는 것은 사실상 어렵다. 물론 이런 이유 때문에 소그룹을 통한 영적 재생산(전도의 열매)을 도외시하자는 것은 결코 아니지만 분명한 것은 소그룹의 인원수가 많아지면 많아질수록 친밀도가 낮아지는 것은 주지의 사실이다. 그리고 서로의 필요를 채워주는 섬김의 빈도와 농도는 떨어지기 마련이다.

그러므로 소그룹이라고 했을 때 예수님께서 수많은 사람들 가운데 열둘을 택하신 것을 기억할 필요가 있다. 열두 명의 제자들은 예수님의 내면적 생각과 기도, 그리고 지향점이 어디인지를 알고 있었다. 이런 의미에서 예수님처럼 하루 종일 제자들과 함께 있을 수 있는 상황이라면 열두 명 정도의 인원수도 좋다고 본다. 그러나 만약 한 주일에 한 번 정도 만나고, 주중에 한 번 정도 전화와 이메일을 주고받을 수밖에 없는 물리적 상황이라면 소그룹의 인원수를 더 작게 해야 한다. 왜냐하면 구성원들 상호간에 원활한 섬김이 일어나도록 하기 위해서는 아무리 시간을 질적으로 잘 사용한다고 하더라도 '양적 시간'을 무시할 수 없기 때문이다. 이런 점에서 소그룹 전문사역자들이 계속적인 임상의 결과를 통해 권고하는 인원수는 6~8명 정도다.

셋째, 자기의 일을 하게 하라.

지금 소그룹에 참여하는 구성원들의 명단을 작성하고, 이름 옆에 그들이 가진 은사들을 적어보라. 만약 각각의 명단 옆에 적을 만한 은사가 떠오르지 않거나 아예 없다는 생각이 든다면 그것은 상호 섬김과는 거의 관련이 없는 소그룹이다. 구성원들의 은사가 무엇인지 모르는 것은 어쩌면 그들이 은사를 발휘할 기회가 한 번도 없었기 때문인지도 모른다.

역설적으로 말한다면 소그룹 안에서 서로 섬기지 못 하게 하고, 궁극적으로 성령의 사역을 저지하는 최고의 방법(?)은 구성원들에게 사역에 필요한 자격을 갖춘 단 한 사람은 현재의 '리더'밖에 없다는 생각을 심어주는 것이다. 그러면 리더 외의 나머지 구성원들은 그저 리더가 던져 주는 것만을 받아먹기 위해 모임에 참석하고, 자신들의 삶을 통해서는 아무런 섬김도 하지 않는 '산 자 같으나 실상은 죽은 자'가 되고 말 것이다.

그러므로 이런 위험에서 벗어나기 위해 구성원들의 은사가 무엇인가 추측하지 말고 그 은사들이 자연스럽게 드러나도록 그들을 위한 장을 마련하는 것이 필요하다. 우리 소그룹에는 이미 리더가 있기 때문에 가르치는 은사가 있지만, 한 번도 가르쳐보지 못한 사람들이 있는지도 모른다. 또 깊은 기도에 은사가 있는 이가 있을지도 모른다. 그리고 믿음으로 권면하는 은사를 가진 이들도 있다. 그러므로 부단히 구성원들을 향해 그들이 받은 은사가 무엇인지를 점검할 수 있도록 도전하고, 발견된 은사를 통해 자기에게 주어진 일을 기쁨으로 감당할 수 있도록 한다면 상호 섬김은 더욱 효과적으로 소그룹 내에서 일어날 수 있을 것이다.

넷째, 섬김의 외연을 확대하라.

소그룹에서 섬김을 강조하는 궁극적인 목적은 구성원 상호간의 섬김을 통해 견고한 팀워크를 형성했다면 예수 그리스도의 사랑이 필요한 곳을 향해 사회적 섬김(Diakonia)을 이루어내는 데 있다. 즉 구성원들이 서로 알게 되고 좋은 관계가 형성되기 위해서는 일차적으로 내부지향적 섬김에 중점을 두어야 하지만 그 관계가 자라면 그 그룹 안에 모인 믿음의 에너지를 분출시키는 것이 필요한 것이다. 즉 상호 섬김은 구성원들이 맺고 있는 관계가 어느 정도로 근사한지를 보여주는 표현의 출구인 셈이다. 그러므로 구성원들이 자신들의 은사를 알게 되고, 하나님이 어떻게 그들에게 복 주셨는지를 이해하게 되며, 나아가 견고한 관계 형성을 가진 한 팀이 지금 우리의 손길이 필요한 곳에 유용하게 쓰임받기 위해 눈을 뜨고 움직인다면 그것만큼 멋있는 소그룹 사역은 없는 것이다. 이런 점에서 진정한 상호 섬김의 궁극적인 목표로써 우리의 섬김을 요청하는 곳이 어디이며, 그리스도인으로 부름 받은 한 팀이 함께 팔을 걷어붙이고 허리를 굽혀 손을 내밀어야 할 곳이 어디인지 외부적 섬김 과제를 꾸준히 개발하는 것은 성숙을 위해 절대적으로 요청되는 마지막 과정이라 할 수 있다.

소그룹에 대해 구성원들이 시큰둥한 태도를 보이는 원인 중에 중요한 것 한 가지가 있다면 리더만 섬기는 존재라고 인식하는 고정 관념 때문이다. 다른 이들을 구체적으로 섬겨보지도 않았을 뿐더러, 기꺼운 섬김을 받아보지도 못한 소그룹에 애착이 갈 리는 만무하기 때문이다. 만약 지금이라도 기꺼이 상처를 받겠다는 개방적인 자세를 가지고 섬기기로 작정해 보라. 그렇다면 성공적인 소그룹은 결코 책에만 기록된 문자적인 이야기만은 아닐 것이다.

정기적으로 평가하라

아쉬움을 잠재울 방법

"그 때 말 좀 해주지 왜 그랬어?"
"이야기할 기회를 전혀 주지 않았잖아요."

소그룹 임상을 해보면 모든 소그룹에서 이런 말이 나오는 것은 아니지만 소그룹 교과과정이 거의 끝나갈 무렵에 리더와 멤버들 사이에 이런 대화가 심심치 않게 오가는 것을 볼 수 있다. 이런 말이 나오게 되는 배경은 여러 가지다. 실례로 좀 더 역동적이고 효과적으로 진행될 수 있었는데 서로 평가하고 점검할 수 있는 시간이 없어서 그랬다는 아쉬움 섞인 의미로 이런 말이 오가기도 한다. 또 다른 측면에서는 소그룹이 나아가는 방향과 진행되는 속도에 대해 결과적으로 소그룹 멤버들이 불만을 토로하고 이에 대한 리더의 방어적인 상황에서 나오기도 한다. 그렇다면 어떻게 해야 소그룹을 마칠 때 아쉬움이 섞이지 않고, 리더와 멤버 그리고 멤버들 상호간에 푸념이나 공격적인 언사로 서로 상처 입지 않고 효과적으로 전체 마무리를 할 수 있을까? 대답은 의외로 간단하다. 소그룹을 평가하는 것이다.

필요성과 유효성

소그룹 사역을 진행하는 가운데 사역자들이 저지르기 쉬운 중요한 실수 가운데 한 가지는 일단 그룹이 굴러가기 시작하면, 내버려두기 쉽다는 것이다. 하지만 정기적으로 그룹을 진맥하고 평가하는 것은 소그룹 사역을 제대로 하고자 하는 사역자들에게는 반드시 필요한 일이고, 그 결과로 엄청난 유익을 얻을 수 있다.

소그룹 리더가 멤버들로 하여금 자신을 신뢰할 수 있게 만드는 방법은 여러 가지가 있을 수 있다. 그런데 가장 효과적인 방법 한 가지를 말할 수 있다면 그것은 다름 아닌 함께 진행하고 있는 소그룹을 잘 평가하고 평가에 대해 주의 깊고 진지하게 반응하는 것이다. 만약 리더가 멤버들의 평가에 관심을 가지고 주의 깊게 반응한다면, 그들은 자신들의 또 다른 필요를 리더에게 털어놓는 것에 대해 주저하지 않을 것이다. 그리고 평가를 통해 나온 그들의 제안을 착실하게 실행에 옮긴다면 그들은 자기들을 진심으로 걱정하는 리더를 신뢰하기 시작할 것이며, 더 깊은 나눔의 자리로 나아갈 것이다. 여기에 더하여 평가를 통해 나온 것을 실제적으로 실행에 옮기면서 개선되는 구체적인 사실들이 눈에 띄게 보이기 시작한다면 향후 그 소그룹이 어떻게 발전적으로 진행될 것인가는 더 말할 필요가 없을 것이다. 모든 일이 항상 계획한 대로만 된다면야 무슨 문제가 있겠는가? 그러나 일이란 것은 종종 계획한 대로 이루어지지 않는다. 이것이 바로 평가가 그토록 유익한 이유이다. 정기적으로 지나온 과정을 돌아보고 난감한 질문들을 던져 보는 것은 그룹에 굉장한 유익을 준다. 리더들은 그들이 무엇을 잘하고 있는지 그리고 무엇을 개선해야 하는지를 알 필요가 있다. 그리고 평가를 통해 멤버들이 서로 격려하고, 건설적으로 비평하고, 그래서 각자 독특한 영역에 도전할 수 있는 기회를 제공받을 수 있는 것이다. 지나온 과정을 돌아보고 실수로부터 배울 시간을 제공하며 새로운 도전과 성장을 바라보게 해주는 것이 바로 소그룹 평가의 필요성과 유익한 점이다. 결국 리더들이 소그룹 환경을 보다 발전적으로 조성하는 일을 돕고, 리더의 자기 개발을 도울 뿐만 아니라 소그룹 내에 야기될 수 있는 문제를 안전하게 다룰 수 있는 안전 지대를 제공하는 것이 소그룹을 평가하는 이유라고 할 수 있다.

요청되는 유연성

사실 '평가'라는 말 자체가 주는 일반적인 인상은 썩 달가운 것은 아니다. 사람들은 누구나 예측 가능한 것을 좋아하고, 안정을 희구하는 경향이 있다. 그런데 정기적인 평가를 통해서 현재 상황을 변화시키거나, 누군가에게 평가를 받은 후 종래의 계획을 변경해야 한다는 것은 내키지 않는 일일 것이다. 그러나 소그룹 사역을 함에 있어 특별히 성공적으로 사역을 진행하고 싶다면 정기적인 평가는 필수 불가결한 과정이다. 특별히 소그룹 사역을 시작한 지 얼마 되지 않은 상황이라면 더욱 자주 평가가 있어야 한다. 그러므로 이렇듯 중요하게 취급되는 평가를 위해서 소그룹 멤버 모두에게 요청되는 성품이 있는데 그것은 바로 '유연성'이다.

소그룹 탄생 시기에 탄탄한 비전과 튼실한 구조라고 여겼던 것들이 과연 몇 주간이 흐른 뒤에도 계속 유효한가를 따져볼 필요가 있다. 실례로 소그룹 멤버들이 소그룹을 통해서 영적인 문제들에 대해 해결함을 받고 있는가? 처음 설정했던 영적인 목표가 몇 달이 지난 지금 만족되고 있는가? 영적인 성장과 성숙이 일어나고 있는가? 교회의 사명이 소그룹 안에서 성취되고 있는가? 소그룹 내에서 시간이 지나갈수록 안정감과 공동체성이 생기고 있는가?

전(全)교회적으로 볼 때 소그룹의 리더들이 자기 사역을 위해 적절한 돌봄을 받고 있으며 그리고 지원과 격려를 받고 있는가? 그들은 팀 사역에 참여하고 있는가? 그룹의 성장과 증가가 계획되고 또 기대되고 있는가? 사람들이 소그룹에 끊임없이 초대되고 있는가? 그리고 그들이 한 번 참석한 그룹에 정착하는가? 등등의 문제들은 반드시 평가해야 할 주제들이다.

소그룹이 탄생될 때 공유했던 사역의 비전과 목표는 제자리에 있어야 하지만, 세부적인 부분에서의 유연성은 소그룹 사역이 뻗어가는 데 결정적이라고 할 수 있다. 소그룹 사역에 있어서 고정된 어떤 틀은 사역의 시작과 성숙에 도움이 된다. 하지만 유연해야 할 항목들도 있다. 일반적으로 성경공부 자료, 모임 시간, 훈련 일정과 리더 모임, 소그룹 인도를 위한 테크닉 훈련, 모임 보고체계와 문서화 작업 등은 교회 전체적으로 볼 때는 소그룹의 수에 따라 처음 계획과 달라질 수 있다. 또 개별 소그룹으로서도 모임에 참여하는 사람들의 수가 점점 커짐에 따라, 그리고 세워진 리더의 경험 정도에 따라 변화할 수밖에 없다.

결국 평가는 소그룹 사역이 진행되는 한 그 소그룹이 어떤 단계(물론 성숙기에 있는 소그룹보다 새로 생긴 탄생기의 소그룹이 당연히 평가가 자주 있어야 할 것이다)에 있던지 지속해서 행해져야 한다. 평가를 할 때마다 정직과 용기가 요구되고, 안주함 보다는 변화를 추구해야 한다는 것이 고통스러울 수 있다. 그러나 소그룹 사역의 발전이란 측면에서 긍정적인 고통이란 사실을 인식한다면 소그룹 사역에 대한 유연성을 지닌 평가는 결코 간과할 수 없는 요소인 것이다. 그러므로 지금 내가 섬기고 있는 소그룹이 경직된 틀에 갇혀 있는 듯한 판단이 드는 그 순간이 바로 평가와 변화가 요청되는 시점이라고 할 수 있다.

평가 방법의 선택

그렇다면 성공적인 소그룹을 만들기 위해서 어떤 방식으로 평가해야 할 것인가?

소그룹을 평가하는 데는 두 가지 방법이 있을 수 있다. 첫 번째는 소그룹 구성원이 아닌 외부의 성숙한 사람을 모임에 초대해서 하는 것이다. 초대 대상으로는 교회 내의 소그룹을 전체적으로 관리하는 목회자도 좋고, 다른 소그룹의 리더도 좋을 수 있다. 이런 초대 인사는 객관적으로 소그룹을 평가할 수 있다. 두 번째는 소그룹 멤버들이 자기 평가를 하는 방법이다. 모든 멤버에게 소그룹의 목적과 목표가 무엇인지 상기시켜 주고 그 목적과 목표가 평가의 안목으로 볼 때 잘 지켜졌는가를 생각해 보도록 하고 나누는 것이다. 특별히 소그룹이 교과과정을 진행하는 시기 중 탄생 시기와 성장 시기에 하는 평가 시간에 제시될 수 있는 질문으로 다음의 세 가지 질문은 아주 좋은 질문이다.

"우리 소그룹(리더, 멤버)이 그렇게 하지 말았으면 좋겠다고 생각하는 일이 있다면 무엇입니까?"
"이런 일은 새롭게 꼭 해 보았으면 좋겠다고 생각하는 일이 있다면 무엇입니까?"
"지금 하고 있는 일 중에 계속적으로 해 나갔으면 좋겠다고 생각하는 것은 무엇입니까?"

리더는 이 세 가지 질문에 대한 대답을 통해 구성원들이 어떤 것을 생각하고 있는지를 발견하게 될 것이다. 멤버들이 우리 소그룹이 어떻게 운용되기를 원하는지, 무엇이 바뀌기를 원하는지를 알게 된다면 그룹의 목표를 달성하기 위해 리더는 훨씬 효과적으로 움직일 수 있을 것임에 틀림없다. 그리고 소그룹이 성장 시기를 거쳐 모든 과정을 마칠 즈음에 이르면 앞선 세 가지 질문보다 더 포괄적인 평가를 실시하는 것이 바람직하다. 성경 공부의 질, 소그룹 멤버의 구성, 리더들과 협력 리더들의 관계, 그리고 그밖에 교회가 전체적으로 알아야 할 것들과 리더가 알고 싶은 것들에 관한 정보를 질문하는 방식으로 요청하는 것이다. 이것은 새로운 교과과정을 짜고,

새롭게 출발할 차기 소그룹 사역에 있어 최고의 정보가 될 것이다.

소그룹 사역을 맡은 이상 모든 리더는 자신이 섬기는 소그룹이 보다 성숙되고 역동적이기를 바라는 꿈이 있다. 어떻게 이 꿈을 이룰 수 있을까? 그 비결 가운데 중요한 것 한 가지는 소그룹을 위해 처음 세운 비전은 굽히지 않되 냉철함을 가지고 용기 있게 평가하고, 조정되고 변화되어야 할 것들에 대해 유연한 자세를 취하는 것이다.

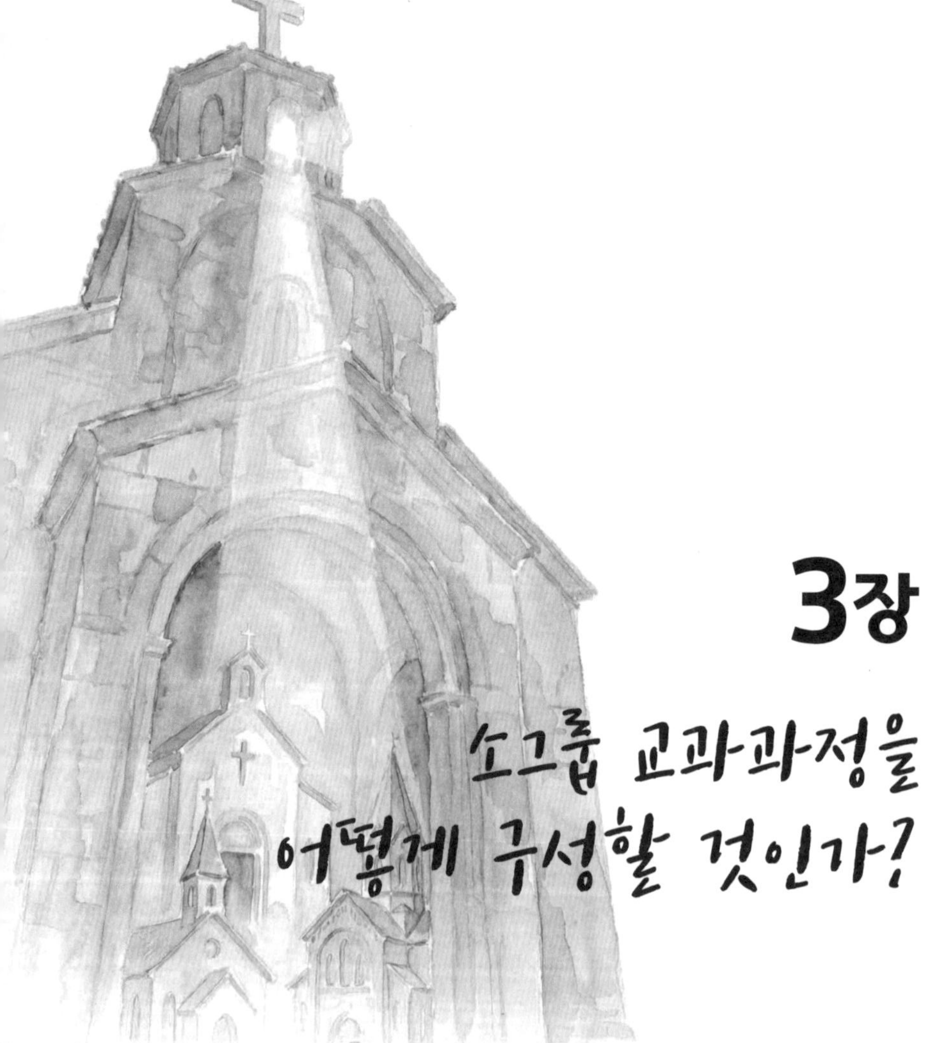

3장

소그룹 교과과정을 어떻게 구성할 것인가?

지금까지의 소그룹 교과과정을 점검해 보라

구역예배의 역할

1970년대부터 1980년대까지 한국 교회의 폭발적인 성장을 주도적으로 이끌어간 것은 외형적으로 볼 때 카리스마적인 지도자들의 강력한 리더십과 대형집회들의 영향력이었다. 그러나 한국 교회가 전도에 열심을 발휘하고 모이기를 힘쓰는 교회로 자리 잡은 중요한 원인으로 1970년대부터 시도된 구역 모임의 활성화를 빼놓을 수 없다. 한국 교회의 구역 모임은 오랜 기간 동안 주일학교 공과교육 이외에 장년 성도들을 대상으로 한 거의 유일한 소그룹 활동이었고 새신자 교육 및 적응과정, 장년 성경 공부, 목회 상담 및 치유의 역할을 동시에 수행하는 전천후 만능 시스템으로 활용되었다.

한국 교회 구역 제도의 장단점과 개선 방법에 대해서는 다양한 논의가 필요하지만 이 단원에서는 하나의 소그룹 교과과정으로써 살펴보고자 한다. 여의도 순복음교회의 구역 조직은 초창기 많은 교회들의 모델이 되었다. 이 모델의 특징은 담임 목회자의 영향력을 강력하게 전달하고 재확인하는데 있다. 잘 알려진 대로 담임 목회자가 그 주일 강단에서 선포한 메시지의 내용이 구역장을 통하여 다시 한번 전달되는 통합그룹의 형태를 취했던 것이다. 이러한 모델은 효과적인 지도력을 발휘하는데 성과를 보일 수는 있으나 소그룹 교과과정으로는 많은 한계를 지니고 있다. 우선 성도들의 균형 잡힌 영적 성장을 위하여 반드시 필요한 체계적인 양육과정을 적용할 수 없다. 주일 강단에서 선포되는 메시지가 충분히 제공할 수 없는 성경에 대한 심화된 이해와 그리스도인으로서 바른 삶의 원리를 폭넓게 제시하여 고른 영양분을 제공하는 소그룹의 특징적 역할을 기대할 수 없다는 것이다.

이후 많은 교회들이 구역 모임에서 적용한 소그룹 교과과정은 각 교단의 총회 교육부 또는 유명 목회자들이 일년 단위로 구성한 구역 예배 지침서 또는 구역 공과들이다. 이러한 시도는 나름대로 구역 모임을 체계적인 양육과정으로 활용하려는 긍정적인 시도로 평가된다. 그러나 이 교과과정의 한계는 소그룹 활동의 특징을 제대로 살려내지 못했다는 것이다. 교재에서 제시하는 구역 모임의 모델은 '구역 예배 지침서'라는 제목에서도 볼 수 있듯이 대그룹 공예배의 축소판으로 틀에 박혀 있다는 것이다. 구역장 한 사람에게 모든 진행이 집중되어 엄숙한 분위기에서 '예배'를 진행하고 구역 공과에 제시되어 있는 성경 공부 내용을 설교하듯 전달하는 것으로 모임을 마친다. 뿐만 아니라 매년 같은 내용의 공과가 일률적으로 온 교인(정확하게 말하면 구역 모임에 참여하는 기혼 여성들)에게 적용되어, 개인의 필요에 대한 배려는 고사하고 신앙 성장의 단계조차 전혀 고려할 수 없는 초보적 교과과정의 한계를 보여준다.

제자훈련의 역할

한국 교회의 소그룹 활동이 적극적인 교육의 목적으로 접근되기 시작한 것은 1980년대 후반에 들어서면서 청년대학부를 중심으로 성경 공부 모임과 제자 훈련이 본격적으로 활성화되면서부터라고 할 수 있다. 이제까지의 일방적인 설교 형태의 교육과 대중 집회의 한계를 극복하기 위한 성경 공부 모임의 중요성이 부각되고 그 열기가 확산되었다. 그러나 기존의 교재들 대부분이 지식 전달 위주의 주입식 교육체계에서 벗어나지 못하여 개인의 구체적인 삶의 변화를 이끌어내지 못하고 머리만 큰 교인을 만들고 있다는 지적이다. 일부 주제별 적용 교재들도 역시 성경 구절을 찾아 빈칸을 메우는 방식에서 벗어나지 못하고 있어 본질적인 대안이 되기는 어려운 것으로 생각되어 왔다.

'평신도를 깨운다.'라는 취지로 제자 훈련을 목회의 중심방향으로 삼고 있는 사랑의교회를 비롯한 교회들은 교회에서 자체적으로 구성한 교과과정에 맞추어 교재를 직접 제작하기도 하지만, 지난 시간 대부분의 소그룹 성경 공부 모임에서는 대학생 선교단체들을 통하여 개발된 교재들을 사용했고 나름의 교재들을 개발하여 활용하고 있다. 특별히 각 선교단체들의 교재는 오랜 경험과 집중적인 연구를 통해 만들어진 것이므로 나름대로의 장단점이 있고 주제별 또는 성경책별로 다양한 교재들이 있다. 이제까지 일반적으로 많이 사용되는 교재들의 특징과 교과과정 구성을 소그룹 활동의 관점에서 정리해 보고자 한다. 보다 구체적으로 교과 과정에 대한 이해를 심화시켜보자.

여러 가지 소그룹 교과과정과 교재를 분석해 보라

네비게이토(Navigator)

네비게이토 선교회의 성경 공부 교재들은 소그룹 성경 공부 초창기에 널리 사용되었다. 특히 '그리스도인의 생활 연구 시리즈'(전10권)와 '그리스도의 제자가 되는 길 시리즈'(전6권)는 체계적인 주제별 연구를 시도한 시리즈 교재로 이 교재들을 통하여 체계적인 소그룹 교과과정을 적용하는 소그룹 성경 공부 모임이 최초로 교회에서 시도될 수 있었다. 이외에도 경건의 일기, 경건한 생활 관리, 인간과 하나님, 거듭난 삶 등의 단권 교재들이 있어서 주제별 연구와 개인적 성화를 돕는 교과과정을 구성할 수 있다.

네비게이토 성경 공부의 특징은 무엇보다 개인적인 성화와 경건 생활에 초점을 맞추고 있다는 것이다. 그리스도인의 성숙에 필요한 깊이 있는 주제들을 상세히 다룰 수 있으며 개인적인 묵상으로 잘 연결할 수 있다. 또한 개인적인 헌신과 결단을 강력하게 촉구함으로써 단순히 지식만을 전달하여 머리만 커지는 불균형적인 성장을 예방할 수 있는 장점이 있으며, 그룹 성경 공부(Group Bible Study)가 개인의 말씀 묵상 또는 경건의 시간으로 연결되어 QT가 정착되게 하는데 크게 기여했다. 무엇보다 기초 교리와 신앙생활에 대한 성경적 근거를 상세하게 제시하며 진지한 신앙의 자세를 유도하는 장점을 지니고 있다.

네비게이토 성경 공부는 계단식 교육과정의 형태를 취하고 있다. 각 과정 속에 10단계 또는 6단계의 주제들이 구성되어 있고 참가자는 각 과정을 시작에서부터 끝까지 일률적으로 참여해야 한다. 계단식 교육과정은 한 가지 학습 목표에 대하여 체계적이고 빈틈없이 필요한 내용을 전달할 수 있는 장점이 있으나 소그룹 집단의 특징과 개인의 필요에 따라 융통성 있게 변형하거나 단계를 조절할 수 없는 단점이 있으며 참가자들에게 상당한 부담과 헌신을 요구한다. 따라서 이러한 성경 공부 형태가 대부분의 교회에서 제자훈련이라는 이름으로 핵심적인 헌신자 계층에서만 효과를 보고 때로는 엘리트 교인과 초신자 그룹을 분리시키는 결과를 초래하기도 하였다.

소그룹 성경 공부의 교과과정은 소그룹이라는 인격적 관계의 장점을 잘 살릴 수 있어야 한다. 따라서 소그룹 성경 공부 교재는 구성원들의 만남이 시작되는 단계에서부터 상호 활동을 통한 관계 형성을 돕는 배려가 필요하다. 그러나 제자 훈련 초창기 대부분의 교재들은 여러 가지 주제들을 나열하고 그 주제에 대하여 일방적으로 설명하는 강의안 형태를 취하고 있다. 나름대로 질문과 대답의 형식으로 대화의 수단을 마련하고 있지만 역시 주제에 대한 이해 정도를 확인하는 물음으로, 해당하는 성경 본문을 제시하고 정답을 확인하는 성경 구절 찾기식 구성에 머물고 있다.

한국대학생선교회(C.C.C., 순출판사 간행)

한국대학생선교회의 교재들은 철저한 계단공과식 체계를 가지고

있다. 대표적인 교재는 C.C.C. 10단계 성경 교재, 새생명 5단계 성
경 교재와 제자화 시리즈 전4권 등이 있다. 네비게이토와 마찬가지
로 성경책별 연구는 없고 주제별로 구성되어 있다. 이 교재들의 장
점은 영적 성장의 단계와 수준에 따라 체계적인 과정을 이루고 각
단계에 적합한 난이도를 배려하고 있다는 점이다. 각 과마다 친절
한 문제 제기와 그림 설명을 포함하고 있어서 보다 흥미 있게 성경
공부에 참여할 수 있는 장점이 있다. 특히 영적인 삶의 원리와 교리
적인 개념에 대한 이해를 돕기 위하여 다양한 도표를 사용하고 그
림 설명을 통한 개념 전달을 시도하고 있다.

대학생선교회의 교재에서 발견할 수 있는 진일보한 점은 각 과
의 진행을 위한 학습 목표-성경 연구-적용 등의 구성이 교육학적
으로 고려되어 있다는 점이다. 각 과마다 인도자와 학습자가 정확
한 목표를 확인하고 문제에 대한 인식을 공유하는 접촉점(contact
point)을 가지도록 하고 실제적인 적용으로 마무리할 수 있도록 구
성되어 있다. 무엇보다도 복음주의 신앙에 충실한 내용을 담고 있
다는 것도 큰 장점이 아닐 수 없다.

그러나 대학생선교회의 교과과정도 네비게이토의 교과과정과 마
찬가지로 영적인 삶에 대한 주제별 접근에만 머물러 있고 각 주제
에 대한 이해와 설명을 위하여 성경 구절을 제시하여 정답을 찾도
록 하는 방법을 취하고 있으며 성경의 내용 자체에 대한 체계적인
연구가 빠져있다는 점을 지적할 수 있다. 각 주제의 이해를 위하여
제시되고 있는 성경 본문들도 본문의 한 단락 이상의 내용을 연결
하여 살펴보기보다는 한 구절씩 대입시키는 방식으로 성경 본문에
대한 귀납적 이해가 불가능하다는 아쉬움이 남는다. 제자 훈련의
최종적인 목적이 한 사람의 평신도로 하여금 스스로 말씀을 읽고
해석하여 자신의 삶에 적용할 수 있도록 양육하는 것이라고 한다면

그 교육과정에 있어서 성경 본문에 대하여 전체적인 맥락 속에서 관찰하여 문법적, 역사적으로 해석하고 자신의 삶에 적용하여 하나님의 인도하심을 받는 삶을 살도록 하는 것이 필수적이다.

C.C.C. 교육과정의 한 가지 특징은 구원의 과정과 영적인 생활에 초점을 맞추고 있다는 것이다. 그러나 신자의 영적 삶의 영역에만 초점을 두어 사회적, 신체적, 심리적 측면의 균형 잡힌 성장에 대한 배려가 부족하다는 느낌이다. 소그룹 교과과정은 영적인 영역은 물론이고 사회적, 신체적, 심리적 영역의 생활까지 온전하게 세워주고 방향을 제시할 수 있는 균형 잡힌 구성을 이루어야 한다. 사도 바울도 언제나 자신의 서신서를 기록함에 있어서 전반부에 구원의 도리를 설명하고 나면 반드시 후반부에는 그로부터 제시되는 구체적인 삶의 원리에 대하여 권면하고 있다.

한국기독학생회(IVF, IVP 간행)

한국기독학생회(IVF)는 방대한 주제와 다양한 접근으로 성경책별 연구와 주제별 연구를 균형 있게 다루어 출판부(IVP)를 통하여 꾸준히 간행하고 있다. 미국 IVP의 풍부한 자료와 IVF의 캠퍼스 현장 사역 경험을 바탕으로 비교적 구체적인 소그룹 인도자 가이드를 제시하고 더 깊은 연구를 위한 참고 자료를 소개하고 있다. IVF 교재들의 특징은 다양한 삶의 필요들을 채워주는 균형 잡힌 삶의 모델과 세계관을 제시하고 있으며 복음주의적이고 개혁주의적인 신학적 기반이 튼튼하다는 점이다. 또한 지성 사회의 복음화를 목적으로 하는 기관의 성격에 충실하게 깊이 있는 내용과 수준을 유지하고 있기도 하다.

다양한 주제를 깊이 있게 다루며 신학적인 기초가 튼튼하다는 것 외에 이 교재들의 장점은 장기적인 계단식 체계에 얽매이지 않을 수 있으면서 그룹 성경 공부 및 개인 연구에 모두 사용할 수 있다는 것이다. 특히 '말씀과 삶 시리즈'에는 체계적인 성경 연구를 위하여 리더를 위한 해설이 제시되어 있고 전체적으로 기초 단계의 성경 공부부터 주제별, 성경책별 연구가 적절히 조화되어 있으며, 정서적, 영적, 신체적 삶을 모두 돌보는 균형 잡힌 삶에 대한 배려가 돋보인다.

그러나 IVF의 교재들 역시 여러 가지 장점에도 불구하고 장점을 강조하면서 필수적으로 발생하는 단점들이 눈에 띈다. 우선 소그룹 교과과정으로 사용되기 위하여 가장 보완해야 할 점은 장황한 설명 위주의 구성으로 대화 위주의 모임을 진행하기에 부적합하다는 것이다. '지성 사회의 복음화'라는 단체의 목적에 맞게 내용적 우수성을 가지고 있으나 동시에 상대적으로 높은 난이도로 인하여 지식 전달 위주의 학습을 꺼리는 신세대의 적극적인 참여를 기대하기 어렵고 학력 계층별 차이가 심하게 부각될 수 있다는 단점도 무시할 수 없다. '구슬이 서 말이라도 꿰어야 보배'라는 말이 있다. 이전의 주제별 계단공과들과는 다르게 다양한 교재들을 균형 있게 발간했지만, 그에 대한 대안으로 제시되어야 할 체계적인 커리큘럼과 단계적인 구성 및 수준에 따른 배려가 없어 목회 현장에 전체적인 적용이 어렵다. 이러한 구성은 각 교재 간의 계속성과 관련성을 발견하기 어려워 체계적인 교과과정으로 구성하려면 많은 노력이 필요하다.

표3 한국기독학생회 교재 분석

말씀과 삶 성경 공부 시리즈 ㅣ

신약 책별 전21권, 구약 책별 전9권, 주제별 9권, 리더용 지침서

IVP 기초 성경 공부 시리즈 ㅣ

행복에의 초대, One to One, 새로운 삶의 길, 푯대를 향하여

아볼로 성경 공부 시리즈 ㅣ

하나님과의 관계, 공동체의 삶, 증인의 길

신자의 삶 성경 공부 시리즈 ㅣ

빛으로 가까이, 이것이 신자의 삶이다, 네 빛을 비추어라

제자의 삶 성경 공부 시리즈 ㅣ

베드로의 일생, 한 사람을 향한 비전, 역동적인 공동체

IVP 캐어링 시리즈 ㅣ

정서적 필요를 돌보는 삶, 영적 필요를 돌보는 삶, 신체적 필요를 돌보는 삶

기타 주제별 단권 교재 ㅣ

행복에의 초대, 푯대를 향하여, 복음과 함께 고난을 받으라,
하나님이 쓰시는 사람, 성령의 열매, 거친 형상, 세계 선교 등

소그룹 양육과정에서 또 한 가지 아쉬운 점이 있다면 주제별 연구는 물론 성경책별 연구도 본문에 관한 귀납적 연구와 적용보다는 주제별 물음에 따른 구절 분석과 단답형 물음에 머물고 있다는 점이다. 소그룹을 위한 성경 공부는 내용의 전달만이 아니라 커뮤니케이션 원리와 그룹 다이나믹스를 통한 진행 방법론의 비중이 매우 크다. 그러나 IVF의 교재들은 내용에만 치중한 나머지 성경 공부 모임 진행과 참가자의 흥미 유발, 동기 부여를 위한 배려가 부족하다는 느낌이 든다. 따라서 모임 자체가 지나치게 정적인 분위기로 흐르고 그러한 분위기에 적응하지 못하는 사람들은 중도에 탈락할 염려가 있다.

균형잡힌 소그룹 교과과정을 구성해 보라

소그룹 교과과정의 방향

오늘날 미국에서 성장하는 대부분의 교회들은 지속적인 평신도 제자 훈련과 사람들의 다양한 필요를 충족시켜주는 소그룹 프로그램에 전력을 다하고 있다. 월로우크릭교회(Willow Creek Community Church)를 비롯하여 새들백교회(Saddleback Valley Community Church), 새소망교회(New Hope CommunityChurch) 등 체계적인 소그룹 사역으로 성장하는 교회들은 메타 교회(Meta-Church)를 그 모델로 삼고 있는데, 메타 교회란 하나님 나라의 확장을 위해 스스로 변화하는 교회라는 것이다. 메타 교회 모델은 세포 그룹들을 중심으로 그 구조가 짜여 있다. 그곳에서 친구를 사귀고 진리의 말씀을 이해하고 토론함으로 믿음 안에서 성장하도록 지도 받고, 은사가 무엇인지 알게 되고, 그것을 사용하며 서로를 위해 돌보는 구조이다. 이러한 소그룹은 10명 내외의 세포 조직과 같은 작은 모임으로써 성도들의 필요를 채우기 위해 공통점을 중심으로 서로에게 관심을 갖고 돕는 일을 배우는 인간 관계 모임이다. 이것은 이제까지 GBS(Group Bible Study) 위주의 성경 공부 모임과는 다른 개념이다.

월로우크릭교회의 소그룹은 모든 이들이 보살핌을 받고, 그 누구도 10명 이상은 돌보지 않게 한다는 방침을 표방하고 있다(빌 도나휴, 월로우크릭 교회 소그룹이야기, 서울: 디모데, 1997, p. 23). 새소망교회의 세포 그룹들은 학생, 미혼자, 남성, 여성, 직장인 등이 서로의 관심사에 의해 소그룹을 구성한다. 이 모임에서는 더 나은 생활을 위하여 공부하고, 실생활 적용을 강조하며, 자유롭고 개방적인 토론을 갖는다. 모임의 인도자는 세심한 훈련과 감독을 받는다(김점옥 저, 청년대학부 20.20 비전으로 재건하라, 서울: 기독신문사 출판부). 지속적이고 균형 잡힌 성장을 위한 인격적인 상호 관계 중심의 이러한 소그룹 교육과정이야말로 교회 공동체와 성도 개개인의 발전에 가장 효과적인 방법이 될 것이다.

다양한 대상의 분석 필요

균형잡힌 소그룹 교과과정을 세우는 일은 우선 양육 대상을 정확히 분석하여 양육 체계를 세우고 그 특성에 맞는 교재와 자료들을 선택, 구성하고 인도자들을 위하여 지속적인 교육과 훈련을 제공하는 일로 시작된다. 교회 공동체의 구성원들을 수준에 따라 네개 그룹으로 나누어서 다양한 그룹을 구성할 수 있어야 한다. 예를 들면 구도자라고 할 수 있는 새신자나 불신자들, 전체 교인의 60%를 차지하는 강단 설교만을 청취하는 사람들의 그룹, 전체 교과과정을 장기적이고 체계적으로 적용할 수 있는 30% 정도의 언약 그룹과 제자 훈련을 통하여 지도자로 재생산될 10%의 핵심 그룹으로 나누어 각 그룹의 수준과 특성에 맞게 선택 프로그램을 구성하는 것이다.

영적, 사회적, 심리적, 신체적으로 균형 잡힌 전인적 교과과정

균형 잡힌 소그룹 교과과정은 성경의 교육과 인격적인 교제를 통하여 창조주 하나님 아버지의 사랑과 구주 예수 그리스도의 은혜와 성령의 교통하심을 바로 알고 그 가운데서 정신적, 신체적, 사회적, 영적 영역에서 균형 잡힌 성장을 이루도록 하는 것이다. 예수님은 우리에게 균형 잡힌 성장의 모범을 보여주셨다. "예수는 그 지혜와 그 키가 자라가며 하나님과 사람에게 더 사랑스러워 가시더라."(눅 2:52) 여기서 '지혜와 키가 자라가며'라는 말씀은 정신적 영역과 신체적 영역의 균형 잡힌 성장으로 해석할 수 있고, '하나님과 사람에게 더 사랑스러워 가시더라.'는 말씀은 영성과 사회성이 모두 바르게 세워졌다는 것으로 이해할 수 있다.

표4 다양한 대상에 대한 교과과정

유형	참여대상	교과과정의 특징
새 가족 소그룹 교과과정	교회에 처음 등록한 새 가족	• 교회공동체에 대한 소개 • 믿음의 기초에 대한 소개 • 충분한 자기 소개(History Telling)와 교제 형성
헌신자 소그룹 교과과정	30% 이내의 핵심 제자 훈련 그룹 자발적인 언약에 기초함	• 장기적이고 단계적인 교과과정 • 체계적이고 깊이 있는 성경 연구과정 • 고도의 헌신을 요구하는 리더쉽 훈련 • 탄생-성장-성숙-재탄생의 라이프 사이클

적능별 소그룹 교과과정	비슷한 직업 또는 사회적 역할을 가진 사람들	• 기독교 세계관에 기초한 분야별 대안 적용
		• 경험 나누기 & 보살핌과 기도중심
		  ex) 40대 자영업자 그룹, 30대 직장인 그룹,
		    의료인 그룹, 공무원 그룹, 교육자 그룹 등

사역별 소그룹 교과과정	교회에서 같은 봉사 사역을 수행하는 사람들	• 은사 활용과 리더쉽 훈련
		• 경험 나누기 & 보살핌과 기도중심
		  ex) 주차관리팀, 주방봉사팀, 교회학교 교사모임,
		    새가족 지원팀, 문서선교팀, 당회원 모임 등

협력 회복 소그룹 교과과정	특별한 문제에 부딪혀 있거나 도움과 회복이 필요한 사람들	• 자기 소개와 자아발견 & 전문적인 상담
		  문제해결을 위한 경험 및 정보의 교류
		  ex) 알코올 중독 모임, 독신 모임, 문제자녀 부모들의 모임,
		    실직자 모임, 임산부 모임 등

사도 바울도 우리에게 예수님을 본받아 균형 잡힌 삶을 살아갈 것을 권면하였다. 그는 로마에 있는 교회에게 보내는 편지의 후반부를 이렇게 시작하고 있다. "그러므로 형제들아 내가 하나님의 모든 자비하심으로 너희를 권하노니 너희 몸을 하나님이 기뻐하시는 거룩한 산 제물로 드리라 이는 너희가 드릴 영적 예배니라 너희는 이 세대를 본받지 말고 오직 마음을 새롭게 함으로 변화를 받아 하나님의 선하시고 기뻐하시고 온전하신 뜻이 무엇인지 분별하도록 하라"(롬 12:1~2)

그는 우리의 정신을 먼저 언급하고(오직 마음을 새롭게 함으로 변화를 받아), 우리의 몸을 하나님께 드리라고 권면하면서(너희 몸을 하나님이 기뻐하시는 거룩한 산 제사로 드리라), 우리가 살고 있는 사회에 대한 태도와(너희는 이 세대를 본받지 말고), 하나님께 대한 영적 관계(하나님의 선하시고 기뻐하시고 온전하신 뜻이 무엇인지 분별하도록 하라)를 강조하고 있다.

따라서 균형잡힌 소그룹 교과과정은 교회 내의 생활이나, 교리적인 연구, 또는 영적인 삶의 과정에 대해서만 다루어서는 부족하다. 동시대를 살고 있는 그리스도인들이 한자리에 모여 인격적으로 교제하고 성장을 도모하는 것이 바람직한 소그룹이라면, 그 속에서 그들이 발을 딛고 살아가는 삶의 현장에 대한 기독교적 이해와 방향 제시가 이루어져야 하고 그들의 삶을 온전히 세워갈 수 있도록 전인적인 교과과정이 필수적으로 요청되는 것이다. 그리하여 믿는 것과 아는 것이 하나가 되는 영향력 있는 그리스도인들을 세워나가야 한다.

소그룹의 성장단계 고려

균형 잡힌 소그룹 교과과정은 소그룹이 '탄생, 성장, 재탄생'의 생명주기를 가지고 있음을 충분히 고려하고 각 시기에 맞게 '교제, 말씀 연구, 전도 혹은 확장'의 소그룹의 3요소를 안배해야 한다. 즉 소그룹이 3요소의 균형을 각 시기에 맞게 가질 수 있도록 교과과정과 소그룹의 활동 내용을 적절하게 편성하는 것이다(참고 : 생명주기 전략을 다시 기억하라). 소그룹의 생명주기를 전혀 무시한 상황에서 성경 공부 교재에만 초점을 맞추어 소그룹 사역이 계속 진행된다면 소그룹의 건강성은 거의 유지되지 못한다는 것이 임상을 통한 결과였다.

여기에서는 소그룹하우스 소그룹 성경 공부 시리즈의 교과과정을 통하여 소그룹의 성장 단계를 배려한 교과과정의 구성을 이해해보자.

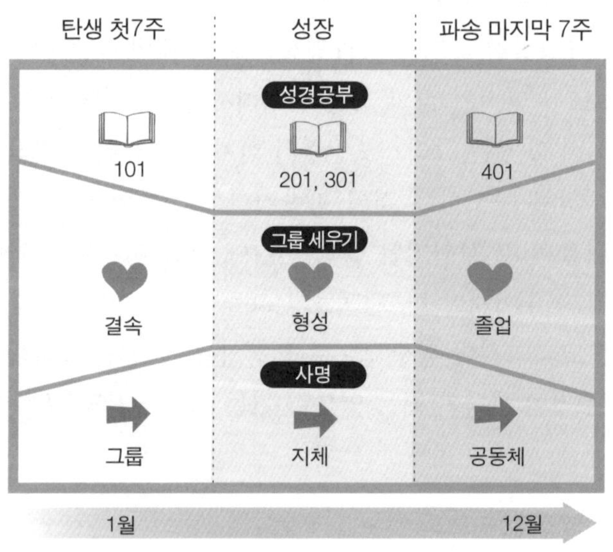

그림 10 그룹의 라이프 사이클

· **101 탄생단계**

서로 얼굴을 익히고 자신의 영적 삶의 여정을 나누는 과정이다. 이 과정의 진행단계를 야구선수가 내야의 다이아몬드를 돌아 1루, 2루, 3루를 거쳐 홈베이스로 들어와 득점하게 되는 과정을 통하여 첫 모임에서 서로 서먹하던 사람들이 하나의 그룹이 되어가는 과정을 살펴볼 수 있다.

- 1루 베이스 : 자신의 이야기를 다른 사람들과 나눈다 — 어린 시절, 살아온 날들, 꿈과 희망
- 2루 베이스 : 서로의 나눔에 대해 감사의 응답을 한다.
- 3루 베이스 : 좀 더 깊이 있는 자신의 이야기를 나눈다 — 장애물, 욕망들, 하나님과 그룹 구성원들로부터 도움이 필요한 부분
- 홈베이스 : 공동체로서 결속을 다진다.

101 단계의 성경 공부는 선다형 질문들로 이루어져서 쉽게 이야기를 나눌 수 있도록 고안되어야 한다. 소그룹하우스 101시리즈는 다음과 같이 구성되어 있다.

- 새로운 시작 / 새로운 도전 / 믿음의 기초
- 각 권 5주 과정 / 전체 3권

· **201 성장단계**

소그룹에서 가벼운 교제 위주의 성경공부(101 첫출발 시리즈와 같은)와 깊이 있는 성경책별 연구 사이에 다룰 수 있는 내용을 제공한다. 다양한 관심과 필요에 맞추어 주제별로 구성하는 것이 바람직하다.

- 201 시리즈: 그리스도인의 성품/ 그리스도인의 인간관계/ 그리스도인이 된다는 것/ 훈련받는 그리스도인/ 그리스도인의 사회생활/ 그리스도인의 가정생활/ 성경/ 그리스도인의 은사/ 남성상/ 남성들의 문제/ 성경의 위대한 남성들/ 여성상/ 여성의 문

제들/ 성경의 위대한 여성들/ 결혼/ 그리스도안에 있는 부모의 역할/ 돈/ 스트레스/ 결혼 그 이후/ 그리스도인의 자존감/ 상처 치유/ 봉사생활/ 아름다운 노후생활/ 교회와 예배/ 예수그리스도/ 교제로의 초대/ 고난의 극복/ 기도는 어떻게 하는가/ 영적인 전쟁을 선포하라/ 꿈/ 영성과 직업

· 301 성숙단계

좀 더 깊이 있는 책별 성경연구와 영적 훈련으로 들어간다. 여기에는 단계에 따라서 과제 없이 성경본문을 그룹 토의 방식으로 연구하는 과정과 책임감을 요구하는 과제를 부여하고 실력 있는 지도자가 깊이 연구하여 지도하는 심화과정으로 구분할 수 있다.

· 301 시리즈: 창세기/ 출애굽기/ 사무엘상/ 사무엘하/ 느헤미아/ 룻기/ 다니엘/ 호세아/ 마태복음/ 요한복음/ 사도행전/ 로마서/ 고린도전서/ 고린도후서/ 갈라디아서/ 디모데전서/ 디모데후서/ 에베소서/ 빌립보서/ 골로새서/ 데살로니가전서/ 데살로니가후서/ 히브리서/ 야고보서/ 요한서신/ 베드로전서/ 베드로후서/ 요한계시록

· 401 재탄생 과정

세 단계를 모두 거치고 새로운 목표를 향해 나아가는 소그룹을 위한 과정이다. 이 과정에서 소그룹은 이미 함께 많은 시간을 보내었으며 서로의 삶에 대한 이야기를 나누었다. 그래서 그들은 각자의 은사를 발견함으로써 서로를 도울 수 있고, 그들의 영적 여정의 다음 단계로 이동할 수 있다. 성숙한 세포가 분열하여 새로운 개체를 만드는 것처럼 이 과정을 통하여 각 구성원들을 새로운 리더로서 훈련시키고 또 하나의 소그룹의 생명을 재탄생시키는 과정이다.

· 졸업 : 새로운 자립과 생산을 위한 리더 훈련

- 401시리즈: 새로운 소그룹을 탄생시키라/ 이렇게 인도하라/ 이렇게 섬기라

소그룹 성경공부 커리큘럼 구성의 실제

1) 소그룹하우스 모델

소그룹하우스 모델은 학기별로 구성된 것이 특징이다. 소그룹하우스 모델은 아래와 같이 3가지 타입의 소그룹을 형성하여 학기별로 진행하며 다양한 주제의 성경공부교재를 그룹의 필요에 맞게 선정할 수 있다.

표5 소그룹하우스 성경 공부 커리큘럼 구성의 예

	A-Type	B-Type	C-Type
소그룹 Type	구원의 확신이 있고 지속적인 성숙을 원하는 구성원들로 이루어진 소그룹	교회는 오래 다녔으나 구원의 감격이 없는 구성원들로 이루어진 소그룹	교회에 처음 나온 구성원이 많거나 초신자들로 이루어진 소그룹
부르심 단계 (4-8주)	새로운 시작/ 믿음의 기초/ 새로운 도전 (중 택일)	새로운 시작/ 믿음의 기초/ 새로운 도전 (중 택일)	새로운 시작/ 믿음의 기초/ 새로운 도전 (중 택일)
성숙 단계 (12-16주)	그리스도인의 인간 관계/ 그리스도인의 성품/ 그리스도인의 가정 생활/ 균형잡힌 삶/ 은사와 소명/ 스트레스 탈출/ 관계회복 영적 전쟁 (중 택일)	그리스도인이 된다는 것/ 예수 그리스도 자화상/ 가치관/ 균형잡힌 삶 (중 택일)	믿음의 여인들/ 남성들의 전쟁/ 예수 그리스도/ 그리스도인이 된다는 것 (중 택일)
심화 단계 (8-10주)	빌립보서/에베소/로마서/ 비유들 (중 택일)	로마서/ 갈라디아서/ 고린도 전후서/ 복음서	로마서/베드로전후서/ 데살로니가 전후서/ 이적들 (중 택일)
보내심 단계 (6주)	새로운 소그룹을 탄생시키라	새로운 소그룹을 탄생시키라	새로운 소그룹을 탄생시키라

학기별 진행이며 한 사람이 리더로 서기까지는 개인차에 따라 1학기가 될 수도 있고, 7학기가 될 수도 있다. 중요한 것은 한 사람

이 성장하여 새로운 소그룹을 탄생시키는 것이다. 새로운 그룹의 리더로 분리하지 못하고 학기를 더 진행해야 하는 사람들은 별도의 그룹을 형성하여 성숙단계와 심화단계를 계속반으로 진행한다.

2) 영광성결교회 모델

영광성결교회의 소그룹 사역을 담당하고 있는 이병성 목사는 아래와 같이 교회의 소그룹 교과과정을 마련하고 시행해 왔다. 아래의 글은 이병성 목사가 직접 작성하여 보내준 글을 그대로 옮겨 싣는다.

그룹 구성원들간의 친밀감과 깊이 있는 성경연구는 어느 정도의 시간이 필요한가? 구성원의 성숙도와 진행 속도에 따라 차이가 있겠지만 영광교회에서는 2년으로 보고 있다. 그리고 리더를 세우기 위한 후속 과정도 진행하고 있다. 아래 도표는 2년을 생명주기로 한 영광교회 소그룹의 진행과정이다.

표6 모세의 모델: 빈곤한 지도력 / 높은 실패율

단계	101	201				301
1년차	3월	4-5월	6월	7-8월	9-10월	11-12월
주	4주	8주	5주	8주	8주	8주
교 재	새로운 시작 (소그룹하우스)	그리스도의 성품 (소그룹하우스)	그리스도의 확신 (소그룹하우스)	여름 방학 과제 (소그룹하우스)	그리스도인의 인간 관계 (소그룹하우스)	빌립보서 (소그룹하우스)

단계	301			401			
2년차	1월	2-3월	4-5월	6-7월	8월	9월	10-11월
주	4주	8주	8주	8주	8주	4주	8주
교 재	겨울방학 과제 (도서,구약1독)	그리스도인의 생활지침 (네비게이토)	에베소서 (소그룹하우스)	신약개관 (프리셉트)	여름 방학 과제 (소그룹교재분석)	재탄생을 축하합니다 (소그룹하우스)	빌립보서 (프리셉트)

영광교회에서는 3월에 청지기 개강예배를 통해 각 훈련영역들(바나바 사역, 전도폭발, 소그룹하우스 성경공부, 인물별 성경연구, 주제별 성경연구)이 일제히 시작된다. 소그룹하우스 소그룹도 남성과 여성반으로 구분하여 3월에 시작된다. 2년 후에 그룹을 재편성하지만, 단계마다 재편성하지는 않는다. 그러나 중간에 진행하고 있는 그룹에 참여하기를 원하는 사람은 구성원들의 허락이 있으면 3단계 초기까지 참여할 수 있다.

101단계에서 그룹을 세우기 위해서 교제를 중심으로 삼고, 201단계와 301단계에서는 각각 소그룹하우스에서 발생한 교재 2권과 타 기관의 교재 1권으로 구성되어 있다. 이는 명확하게 해답을 주어 체계화시키는 단답식 교재의 장점을 이용한 것이다. 401단계에서는 리더들에게 성서의 맥을 이해하기 위한 성서개관과 재탄생을 위한 교재로 구성된다.

방학 기간에는 성경을 1년에 1독할 수 있도록 독려하고 소그룹에 관련된 서적을 선정하여 읽기도 하고 시중에 나와 있는 제자훈련 교재를 나름대로 분석하여 발표하게 한다. 그리고 각 단계가 마칠 때마다 음식을 통한 교제를 나누고 1개월마다 한 교회를 선정하여 탐방하는 것을 기본으로 한다.

우리 교회의 소그룹의 강점은 구성원들이 소그룹목회연구원에서 실시하는 세미나에 계속해서 참여하고 있다는 것이다. 소그룹목회연구원의 철학과 비전을 이해해지 못하면 교재의 특성과 진행 과정에서의 장, 단점을 구성원이나 리더가 이해하고 실천하는데 어려움이 있다. 그래서 리더는 필수적으로 세미나를 수료해야 한다. 또한, 소그룹목회연구원의 전문 강사를 초청해 정기적으로 강의를 듣고 있다. 이는 소그룹에 대한 교회의 관심과 참여를 높이고 소그룹구성원들에게는 계속적인 훈련의 기회가 되고 있다.

본인은 개 교회의 특성과 성숙에 맞게 소그룹목회연구원에서 소개하는 다양한 교재를 중심으로 교과과정을 구성한다면 적지 않은 효과를 얻으리라 확신한다.

인격적 대화에 적합한 4단계

　균형잡힌 소그룹 교과과정은 건강한 소그룹의 3요소인 교제, 성경 연구, 전도와 확장을 고르게 반영하는 것이어야 한다. 이것은 전체적인 소그룹의 성장주기에서 뿐만 아니라 매번 진행되는 각 과에서도 적절히 단계를 이루어야 한다. 일반적인 학습 이론에서는 하나의 교안을 구성할 때에 '학습목표 - 학습 내용 - 적용과 평가'로 수업 진행을 구성한다. 최근에 많이 소개되고 있는 귀납법적 성경 연구의 방법론에서는 성경 공부의 단계를 '관찰- 해석 - 적용'의 3단계로 구성하고 있다. 그러나 소그룹의 특징을 극대화하는 성경 공부 교과과정에서는 인격적 대화에 적합한 4단계의 구성이 필요하다.

　우선 각 과의 목표를 분명히 하는 일은 별도의 언급이 필요 없을 정도로 중요하다. 정확한 목표는 이번 모임에서 얻고자 하는 것이 무엇이며 그 한계는 무엇인지를 분명히 보여주는 것이다. 많은 성경 공부 인도자들이 이 목표에 대한 인식을 소홀히 함으로써 한번에 모든 것을 해결하려는 무모한 시도를 함으로써 소그룹을 산만하게 이끌고 참가자들을 금세 질리게 만드는 오류를 범한다.

　목표 설정 이후의 구성 단계는 '마음열기 - 말씀나눔 - 적용과 마무리(보살핌)'의 과정이다. 이렇게 보면 3단계로 보이지만 본문 연구를 '이야기 관찰'과 '나의 이야기'라는 두 단계로 나누면 4단계가 된다. 소그룹 성경 공부에 있어서 대그룹 강의나 일 대 일 성경공부에서보다 더욱 강조되어야 할 것은 바로 '마음열기'이다. 이것은 'Crowd break' 또는 'Ice break'라는 말에서도 볼 수 있듯이 서로에 대하여 서먹하고 닫혀 있는 분위기를 깨뜨리고 대화의 분위기를 고조시키며 자연스럽게 그 날의 주제에 대해 관심을 갖도록 이끌어주는 방법적 과정들이다. 여기에는 간단한 게임을 진행하거나 공통의 관심사(날씨, 스포츠 등)를 이야기할 수도 있고 의사소통을 위한 인간 관계 훈련의 방법을 도입할 수도 있다. 특히 소그룹의 첫 출발 단계에서는 자기 자신의 인격적 특징과 지나간 삶의 여정을 소개할 수 있는 대화 프로그램을 적용하는 것이 필요하다.

'마음열기'의 다음 단계는 귀납적 성경 연구의 '관찰 - 해석'에 해당하는 성경 본문 연구의 과정이다. 이 과정은 '이야기 관찰'의 단계와 '나의 이야기' 단계로 나눌 수 있다. '이야기 관찰'의 단계는 우선 성경 본문의 맥락과 상황을 충분히 이해할 수 있는 물음을 통하여 학습자가 수천 년 전 성경의 세계로 들어가 그 주제를 자신의 문제로 인식할 수 있도록 이끌어 주는 과정이다. 101이나 201단계에서는 성경 본문을 읽고 그에 대한 간략한 맥락만을 소개한 다음 성경을 상황 속으로 빠져들게 하는 몇 가지 질문을 나눔으로써 이 과정을 진행할 수 있으며, 301심화 과정의 단계에서는 성경 본문에 대한 보다 상세한 주석적 해설을 제공하는 것이 필요하다.

'나의 이야기' 단계에서는 성경 본문의 상황에 나의 입장과 견해를 대비시켜서 '나라면 어떻게 할 것인가?'를 이야기하고 스스로 성경 공부 전체 주제에 대한 해답을 찾도록 하는 과정이다.

마지막 단계는 '보살핌'의 시간이다. 이것은 공부한 주제를 자신의 삶에 적용시킬 뿐만 아니라 서로의 필요와 기도 제목을 나누고 영적인 공동체로서 하나 됨의 결의를 다지는 시간이다. 또한 공부를 통하여 도달한 결론을 가지고 사역의 목표를 설정하고 구체적으로 행동화하는 방향 제시의 시간이 되어야 한다. 이를 위하여 '보살핌'의 시간은 '나눔 - 기도 - 활동'의 과정으로 세분화될 수 있다.

4장

소그룹 인도자는
과연 누구인가?

인도자의 기본적인 자질은 FAT이다

세 가지 자질

"내가 인도하는 소그룹에는 독점쟁이 자매가 있습니다. 그 자매는 천성적으로 외향적인 사람입니다. 게다가 그 자매는 모태신앙이라 성경에 조예가 깊고 훌륭한 관점을 가지고 있습니다. 그런데 문제는 그녀가 소그룹 성경 공부 시간에 다른 소그룹 구성원들의 이야기를 듣는 것에는 아랑곳없이 항상 자신이 생각하는 관점에 대해서만 그칠 줄 모르고 얘기한다는 것입니다. 질문을 하면 그녀는 다른 사람들이 생각할 겨를도 주지 않고, 대답을 해버립니다. 그리고 그녀의 대답은 끝없이 계속 이어집니다. 결국 그녀가 이야기를 너무 길게 하기 때문에 리더인 내가 애초에 계획했던 토의는 계속 진행할 수 없게 되고, 함께한 다른 사람들 역시 그녀의 이야기를 가만히 지켜만 보고 있다가 소그룹 모임이 끝나기 일쑤입니다. 어떻게 하면 좋을까요?”

“우리 소그룹은 소그룹 모임을 시작하면 마치 침묵하기로 맹세라도 한 것 같습니다. 원만한 의사소통이 일어나지 않는 소그룹은 건강한 소그룹이 아니라고 배웠는데 나에게는 애초부터 소그룹 리더가 될 만한 자질이 없는 것이 아닐까요?”

이상은 소그룹리더십세미나 Q&A 시간에 단골 메뉴로 올라오는 질문들이다. ‘건강한 교회에는 건강한 소그룹이 있다’는 이론이 한국 교회 안에 널리 퍼지고, 아울러 역동적인 소그룹 사역에 대한 중요성이 강조되면서 교회 안에서 소그룹 리더가 누구여야 하느냐에 대한 소그룹 리더십에 대한 관심은 점점 증폭되고 있다. 성공적인 소그룹 모임이 되기 위한 지름길은 준비된 평신도 리더를 절대적으로 요청한다.「성공적인 소그룹 만들기」(네비게이토출판사, 1999년 간)에서 ‘소그룹의 성패는 준비된 리더가 열쇠’라고 말하는 닐 F. 맥브라이드의 말을 굳이 인용하지 않더라도 소그룹 리더십의 중요성은 아무리 강조해도 지나치지 않는 영역이다.

그렇다면 어떤 사람이 교회 안에서 소그룹 리더가 될 자질이 있는가? 현재까지 출간된 소그룹 리더 관련 도서들만 정리해도 소그룹 리더가 갖추어야 할 자격은 일일이 열거하기에 피곤할 정도로 많다. 그러나 일단 F.A.T.라는 세 가지 영어 철자만 기억해 놓는다면 큰 도움이 될 것이다. F.A.T.는 신실한(Faithful), 여유가 있는(Available), 가르침을 받을 줄 아는(Teachable)의 앞 글자를 모아 만든 단어이다.

사실 우리가 섬기는 교회의 구성원들을 살펴보면 위대한 성경학자들만 출석하는 곳이 아니라는 것을 쉽게 확인할 수 있을 것이다. 또 모태신앙으로 최소한 교회를 20년 이상 다녔고, 교회 분위기에 익숙한 이들로만 구성되어 있지도 않을 것이다. 여기에 더해 Q.T도 매일 빠짐없이 하고, 깊은 영성 생활을 하는 사람들은 극소수라는 것도 인정해야 할 것이다. 이런 상황에서 12명 이하(구성원의 수가 12명을 넘으면 대그룹이다)의 소그룹에 속해있는 영혼들을 책임 있게 돌보며, 성경 공부를 효과적으로 인도할 뿐만 아니라 구성원들의 성숙을 위해 끊임없이 기도할 수 있는 리더를 누구로 세울 것인가 하는 것은 중차대한 문제임이 틀림없다. 이런 상황 속에서 비록 성경에 대한 전문지식이 아직은 박약하고, 교회를 다닌 연륜이 짧으며, 완벽한 영성의 삶을 유지하고 있지는 못하다고 하더라도 그 사람이 F.A.T. 하기만 한다면 하나님은 있는 모습 그대로 그 사람을 사용하실 수 있다.

이제 F.A.T.로 요약한 소그룹 리더십의 세 가지 특성을 살펴보고, 성공적인 소그룹 리더가 되기 위해서는 왜 이것들이 필요한지를 알아보자.

신실한(Faithful) 리더

무엇보다 소그룹 리더십에서 요구되는 자질은 신실함(Faithful)이다. 그룹 리더십으로 신실성을 말할 때 이것은 두 가지 영역에 적용된다. 첫째, 하나님과 그의 말씀에 대한 영역이다. 이것은 교회 안에서 소그룹 리더는 반드시 그리스도인이어야 한다는 말이다. 예수 그리스도를 구세주이자 자기 삶의 주인으로 모신 그리스도인이라면 이미 유능한 소그룹 리더가 될 수 있는 자질은 거의 확보된 셈이다. 그리스도인이라는 사실에 대해 확신할 수 있다면 '신실한'이라는 단어는 곧바로 '성장하는 삶'과 연결된다. 즉 하나님과 말씀 앞에 신실한 사람은 규칙적인 영성생활(기도, 말씀 묵상과 개인적인 성경 공부)에 시간을 할애하고, 깨달은 사실을 삶 속에 구체적으로 적용하는 것을 통해 어제보다 오늘 더 그리스도를 닮아가고자 하는 신실한 그리스도인이 되어 가는 것이다. 결국 신실하다는 것은 삶이 완벽하거나 성자 같아야 한다는 뜻이 아니라 단지 주님이 인도하시는 대로 신실하게 성장하고 있다는 뜻이다. 둘째, 신실함은 리더로서 자신의 역할에 적용된다. 소그룹 리더라면 모임에 참석하고 멤버들과 접촉하는 시간에 관심이 있는가를 스스로에게 반복적으로 질문해 볼 필요가 있다. 리더가 모임에 나타나지 않을 때, 그것도 대신 그룹을 맡아 줄 사람을 정해두지도 않고 모임에 빠지는 것보다 소그룹 멤버들로 하여금 좌절감을 일으키게 하는 것은 없다. 만약 리더가 되기를 동의했다면 그것은 바로 모이는 시간 약속을 신실하게 지키기로 했다는 것을 전제한다. 그러므로 자신의 시간표에서 가장 우선권을 두고, 시간을 드리며 기도하는 자세로 헌신해서 그리스도인다운 신실함의 본보기가 되어야 하는 것이다.

유용한(Available) 리더

두 번째로 소그룹 리더에게 요구되는 자질은 헌신할 시간적 여유가 있어야 한다는 점이다. 아무리 뛰어난 리더의 자질을 가졌다고 하더라도 소그룹을 위해 시간적 헌신을 할 만한 적당한 때가 아니라면 일찌감치 포기하는 것이 소그룹을 돕는 일이다. 자신의 삶의 방식이나, 인생의 때, 우선순위를 고려해보고 과연 소그룹을 이끌 여유가 있을지 정직하게 결정해야 한다. 이렇게 보면 여유도 신실성의 한 요소이다. 예를 들어, 해외 출장을 자주 가는 직업을 가진 사람은 매주 모이는 성경 공부를 위해 시간을 내지 못하는 경우가 많다. 유치원에 갓 입학한 첫 아이와 네 살짜리 둘째, 그리고 젖먹이를 둔 어머니는 물리적으로 소그룹 리더를 감당하기 어렵다. 시간을 내기가 힘들어서 구성원들을 건강하게 유지하기가 힘들다면 일단 리더의 사역을 자제해야 할 시점이라는 것을 인식할 필요가 있다. 그러나 한 가지 기억할 사실은 소그룹 리더로 섬기는 것이 하나님이 우선적으로 원하시는 것이라면 하나님은 시간표를 조정해주실 수도 있다는 점이다. 우선 순위에 있어서 불필요하게 허비하는 시간들을 정리(희생)해서 리더로 충분히 섬길 수 있다면, 시간표를 향한 하나님의 도움의 손길은 분명히 있을 것이다. 여하튼 현명한 소그룹 리더라면 "천하에 범사가 기한이 있고 모든 목적이 이룰 때가 있나니"(전 3:1)라는 솔로몬 왕의 충고를 묵상할 필요가 있다.

가르침을 받을 줄 아는(Teachable) 리더

남보다 더 많이 알고 있다거나 리더로서 남다른 기술이 있다는 자부심 때문에 우쭐대는가? 아니면 누구에게든 가르침을 받기에 주저하지 않고 기꺼이 다른 사람들로부터 또 성령으로부터 배우기를 원하는 자세를 가지고 있는가? 하는 점은 소그룹 리더의 중요한 자질이다. 단정적으로 말하자면 좋은 리더는 가르침을 받을 줄 아는 사람이다. 그러므로 지속적으로 성경과 하나님의 방법에 대해서, 그리고 리더로서 필요한 기술들을 배워나가기 위해 시간과 노력을 들이기에 아까워하지 않는 자세가 필요하다. 이런 자세를 가졌다는 것은 좋은 리더가 되기 위해 겸손히 자기를 내려놓는다는 것을 의미한다. 교만이나 우월감으로 가득 찬 태도는 리더 자신을 망칠 뿐만 아니라 소그룹 전체를 망치는 지름길이다. 소그룹을 망치고 싶으면 교만하면 된다.

리더로 부름을 받았다고 그 순간부터 완전무결한 자가 되는 것은 결코 아니다. "우리가 다 실수가 많으니"라는 야고보 사도의 고백대로 예수님 외에 이 세상에 완전한 사람은 없다. 결국 훌륭한 소그룹 리더가 되는 관건은 상처받을 각오를 하고 자신을 개방하며, 보다 낮은 자리에서 성실함으로 섬기는 리더십을 가진 자라고 할 수 있다.

인도자의 영혼 돌봄의 자세

한 영혼의 가치와 무게를 인식하라

소그룹 리더는 단순히 지식을 전달하거나 프로그램을 진행하는 사람이 아니다. 하나님께서 맡겨주신 소중한 영혼들을 돌보는 영적 목자이다. 따라서 리더에게는 멤버들의 영혼을 깊이 이해하고 사랑으로 품는 자세가 무엇보다 중요하다.

영혼을 향한 애달파함이 있는가?

길 잃은 강아지를 애타게 찾는 주인의 마음처럼, 우리에게는 잃어버린 한 영혼을 향한 애달픈 마음이 있는가? 마태복음 18장에서 예수님은 길 잃은 양 한 마리를 찾아 나서는 목자의 비유를 말씀하신다(마 18:12-14). 아흔아홉 마리의 양보다 그 한 마리의 양을 찾았을 때 더 기뻐하시는 것이 하늘 아버지의 마음이다. 하나님은 "이와 같이 이 작은 자 중의 하나라도 잃는 것은 하늘에 계신 너희 아버지의 뜻이 아니니라"(마 18:14)고 말씀하신다.

하나님의 가장 큰 관심사는 영적으로 방황하며 관계의 단절 속에 있는 영혼들이 제자리로 돌아와 하나님과의 관계를 회복하는 것이다. 교회의 성장과 부흥 역시 이 잃어버린 영혼들을 찾아 세우는 일에 달려 있다. 하나님께서는 이 귀한 사역을 위해 먼저 은혜를 깨닫고 하나님의 심정을 이해하는 소그룹 리더들을 부르셨다.

관계 단절 속에 있는 지체를 향해 효과적으로 다가설 수 있는 방안

하나님이 기뻐하시는 이 섬김의 사역을 감당하기 위해, 특히 관계가 소원해지거나 모임에 잘 나오지 않는 멤버들을 어떻게 돌보아야 할까?

1. '함께 있다는 마음'을 전해 주라

몸은 비록 멀리 떨어져 있을지라도, 마음은 항상 함께하며 그를 위해 기도하고 있음을 지속적으로 표현하라. 따뜻한 안부 전화나 격려의 메시지 한 통이 끊어진 관계의 다리가 될 수 있다.

2. 잦은 결석과 올 수 없는 환경에 너무 쉽게 타협하지 말라

물론 멤버의 상황을 이해하고 배려해야 하지만, 그들의 영적 상태에 무관심하거나 쉽게 포기해서는 안 된다. 리더가 먼저 포기하면 그 영혼은 돌아올 기회를 영영 잃을지도 모른다. 끝까지 인내하며 관심을 표현하라.

3. 기도제목을 계속해서 나누고 '기도의 흔적'들을 보여 주라

진심이 담긴 중보기도는 사람의 마음을 움직이는 힘이 있다. 구체적인 기도제목을 묻고, 함께 기도하며, 응답받은 은혜들을 나누는 과정을 통해 리더의 진정성을 전하라.

4. 소그룹 모임 때마다 그들을 위해 끊임없이 '기도하는 것'을 잊지 말라

감옥에 갇힌 바울이 골로새 교회 성도들을 위해 쉬지 않고 기도했듯이(골 1:3, 9), 리더는 눈앞에 있든 없든 맡겨진 모든 영혼을 위해 기도할 책임이 있다. 소그룹 멤버들과 함께 그들을 위해 합심하여 기도할 때, 하나님께서 놀라운 회복의 역사를 이루실 것이다.

영적 리더는 맡겨진 양들을 푸른 초장과 쉴 만한 물가로 인도할 책임이 있다. 그들의 영혼을 위해 눈물로 기도하며 사랑으로 품는 리더, 한 영혼의 가치와 무게를 알고 애달파하는 리더가 바로 하나님께서 찾으시는 참된 목자이다.

격려하는 리더가 되라

영원한 것을 붙잡으라. 이 세상에서 삶은 잠시 있다가 사라질 것과 영원히 거할 것이 나뉜다. 요한일서 2장 17절은 "제자들이 성경 말씀에 주의 전을 사모하는 열심이 나를 삼키리라 한 것을 기억하더라"고 말씀한다. 세상의 것은 금방 지나가는 것이지만, 하나님의 뜻을 행하는 삶은 영원하다. 성숙한 리더는 잠시 지나갈 세상의 것이 아니라 영원한 하나님의 뜻을 간구해야 한다.

그렇다면 성숙한 영적 리더로서 하나님의 뜻을 이루는 삶은 무엇인가? 바로 소그룹 공동체 구성원들을 리더로서 진심으로 '격려하는 것'이다. 리더가 멤버들을 격려하고, 멤버들이 서로 격려하는 공동체만큼 선한 곳은 없다. 2010년 칠레 광산 붕괴 사고 시, 63세의 최고령자 마리오 고메스는 절망적인 상황 속에서도 동료 광부들을 붙잡고 기도하며 마지막까지 격려하고 위로했다. 그의 격려가 있었기 때문에 33명의 광부들은 끝까지 희망을 잃지 않고 전원 구조될 수 있었다. 이처럼 한 사람의 진실된 격려는 사람의 영혼을 어루만지며 공동체를 살리는 힘이 있다. 소그룹 리더로서 멤버들을 효과적으로 격려하기 위해 다음의 원칙들을 기억하라.

격려는 철저히 사랑에 근거하라

격려의 근본 동기는 사랑이다. 주님께서 우리를 죽기까지 사랑하셨듯이, 리더는 멤버들을 주님의 마음으로 사랑하며 섬겨야 한다. 때로는 권고와 경고가 필요할 수 있지만, 그 역시 사랑을 전제로 할 때 진정한 격려가 될 수 있다. 멤버들의 영적, 관계적, 육체적 필요를 정확히 분별하며 사랑으로 다가가라.

적합한 표현으로 격려하라

격려의 대상과 상황에 따라 적합한 표현 방식이 다르다. 영적인 민감함을 가지고 상대방의 마음에 공감을 일으킬 수 있는 격려가 되어야 한다. 상대방을 바라보는 시각과 표정, 적절한 언어와 말의 속도까지도 세심하게 고려할 때, 그 격려는 평생 잊지 못할 감동과 변화를 일으킬 수 있다.

격려의 타이밍 포인트를 잘 찾아라

격려는 타이밍이 중요하다. 너무 의도적이거나 잦은 격려는 오히려 진정성을 잃을 수 있다. 가장 좋은 방법은 멤버들을 위해 꾸준히 기도하며 그들을 만나는 것이다. 기도로 준비하고 만날 때, 성령께서 가장 적절한 순간에 자연스럽게 격려할 수 있는 기회와 지혜를 주실 것이다.

무엇보다 멤버들을 격려하기 위해서는 리더 자신이 먼저 영적으로, 정서적으로 지치지 않아야 한다. 리더가 탈진하면 격려는 불가능하다. 리더 스스로 은혜를 공급받는 통로(말씀, 기도, 교제 등)를 확보하고, 동료 리더나 목회자로부터 격려받는 환경을 만드는 것이 중요하다. 리더의 따뜻한 격려 한마디가 지쳐 힘들어하는 멤버에게 새 힘을 주고, 소그룹 전체를 기쁨이 넘치는 공동체로 새롭게 일으킬 수 있음을 기억하라.

건강한 소그룹 진행방법

소그룹을 인도할 때 가져야 할 균형 감각

소그룹을 인도하는 인도자의 진행 방법은 인도자의 기질과 성격에 따라 좌우되는 측면이 많이 있다. 기질이 우울질인 사람은 시간을 잘 지키는 경향이 있고 다혈질인 사람은 따뜻한 분위기를 연출하는데 탁월함을 나타내는 경향이 있다. 그러나 어떤 기질이나 성격을 가지고 있다 하더라도 소그룹의 인도자라면 소그룹을 인도할 때 다음의 세 가지 사항이 언제나 균형을 이룰 수 있도록 해야 한다.

첫째, 엄격한 시간표 적용을 중요시하라.

소그룹이 고도의 효과를 얻기 위해 꼭 필요한 사항이다. 여기서 소그룹이 모일 때 가지는 시간 배정이나 모든 형식은 담임 목회자에 의해 정해지고 그 다음 소그룹 인도자에 의해 수행된다. 따라서 모든 모임의 형식은 동일할 수밖에 없고, 소그룹 인도자는 최소한의 기술만 가지더라도 모임을 진행하는데 전혀 어려움을 느끼지 않게 된다. 엄격한 시간표는 그룹이 조화를 유지하게 하며 최소의 그룹 인도 기술을 필요로 하는 것이다.

둘째, 허용된 범위 안에서 인도자가 진행에 융통성을 가져라.

모든 소그룹에 a) 사랑(그룹 세우기), b) 학습(성경 공부), c) 결심(과업/선교), d) 행함(활동)의 네 가지 구성 요소를 두고, 각 소그룹의 인도자는 그 그룹의 상황에 따라 네 요소를 적절하게 안배할 수 있어야 한다. 여기서 소그룹 인도자는 각 구성 요소에 얼마의 시간을 할당할 것인지를 결정할 수 있다. 융통성이 허용된 상황에서 소그룹의 민주성을 살리기 위해 꼭 필요한 사항이다.

셋째, 소그룹의 생명주기를 고려하여 인도자가 안내자로서의 역할을 담당하라.

소그룹 인도자는 소그룹이 탄생, 성장, 재탄생 혹은 졸업의 생명주기가 있음을 이해하고 인도자는 각 단계의 안내자의 역할을 감당할 수 있어야 한다. 소그룹이 출발한 첫 6주에서 8주 사이에는 소그룹을 견고하게 세우는 데 적절하도록 고안된 교재를 가지고 탄생 단계를 진행하는 안내자의 역할을 감당한다. 소그룹이 형성되고 견고해진 다음에는 성숙과 성장을 향한 제자 훈련의 과정이 이어질 수 있도록 안내하고, 마지막 단계에서는 그 그룹이 새로운 소그룹을 시작할 수 있도록 철저히 준비시키는 역할을 하는 것이다. 여기서 인도자의 역할은 각 단계의 첫 모임과 마지막 모임에서 결정적이라고 할 수 있다. 첫 모임에서, 인도자는 그룹이 그들의 언약을 결정할 수 있도록 돕는다. 그리고 마지막 모임에서, 인도자는 그룹이 그들의 경험과 언약 갱신 혹은 해체 여부를 평가하도록 돕는 안내자 역할을 하는 것이다.

위험한 PCS그룹

리더는 소그룹을 인간적인 유대로 이끌지 말아야 한다. 인간적인 유대로 형성된 소그룹은 언제나 위험성을 내포하고 있다. 이러한 소그룹은 어떤 형태의 그룹으로 변질될지 모른다. 건강하지 못하게 변질된 소그룹 중에 대표적인 것 세 가지를 PCS 그룹이라고 부른다.

성령의 교통이 없는 소그룹은 먼저 정치적인 그룹(A Political Group)이 될 수 있다. 성령의 온전한 교제가 없는 소그룹은 잘못되면 교회 안에서 좋지 못한 세력(Power Block)을 형성할 수 있다. 물질적으로 사람들을 움직여서 자신들의 목적에 이용할 수도 있을 것이다. 이런 그룹은 교제한다고 사람을 만나면서 소위 자기 사람으로 만들어 갈 수도 있다.

둘째로 성령의 교통이 없는 소그룹은 논쟁적인 그룹(A Contro-versial Group)이 될 수 있다. 성령의 인도하심을 의지하지 않고 모여서 성경 공부하는 소그룹은 언제나 토론장이 될 가능성이 크다. 하나님 말씀을 통해서 받은 은혜와 깨달음을 서로 나누면서 성령의 터치를 기대하지 않고 성경 공부 본문에 대한 각자의 의견과 생각을 발표하게 되면 나눔이 아니라 토론으로 기울어지게 된다.

셋째로 성령의 교통이 없는 소그룹은 사회적인 그룹(A Social Group)이 될 수 있다. 지극히 인간적인 유대관계를 돈독히 하는 소그룹은 성령이 말씀하시는 것을 듣는 것보다 사람의 말에 귀를 더 기울인다. 성령이 없는 그룹에서는 인간적으로만 가까워질 수 있다. 같이 모여서 성도의 교제라는 이름으로 문화 예술 공연장에 간다든지 운동 경기장에 간다든지 레저 오락에 참여한다든지 할 때 사회문화적인 소그룹으로 전락하기가 쉽다. 일차적인 목표인 교제권 형성을 위해서 얼마든지 그렇게 활동할 수 있지만 소그룹이 어디로 가든지 성령의 교통을 떠난 모임이 되어서는 안 된다. 더욱이 이성간이라면 더욱 조심해야 할 부분이다.

소그룹 사역을 꺼리는 교회 지도자들은 바로 이런 요인을 생각하고 소그룹 사역을 포기하기도 한다. 그러나 이것을 두려워해서 소그룹 사역을 포기해서는 안 될 것이다. 이런 점도 있지만 소그룹 사역은 우리 시대에 강점을 너무 많이 가지고 있는 사역이다. 이러한 위험성은 얼마든지 제거할 수 있으며, 소그룹 사역은 21세기 목회 리더십의 분명한 대안임은 부인할 수 없을 것이다. 그러므로 소그룹 모임은 언제, 어느 때 모이든지 성령의 교통이 있어야 한다. 성령의 교통은 소그룹이 PCS 그룹으로 변질되지 못하게 막아주는 영적 백신이다. 소그룹 리더는 소그룹 모임을 인도할 때마다 언제나 성령의 인도하심과 역사하심을 위해서 기도하고 모여야 한다. 이것은 우리가 이미 알고 늘 그렇게 해오고 있다고 오해하기 쉬운 요소다. 소그룹 안에서 말씀을 나눌 때 성령의 터치가 이루어지는 소그룹이야말로 가장 건강한 소그룹이 될 수 있다는 본질을 재확인해야 한다.

흔들림 없는 리더십을 위한 자기 점검

소그룹 리더의 사역은 결코 순탄하지만은 않다. 영혼을 다루는 일이기에 예기치 않은 어려움과 낙심되는 순간들을 마주하게 된다. 이때 리더가 쉽게 흔들린다면 소그룹 전체가 방향을 잃게 된다. 그러므로 리더에게는 어떤 상황 속에서도 사역의 본질을 붙들고 나아갈 수 있는 견고함이 필요하다. 이를 위해 리더는 끊임없이 자신을 점검하며 영적 근력을 길러야 한다.

리더십의 10가지 기본 원칙

사역 현장에서 흔들림 없는 리더십을 발휘하기 위해 기억해야 할 10가지 기본 원칙이 있다. 이는 미국의 소그룹 전문사역기관 라이프투게더(Lifetogether, Inc.)의 브렛 이스트맨(Brett Eastman)이 제시한 원칙들로, 한국교회 현장에도 유용하게 적용될 수 있다.

1. 혼자가 아님을 기억하라

소그룹 사역은 리더 혼자 감당하는 짐이 아니다. 하나님께서 친히 동행하시는 사역이다. 하나님께서는 모세, 다윗, 느헤미야와 함께하셨듯이, 당신을 부르신 하나님께서 결코 리더를 홀로 버려두지 않으신다는 사실을 굳게 신뢰하라.

2. 혼자 하려고 하지 마라

모든 짐을 혼자 지려 하지 말고, 공동 리더나 동역할 멤버를 세우라. 리더십을 나누고 역할을 맡길 때 소그룹은 더욱 풍성해진다.

3. 있는 그대로의 모습을 보여주라

가면을 쓰고 완벽한 리더인 척할 필요가 없다. 하나님께서는 지금 리더의 모습 그대로를 사용하기 원하신다. 가식 없는 진솔함이 멤버들의 마음을 여는 열쇠다.

4. 모임을 위한 사전 준비 시간을 반드시 가지라

소그룹 나눔이 실천으로 이어질 수 있도록 교재를 묵상하고 적용점을 준비하는 절대적인 시간이 필요하다. 리더가 준비하는 만큼 멤버들은 은혜를 경험한다.

5. 구성원 한 사람 한 사람을 위해 기도하라

멤버들의 얼굴을 떠올리며 그들의 영적, 육적 필요를 위해 구체적으로 기도하라. 기도로 준비한 모임은 성령의 인도하심을 경험하게 된다.

6. 질문 후에 기다리는 법을 배우라

좋은 리더는 정답을 말하는 사람이 아니라, 멤버들이 스스로 생각하고 답을 찾도록 질문하고 기다려주는 사람이다. 때로는 침묵을 두려워하지 말고, 멤버들이 입을 열 때까지 인내하라.

7. 중간중간 질문과 정리 내용을 소리 내어 읽게 하라

모임의 진행이나 교재의 핵심 내용을 멤버들이 돌아가며 읽게 하라. 이는 나눔이 엉뚱한 방향으로 가는 것을 막아주고, 멤버들에게 참여의식을 부여하는 효과적인 방법이다.

8. 질문의 성격에 따라 더 작은 그룹으로 나누라

멤버가 8명을 넘어간다면, 때로는 4명씩 두 그룹으로 나누어 특정 질문을 나누게 하라. 더 작게 나눌수록 더 깊고 활발한 나눔이 일어날 수 있다.

9. 다른 사람에게 인도할 기회를 나누어 주라

때로는 멤버들에게 돌아가면서 모임을 인도할 기회를 주라. 이를 통해 멤버들은 리더의 수고를 경험하게 되고, 잠재적인 리더로 성장할 기회를 얻게 된다.

10. 과정 자체를 기쁨으로 누리라

소그룹은 목표 지향적인 공동체이기도 하지만, 그 과정 자체가 은혜이고 기쁨이어야 한다. 리더가 먼저 모임 자체를 기뻐하고 누릴 때, 그 기쁨이 멤버들에게도 전달된다.

(부록 1에 직무소개서 및 리더자격을 수록하였다.)

5장

건강한 소그룹 성경공부,
이렇게 인도하라

효과적인 성경공부 인도 원리를 적용하라

예상되는 문제점

건강한 소그룹은 소그룹 구성원들 가운데 그 누구도 모임에 참석했을 때 소외감을 느끼지 않고 모든 구성원들이 평안함과 소속감을 느낄 때 가능하다. 따라서 건강한 소그룹을 지향한다면 탄생 시기에 소그룹을 견고하게 세우는 과정을 중요하게 여겨야 하고 이에 대한 투자를 아끼지 않아야 한다. 즉, 교제와 보살핌을 중요하게 여겨야 한다는 말인데 이것은 성경의 중요성을 무시하는 것이 아니라 참된 관계성의 창조 안에서 하나님의 말씀을 밝혀 나가는 토대 구축을 의미하는 것이다. 모든 구성원들이 하나의 견고한 그룹이 되는 방법은 자신의 영적인 이야기를 다른 사람들과 나누는 것이다. 따라서 소그룹 성경 공부는 개인 성경 연구와는 분명히 다른 것이고, 소그룹에서의 학습 방법은 귀납적 성경 연구의 세 가지 원리인 관찰, 해석, 적용보다 훨씬 더 많은 것을 요구하는 것이다.

실제로 교회 내에서 몇몇 뜻있는 사람들이 성경 공부 모임을 시작하기로 의견을 모았다고 해보자. 그러나 그들은 어떻게 해야 하는지를 알지 못한다. 돌파구로 생각한 것이 기독교 서점에 가서 점원에게 좋은 성경 공부 교재가 있는지를 묻거나 매장에 진열된 교재들을 살펴보고 마음에 드는 것들을 구입하는 것이었다. 그들은 모든 종류의 주석이 들어 있는 큰 성경책을 샀고, 어떤 사람들은 그들 스스로 성경을 공부하는데 도움을 주도록 고안된 소책자들을 샀다. 그러나 사실 소책자들은 혼자 방 안에 앉아서 성경을 연구하는데 도움을 주도록 고안된 것들이었다. 지금 이 사람들은 그룹으로 모여 성경을 공부하기를 원한다. 그룹 성경 공부와 개인 성경 공부 사이에는 큰 차이점이 있는데 이들은 그 차이점을 몰랐던 것이다. 몇 주가 지난 후에 소그룹의 운영은 실패했고, 그 후 이들은 신앙생활을 하는 동안 다른 사람들에게 성경 공부 그룹을 운영해 보려고 애를 썼지만, 그것은 실패작이었다고 말하게 될 것이 틀림없다. 어떤 문제가 발생했는지 충분히 짐작할 수 있는 일이다. 그렇다면 어떻게 이런 문제를 방지할 수 있을까?

놀이터 철학

해결책이 간단한 것은 아니지만 적어도 '놀이터 철학'에 입각해

서 모임에 참석한 모든 사람들 한 사람 한 사람이 결코 소외되지 않
도록 소그룹을 운영해 나간다면 문제는 달라질 수 있다. 어린이 놀
이터에서 노는 아이들이 따돌림 없이 자기 역량에 맞추어서 즐겁게
노는 것을 연상해 보면 '놀이터 철학'의 의미가 무엇인지 쉽게 이해
할 수 있을 것이다.

　성령님께 대하여, 그리고 개인적인 성장에 관하여 개방되어 있는
환경을 창조하는 것이다. 이것은 바로 놀이터의 수준 조절을 통하
여 이루어진다. 놀이터의 수준은 어느 누구도 혜택받지 못하는 사
람이 없어야 한다는 것이 중요한 기준이다. 사실 모든 사람들에게
자신의 영적인 삶에 대해 이야기한다는 것은 두려운 일이고 특히
잘 모르는 사람들이 모임 속에 있으면 더더욱 그럴 것이다. 그러나
놀이터 철학을 가지고 모든 사람들이 자신의 이야기를 나누는 데
있어서 생기는 두려움을 극복하도록 도움을 주고 배려하면서 하나
님의 영이 이끄시는 대로 수용할 수 있도록 하면 상황은 달라질 수
있다.

　따라서 소그룹의 인도자들이 이러한 원리들을 배우고 적용하는
것은 건강한 소그룹을 이루는 데 대단히 중요하다. 소그룹의 멤버
들이 자신에 대한 이야기를 털어놓는 수준을 넘어서 자발적으로 자
신의 내면을 개발하는 깊이 있는 수준으로 들어가도록 하기 위해
서는 적어도 놀이터 철학에 입각한 다음과 같은 원리들을 적용하는
것이 필요하다.

첫째, 어린 아이처럼 시작하라.

　소그룹 모임을 시작할 때 각 사람들에게 재미있고 유쾌하게 접근
하는 것은 소그룹의 분위기 전체를 좌우할 수 있는 중요한 정점이
다. 모든 구성원들이 호기심과 적극성을 가지고 시작할 때 모임의

분위기는 그 후의 프로그램을 쉽게 진행할 수 있는 밝은 대화의 물꼬가 열리게 되는 것이다.

참가자들이 어린아이와 같이 호기심과 흥분에 가득 차서 주님께 나올 수 있도록 돕는 것은 대단히 중요하다. 마음의 벽을 허물기 위한 게임들은, 얼음장과 같은 마음을 녹이는 과정이라고 해서 일명 '마음열기(Ice Break)'라고 일컫기도 한다. 이것은 치밀한 준비가 없으면 자칫 우스꽝스런 해프닝으로 끝나 버릴 가능성이 있으므로 반드시 검증 과정을 거치는 것이 좋다. 그리고 잘 준비된 게임을 통해서 성령님께서는 역사하시게 되고 각 구성원들이 하나로 연대되는 귀한 시간을 맛보게 되는 것이다.

둘째, 개인 성경공부가 아닌 그룹 성경공부임을 명심하라.

소그룹 인도자와 참석자들은 모두 그룹 성경 공부의 차원은 개인 성경 공부와는 다르다는 것을 인식해야 한다. 그룹 성경 공부와 개인 성경 공부는 벌써 목적에서 차이가 난다. 특히 영적으로 보다 성숙하지 않은 초신자들이 소그룹의 구성원으로 있는 경우에는 더욱 그렇다. 초신자들이 있는 상황에서 소그룹 성경 공부의 목적은 '견고한 그룹이 되는 것'이다. 그러면 어떻게 견고한 소그룹이 될 수 있는가? 비결은 영적 이야기들을 서로 나누는 것이다. 영적 이야기를 누군가와 함께 나누는 것은 두려운 것이다. 그러나 영적인 이야기를 나눌 때 처음에는 자신이 아닌 다른 누군가의 영적 이야기를 하면서 시작할 수 있다면 한결 쉬울 것이다. 즉 '자신의 이야기'를 성경에 있는 비유나 사건 속에 등장하는 인물과 비교해서 말하는 것은 그렇게 나쁘게 느끼지 않을 것이기 때문이다. 이것은 '이야기를 드러내는 척도'라는 말로 정리할 수 있다. 아래와 같은 방법이 바로 그것이다.

이야기를 드러내는 척도

- 위험도가 낮은 이야기부터 시작 → 위험도가 높은 이야기로 맺음
- 성경에 있는 이야기 → 나 자신의 이야기
- 시몬 베드로가 하나님을 만난 방법 → 내가 하나님을 만난 방법
- 베드로의 삶을 가능하게 한 것은 무엇인가?

→ 나의 삶에 일어나는 것은 무엇인가?

셋째, 강요하지 않는 질문을 하라.

소그룹의 참가자들이 쉽게 이야기를 나눌 수 있도록 하는 질문에는 다음과 같은 세 가지 유형이 있다. 첫째는 느낌이나 인상을 묻는, 결론이 열려 있는 질문이다. 열린 질문은 선택과 관찰, 그리고 그 누구도 맞거나 틀린 주장이 있음을 판단하도록 해서 더 이상의 이야기가 진전되는 것을 막아버리는 낭패 상황을 피할 수 있도록 한다. 즉 정답이나 오답이 없는 것이다.

단순히 '예'나 '아니오'라고 대답할 수 없고 자신의 느낌들을 자유롭게 참가자들과 주고받을 수 있는 질문들이 바로 여기에 속한다. 이런 유형의 질문을 마태복음 16:13~17, 21~26에 있는 베드로의 신앙고백과 관련한 본문으로 성경 공부를 하는 경우 닫힌 질문과 결론이 열려있는 질문의 예를 들어보면 다음과 같다.

닫힌 질문

- 질문 : 예수님께서 제자들에게 요구하신 것은 무엇입니까?
- 답(24절 참조) :

결론이 열린 질문

- 질문 : 예수님께서 제자들에게 "아무든지 나를 따라오려거든 자기를 부인하고 자기 십자가를 지고 나를 좇을 것이니라."(24절)고 말씀하

신 의미는 무엇이라고 생각하십니까?

- 답 :

일반적으로 지금까지 그룹 성경 공부 시에 사람들의 말문을 막아 버린 대다수의 원인은 성경 공부 교재가 항상 정답만을 요구하고 있었기 때문일 가능성이 크다. 이런 점에서 결론이 열려 있는 질문은 효과적으로 대화를 이어갈 수 있도록 만드는 중요한 기능을 하는 것이다. 두 번째로 강요하지 않는 질문의 유형은 오른쪽 뇌를 이용하는 질문들이다. 오른쪽 뇌를 이용하는 질문은 분석적인 대답을 하도록 하는 왼쪽 뇌를 이용하는 질문들보다 대화를 더욱 효과적으로 창조하는 작용을 한다. 오른쪽 뇌는 사람들이 음색, 절감, 색감 등에 관해 지니고 있는 '주관적인' 느낌을 발견하도록 한다. 오른쪽 뇌를 이용하는 질문들은 특별히 대화에 참석하는 사람들로 하여금 서술적인 대답과 이야기들을 이끌어내는데 효과가 있다. 이런 질문의 예를 누가복음 18:9~14에 있는 '바리새인과 세리의 기도'에 대한 예수님의 비유에서 만들어 보면 다음과 같다.

- 질문 : 당신은 이 이야기 속의 바리새인에 대하여 어떻게 생각하십니까?
- 대답 : 유형 ① 주먹으로 코를 한방 때리고 싶은 심정이다.

  유형 ② 그의 말이 옳다.

  유형 ③ 내가 바로 그와 같은 사람이다.

  유형 ④ 그에 대해서 유감스러울 뿐이다.

  (이 외에도 많은 유형의 대답들이 나올 수 있을 것이다.)

오른쪽 뇌의 자극을 받은 질문은 특히 그 상황에서 토론을 나누기에 적합한 설화체 이야기(Narrative Story)를 나누는 데 적절할 것이다. 세 번째로 강요하지 않는 질문의 유형은 복수선택 선다형 질문이다. 복수선택 선다형 질문들은 성경에 관해 많이 알지 못하는 사람들을 격려하는데 도움이 된다. 다시 말하면 이것은 정답을 골라야 한다는 부담을 피할 수 있게 해주는 것이다. 복수선택 가능한 선다형 질문들을 대할 때, 성경에 대해 많이 알지 못하는 젊은 크리스천들은 부담과 강요를 느끼지 않으며 내성적인 사람들도 조바심과 위협을 느끼지 않으면서 자연스럽게 성경 공부에 참여할 수 있는 길이 열리게 되는 것이다. 실례로 누가복음 18:9~14에 있는 본문을 가지고 복수 선다형 성경 공부 질문을 제시하면 다음과 같다.

- 질문 : 당신은 왜 세리가 겸손한 자세로 기도했다고 생각하십니까?
    ① 그는 자신의 잘못을 알고 있었다.
    ② 그는 동정 받기를 원했다.
    ③ 그는 열등한 자아상을 가지고 있었다.
    ④ 그는 하나님께 흥정을 벌이고 있었다.
    ⑤ 그는 자신을 무가치한 사람으로 여기고 있었다.
    ⑥ 기타 :

이런 질문이 수록된 교재를 가지고 성경 공부를 인도한다면 성경 공부가 너무 쉽고 가볍다는 인상은 지울 수 없겠지만 분명한 것은 그 누구도 부담감을 가지고 성경 공부에 참석하지는 않게 될 것이 틀림없다. 중요한 것은 성경 공부 시간에 한 사람이라도 성경을 잘 알지 못하는 사람이 참석하고 있다면 이런 배려는 필요하다. 모든 사람이 무엇인가 자신도 이 성경 공부 모임에 기여하고 있다는 점을 확인시켜 줄 필요가 있는 것이다.

넷째, 다양한 소재로 이야기를 나누라.

새로운 소그룹이 출범하고 서로 깊이 사귀지 못하는 사람들이 둘러앉아 있을 때 소그룹 구성원들은 모두 서먹한 감정을 가지고 거리감을 유지하게 된다. 이 때 다양한 소재의 이야기를 효과적으로 활용하면 그 이후 소그룹 내에서의 나눔과 학습은 쉽게 진행될 수 있다. 날씨나 스포츠 등에 관한 여러 이야기들이 배움과 가르침의 효율을 높여 주고 소그룹의 관계 형성에도 도움이 되는 것이다. 실례로 날씨와 같은 이야기로 소그룹을 이끈다고 생각해 보라!

이런 일반적인 이야기들을 통해서 참가자들은 쉽게 자신의 마음을 열 수 있고, 자신의 상황이 어떤 상태인지를 모든 사람들에게 알릴 수 있다. 그리고 이후에 개인적인 적용을 통하여 더욱 깊은 영적 교제의 자리까지 나아갈 수 있게 되는 것이다. 아마도 이런 아이디어는 실생활에서도 효과적으로 적용할 수 있을 것이다. 집에서 자신의 상황에 대해 입을 잘 열지 않는 수험생 자녀에게나 경직된 상황의 부부들 같은 경우 "오늘 하루 당신의 상태를 날씨로 표현한다면?"이라고 묻는다면 훨씬 더 부드럽게 분위기를 이끌어 갈 수 있을 것이다. 이런 사례들은 보다 부지런한 연구를 통해서 많이 발견할 수 있고 더욱 효과적으로 활용될 수 있을 것이다. 영적인 이야기를 나누기 전에 소그룹 참가자들이 공통적으로 가질 수 있는 어떤 에피소드와 관련하여 나눔을 가지고 그 다음 더 깊은 영적 차원으로 이어가는 것은 소그룹 구성원들을 하나로 묶는데 좋은 도구인 것이다. 특별히 이런 일상성에 관련하여 다양한 소재로 말씀을 나누시므로 참석자들에게 친근히 다가가신 분의 전형이 바로 예수 그리스도이신 것을 기억할 필요가 있다.

다섯째, 계획성 있게 잘 짜여진 활동을 유지하라.

효과적인 소그룹 모임을 위해서 계획을 치밀하게 해야 한다는 것은 아무리 강조해도 지나치지 않는 점이다. 계획을 가지고 잘 짜여진 활동은 좋은 모임을 만들기 위한 전제 조건이다. 따라서 소그룹에서 시행할 게임 한 가지나 그에 필요한 환경에 대한 고려나 깊이 있는 성경 공부를 위한 자료의 준비 등 여러 측면들에 대한 세심한 준비는 건강한 소그룹을 세우기 위한 중요한 관건이 되는 것이다. 결국 잘 짜여진 환경을 창조함으로써 인도자는 자연스럽게 진행되는 과정에 집중하게 되고, 그룹의 구성원들을 위하여 자신의 역할을 충실하게 감당할 수 있게 되는 것이다. 잘 짜여지고 긴장감 있는 구성은 진행되는 일들을 잘 조절해서 참가자들 사이의 원활한 의사소통이 이루어지게 하고, 기본 규칙이나 시간에 대하여 걱정하지 않을 수 있게 도와주게 될 것이다.

여섯째, 소그룹의 인원수를 잘 조절하고 안배하라.

원활한 토론과 나눔을 위해서는 열 명이나 열두 명으로 모이는 것보다 네 명이나 일곱 명으로 모이는 것이 훨씬 효과적이다. 특별히 깊이 있는 성경 연구를 위해서라면 인원수를 적절하게 안배하는 것이 필요하다. 임상을 통해서 얻은 결론은 아주 깊이 있는 하나님 말씀에 대한 나눔을 위해 적절한 인원수는 네 명 정도가 이상적인 것으로 나타났다. 이렇게 할 때 보다 친밀한 작은 모임이 될 뿐만 아니라 모든 사람이 이야기할 시간을 갖게 되었기 때문이다. 그래서 너무 어렵지 않다면 말씀을 깊이 있게 연구할 경우에 7명 정도가 하나의 소그룹이라면 4명, 3명으로 각각 나누어 한 그룹은 인도자가 다른 한 그룹은 보조인도자가 담당할 수 있도록 하는 것도 좋은 방법이 될 것이다.

일곱째, 사람들의 개성과 그들의 이야기에 대해 긍정하라.

어쩌면 이것이 건강한 소그룹을 인도하기 위한 가장 중요한 원리일 것이다. 소그룹이 견고한 결속을 다지기 위해서 새롭게 출발할 때, 그리고 소그룹에 참가하는 각 개인들이 그들의 이야기를 나누기 시작할 때, 서로 숨기는 것 없이 나눈 것들에 대하여 긍정하는 것은 소그룹의 생명과도 같이 중요한 것이다. 무조건적인 사랑과 수용이 소그룹의 규칙이다. 참가자들이 나눈 이야기에 감사함으로써 그리고 각자의 기도 제목에 대해 물음으로써 사람들의 개성과 그들의 이야기를 긍정하라.

(부록 3에 위와 같은 개념으로 구성된 성경공부 교재의 샘플을 수록하였다.)

첫 시작을 효과적으로 준비하기

"시작이 반이다"라는 옛말처럼, 모든 일의 시작에는 큰 에너지가 필요하다. 비행기가 이륙 시 전체 연료의 상당 부분을 소모하듯, 소그룹 모임의 첫걸음 역시 앞으로의 여정을 결정짓는 중요한 순간이다. 안정된 고도에 진입하면 적은 힘으로 순항할 수 있는 비행기처럼, 소그룹도 첫 시작을 어떻게 준비하느냐에 따라 그 이후의 모임 분위기와 방향성이 크게 달라질 수밖에 없다. 특히 새로운 멤버들과 함께하거나 오랜만에 모임을 재개하는 경우에는 더욱 세심한 준비가 필요할 것이다. 시작 단계에서의 집중된 노력은 좋은 분위기를 만들고, 명확한 방향성을 설정하여 소그룹이 순조롭게 항해하도록 돕는 튼튼한 돛과 같을 것이다.

본격적인 시작을 위해 점검해야 할 7가지 필수요소

성공적인 소그룹의 첫 단추를 잘 꿰기 위해서는 다음과 같은 일곱 가지 요소를 꼼꼼히 점검하고 준비하는 지혜가 필요하다.

1. 먼저 기도하라

모든 사역의 시작과 끝은 기도여야 한다. 소그룹 사역은 사람의 힘과 지혜만으로는 감당할 수 없는 영적인 사역이다. 모임을 시작하기 전에 함께할 멤버 한 사람 한 사람의 이름을 불러가며 하나님의 은혜와 인도하심을 간구해야 할 것이다. 혹시 모를 어려움에 대한 염려나 개인적인 부담감은 하나님께 온전히 맡기고, 오직 하나님의 나라와 의를 구하는 마음으로 준비할 때 하나님께서 필요한 모든 것을 더해주실 것이다(마 6:33-34).

2. 조력자를 세우라

위대한 지도자 모세에게도 아론과 훌, 그리고 칠십 인 장로와 같은 동역자들이 필요했다. 소그룹 사역 역시 리더 혼자 모든 짐을 짊어 질 수 없다. 소그룹의 진정한 목표는 단순히 성경적 지식을 전달하는 것이 아니라, 삶의 변화와 성숙을 이끄는 것이기 때문이다. 이를 위해 리더는 함께 기도하고, 계획하며, 역할을 분담할 조력자를 세워야 한다. 예를 들어, 연락 담당, 장소 및 간식 준비 담당(호스트), 기도 인도 담당 등 구체적인 역할을 나누어 맡기면, 리더는 모임의 전체적인 흐름과 멤버들을 돌보는 일에 더욱 집중할 수 있다. 함께 동역할 때 사역의 기쁨과 효과는 배가 될 것이다.

3. 장소를 정하고 잘 준비하라

'어디서 모이는가?'는 '무엇을 나누는가?' 만큼이나 중요한 소그룹의 요소이다. 모임 장소는 소그룹 멤버들이 편안함과 안정감을 느낄 수 있는 장소가 되어야 한다. 장소의 안정이 찾아올 때 마음의 안정이 함께하며 자신의 가면을 내려놓고 솔직히 교제할 수 있는 소그룹이 될 것이다. 너무 넓거나 어수선한 공간보다는, 서로의 얼굴을 마주 보며 집중할 수 있는 아늑한 공간이 좋다. 또한, 적절한 온도와 조명, 편안한 좌석 등 세심한 환경 조성은 멤버들의 참여도와 만족도를 높이는 데 기여할 것이다. 교회 내의 소모임 공간, 리더의 가정, 또는 외부의 카페(혹은 카페의 소모임실) 등 다양한 장소를 고려해볼 수 있으며, 멤버들과 충분히 상의하여 모두가 동의하고 편안하게 느낄 수 있는 최적의 장소를 선택하고 지속적인 모임을 가질 수 있도록 준비하는 것이 중요하다.

4. 환영의 메시지를 보내라

첫 모임을 앞두고 멤버들에게 기대감을 심어주는 따뜻한 환영 메시지를 보내는 것은 좋은 시작을 위한 효과적인 방법이다. 모임 시간과 장소, 간단한 준비물 안내와 더불어, 이번 모임을 통해 함께 나누고 경험하게 될 은혜에 대한 기대감을 표현해 보라. 짧지만 진심이 담긴 메시지는 멤버들의 마음을 움직여 적극적인 참여를 유도하고 긍정적인 첫인상을 심어줄 수 있을 것이다.

5. 모임의 흐름을 세밀하게 계획하라

성공적인 소그룹 모임은 잘 짜인 각본과 같다. 각 순서(마음 열기, 찬양, 기도, 말씀 나눔, 삶 나눔, 기도 나눔, 마무리 기도 등)의 내용과 예상 소요 시간을 미리 계획하고 준비해야 한다. 특히 첫 모임에서는 멤버들이 서로를 알아가고 어색함을 해소할 수 있도록,

비공식적인 교제나 아이스브레이킹 시간을 충분히 확보하는 것이 지혜롭다. 또한, 약속된 시간에 시작하고 마치는 것은 멤버들과의 신뢰를 쌓는 기본이다. 잘 계획된 흐름은 모임의 집중도를 높이고 멤버들에게 안정감을 준다.

6. 입이 열려야 마음이 열린다

초대교회 성도들은 "날마다 … 집에서 떡을 떼며 기쁨과 순전한 마음으로 음식을 먹고" 교제했다(행 2:46). 함께 음식을 나누는 것은 마음의 문을 열고 관계를 깊게 하는 가장 자연스러운 방법 중 하나이다. 거창한 식사가 아니더라도, 준비된 따뜻한 차 한 잔과 다과는 환대와 섬김의 마음을 전달하며 모임의 분위기를 한결 부드럽고 풍성하게 만들어 줄 것이다. 간식을 준비하는 과정에 멤버들이 함께 참여하도록 하는 것도 좋은 교제의 기회가 될 수 있다.

7. 활기 있는 표정과 태도를 유지하라

리더는 소그룹의 분위기 메이커이다. 리더의 표정 하나, 말투 하나가 전체 모임의 분위기를 좌우할 수 있다. 밝고 긍정적인 미소, 경청하는 진지한 눈빛, 열정적이고 적극적인 태도는 멤버들에게 안도감을 주고 마음을 열도록 격려하라. 리더가 먼저 활기찬 에너지를 보여줄 때, 멤버들 역시 생기 넘치는 모습으로 모임에 참여하게 될 것이다.

최선의 계획은 오직 기도로 주께 맡기는 것이다.

소그룹 리더가 아무리 세심하고 고민하며 계획하고 준비한다 할지라도, 소그룹의 진정한 주인은 하나님이시다. 모든 준비 과정 위에 하나님의 도우심과 성령님의 인도하심을 구하는 기도가 반드시 필요하다. 인간적인 노력과 준비에 최선을 다하되, 그 결과를 온전히 하나님께 맡기는 믿음의 자세가 있어야 한다. 우리의 부족함과 연약함을 아시는 하나님께서 기도를 통해 지혜와 능력을 더해주시고, 우리의 예상을 뛰어넘는 풍성한 은혜로 모임을 채워주실 것을 신뢰하며 나아가라.

인내하며 주제 전달하기

사랑의 정의를 묻는 질문에 고린도전서 13장은 가장 먼저 "사랑은 오래 참고"(고전 13:4)라고 답한다. 소그룹 리더의 사역 역시 인내를 빼놓고는 이야기할 수 없다. 히브리서 기자는 신앙의 여정을 경주에 비유하며 "인내로써 우리 앞에 당한 경주를 하며"(히 12:1)라고 권면한다. 세상의 경주는 승자와 패자를 가르지만, 하나님께서 우리 각자에게 맡기신 신앙의 경주는 다르다. 이 경주는 다른 사람을 이기기 위한 경쟁이 아니라, 하나님께서 각자에게 정해주신 길을 끝까지 완주하는 인내의 과정이다. 하나님께서는 우리가 감당할 수 있는 만큼의 경주를 허락하시며(고전 10:13), 완주하는 모든 이들에게 승리의 면류관을 약속하신다. 소그룹 리더의 사역 또한 단거리 경주가 아닌 마라톤과 같다. 조급한 마음으로 속도를 내기보다, 인내하며 멤버들과 함께 호흡을 맞추어 끝까지 달려가는 것이 중요하다.

모두가 1등이 되는 경주를 완주하기 위한 지혜

하나님께서 허락하신 이 귀한 경주를 성공적으로 완주하기 위해 우리는 어떻게 달려가야 할까? 이에 관하여 히브리서 12장은 몇 가지 중요한 지침을 제공하고 있다.

수많은 증인들을 기억하라

우리 앞서 믿음의 경주를 완주한 "구름 같이 둘러싼 허다한 증인들"(히 12:1)이 있다. 히브리서 11장에 등장하는 믿음의 영웅들뿐만 아니라, 역사 속 수많은 신앙의 선배들이 우리의 경주를 응원하며 지켜보고 있다. 그들의 삶과 신앙은 우리에게 큰 용기와 도전이 된다. 그들이 완주했듯이 우리도 능히 완주할 수 있다는 확신을 가지라.

거추장스러운 것들을 벗어 버리라

경주를 방해하는 "모든 무거운 것과 얽매이기 쉬운 죄를 벗어 버리라"(히 12:1)고 성경은 말하고 있다. '무거운 것'은 세상 염려, 불필요한 욕심 등 우리의 발걸음을 무겁게 하는 모든 것을 의미한다. 말씀 안에서 건강한 성장을 하기 위해서는 '영적 체중 조절'이 필요하다. 배운 말씀을 삶으로 살아내며 영적인 군살을 빼야 한다. '얽매이기 쉬운 죄'는 반복적으로 우리를 넘어뜨리는 약점과 습관적인 죄를 가리킨다. 사탄은 우리의 아킬레스건을 집요하게 공격한다. 말씀과 기도로 무장하여 죄의 유혹을 단호히 끊어내고, 거룩하고 가벼운 마음으로 경주에 임해야 한다.

과유불급(過猶不及): 소그룹 사역은 장기 레이스임을 기억하라

소그룹 사역은 단번에 끝나는 이벤트가 아니라, 오랜 시간 꾸준히 이어가는 마라톤과 같다. 따라서 지나친 열정으로 처음부터 너무 많은 것을 쏟아붓거나 멤버들에게 과도한 부담을 주는 것은 지양해야 한다. "과유불급(過猶不及)", 즉 지나침은 미치지 못함과 같다는 지혜를 기억하라.

한 번에 한 가지 핵심 메시지에 집중하라

커뮤니케이션 전문가들은 "어떤 청중도 열 번째 내용을 기대하지 않는다"고 말한다. 한 번의 모임에서 너무 많은 내용을 전달하려고 하면 멤버들은 쉽게 지치고 혼란스러워한다. 소그룹 모임은 매주 또는 정기적으로 계속되는 장기적인 과정임을 기억하고, 매 모임마다 가장 중요한 핵심 메시지 하나에 집중하여 전달하는 것이 효과적이다. 멤버들이 꼭 기억하고 삶에 적용해야 할 단 하나의 진리를 명확하게 제시할 때, 그 말씀이 더 깊이 뿌리내릴 수 있다.

그날 다룰 본문을 깊이 묵상하십시오.

핵심 메시지를 효과적으로 전달하기 위해서는 무엇보다 리더가 먼저 그날 나눌 성경 본문을 깊이 묵상해야 한다. 단순히 성경의 정보만 많이 준비하는 것이 아니라, 충분한 시간을 들여 기도하는 마음으로 말씀을 연구하고 그 안에 담긴 하나님의 마음과 핵심 진리를 발견해야 한다. 본문을 여러 번 읽고, 자신의 말로 요약해 보며, 반복되는 단어나 강조점을 찾아보고, 본문의 주제가 성경 전체의 맥락과 어떻게 연결되는지 살펴보는 과정도 필요하다. 깊은 묵상을 통해 얻은 깨달음과 확신은 리더의 메시지에 생명력과 설득력을 더해줄 것이다. 리더가 먼저 말씀의 깊이를 경험할 때, 멤버들 역시 그 은혜에 동참하게 될 것이다. 리더는 모임 중에 멤버들이 주제에서 벗어나거나 핵심을 놓치지 않도록 대화를 이끌고, 말씀의 본질에 집중하도록 돕는 안내자 역할을 감당해야 하기를 바란다.

소그룹에 대한 잘못된 이해로부터 벗어나라

소그룹 리더가 가지는 오류들

많은 소그룹 지도자들이 소그룹에 대하여 아래의 네 가지 잘못된 개념들을 버리지 못함으로 인하여 어려움을 겪게 된다. 자신도 역시 이러한 오류에 빠져 있지는 않은지 점검하라.

오류 ① 소그룹을 시작할 때 10명에서 12명의 사람이 필요하다.

그렇지 않다. 가장 시작하기 좋은 규모는 그룹 속에서 성장하려는 세 사람 내지 네 사람이다. "작게" 시작하고 하나님께 "빈자리"를 채워 주실 것을 기도하라. 그리고 그것이 실현되는 것을 보라.

오류 ② 소그룹을 인도하는 데는 많은 기술이 요구된다.

역시 옳지 않은 생각이다. 세 부분의 잘 짜여진 활동을 연결시키면 거의 누구나 하나의 그룹을 인도하는 것이 가능하게 된다. 특별한 협력과 회복 그룹을 위해서는 보다 많은 기술들이 요구된다. 그러나 전형적인 성경공부와 보살핌의 그룹은 뜨거운 열정과 비전을 가지면 누구나 인도할 수 있다.

오류 ③ 비밀을 유지하기 위하여 첫 과가 지난 다음에는 문을 닫아 두어야 한다.

특별한 고난도 그룹들을 위해서는 그렇다. 그러나 여러분 모두가 필요로 하는 평균적인 성경공부와 보살핌의 그룹에서는 "그룹 안에서 이야기된 것을 그룹 밖에서 이야기하지 않는다."는 규칙을 세우고 지키면 된다.

오류 ④ 그룹이 오래 지속될수록 더 나은 결과를 얻는다.

반드시 그렇지는 않다. 효과적인 소그룹을 위한 종모양의 곡선은 일반적으로 2년째에 정점에 이른다. 새생명이 그룹에 인도된 경우가 아니라면 그룹은 생명력이 감퇴하게 된다. 탈진 상태의 위험 수위로 달려가는 것보다는 정점에 이르렀을 때 그룹을 해체하고 새로운 그룹을 결성하는 것이 좋다.

오류 ⑤ 소그룹 리더는 모든 것을 다 알아야 하고 완벽해야 한다.

많은 리더들이 멤버들 앞에서 성경 지식이나 신앙 경험 면에서 완벽한 모습을 보여야 한다는 부담감에 시달린다. 모르는 질문이 나오거나 자신의 부족함이 드러날까 봐 두려워하며, 때로는 아는 체하거나 권위적인 모습을 보이기도 한다. 그러나 소그룹 리더는 성경 교사나 설교자가 아니다. 리더의 역할은 정답을 제시하는 것이 아니라, 멤버들이 스스로 말씀을 탐구하고 삶을 나누도록 돕는 안내자(facilitator)이다. 오히려 리더가 자신의 연약함과 부족함을 솔직하게 인정하고 멤버들과 함께 배우려는 겸손한 자세를 보일 때, 멤버들은 더욱 마음을 열고 리더를 신뢰하게 된다. 모든 것을 다 알 필요는 없다. 모르는 것은 함께 찾아보고, 멤버들의 지혜와 경험을 존중하며 함께 성장하는 것이 더 중요하다. 완벽함에 대한 부담을 내려놓고 진솔함으로 다가갈 때, 소그룹은 더욱 안전하고 풍성한 나눔의 장이 될 수 있다.

오류 ⑥ 소그룹 모임은 항상 뜨겁고 감동적이어야 한다.

어떤 리더들은 매번 모임마다 눈물의 간증이나 뜨거운 기도가 넘치는 영적 부흥회를 기대한다. 그러나 소그룹 모임은 감정적인 경험만을 추구하는 곳이 아니다. 때로는 잔잔한 나눔 속에서 서로를 알아가고, 때로는 차분한 말씀 묵상을 통해 진리를 깨닫고, 때로는 함께 웃고 즐거워하며 교제하는 시간도 필요하다. 감정적인 기복에 따라 모임의 성패를 판단하기보다, 장기적인 관점에서 멤버들이 꾸준히 성장하고 공동체성이 깊어지는 것에 초점을 맞춰야 한다. 중요한 것은 화려한 이벤트가 아니라, 진실된 관계 속에서 꾸준히 함께하며 서로를 세워가는 과정이다.

오류 ⑦ 소그룹 모임의 성공 기준은 멤버수의 부흥이다.

소그룹의 외적인 성장에만 집중하다 보면, 숫자에 대한 압박감에 시달리기 마련이다. 그에 따라 멤버들을 양육하는 본질을 놓치기 쉽다. 물론 건강한 소그룹은 자연스럽게 새로운 영혼을 품고 성장하는 경향이 있다. 그러나 멤버 수 자체가 소그룹의 성공을 가늠하는 유일한 척도는 아니다. 소그룹의 진정한 성공은 멤버 한 사람 한 사람이 그리스도 안에서 얼마나 성장하고 성숙해지는가, 그리고 서로 얼마나 깊이 사랑하고 섬기는 공동체를 이루어가는가에 달려 있다. 양적인 성장과 질적인 성숙 사이의 균형을 잃지 않는 것이 중요하다.

오류 ⑧ 소그룹의 모든 문제를 리더가 해결할 수 있다.

소그룹 내에서 갈등이 발생하거나 어려운 문제에 직면했을 때, 리더는 종종 과도한 책임감을 느끼며 혼자 모든 것을 해결하려고 애쓴다. 그러나 소그룹은 리더 혼자 이끌어가는 곳이 아니다. 소그룹은 모든 구성원이 함께 만들어가는 공동체이다. 리더는 모든 문제의 해결사가 아니라, 멤버들이 함께 지혜를 모으고 서로 도우며 문제를 해결해나가도록 돕는 중재자이자 격려자이다. 어려운 상황일수록 멤버들과 솔직하게 문제를 공유하고 함께 기도하며 하나님의 인도하심을 구하는 것이 더욱 현명하다. 또한, 리더의 역량을 넘어서는 문제에 대해서는 목회자나 교회의 리더십에게 도움을 요청하는 것을 주저하지 말아야 한다.

이러한 오해들로부터 자유로워질 때, 소그룹 리더는 불필요한 부담감을 덜고 더욱 즐겁고 건강하게 사역을 감당할 수 있다. 소그룹의 진정한 의미와 목적을 바로 이해하고, 하나님께서 주신 은혜 안에서 멤버들과 함께 동역하며 아름다운 공동체를 세워나가라.

우리 소그룹의 문제들, 이렇게 진단하라!

소그룹에 속하는 것이 부담스러운가?

증상 : 소그룹이라는 말을 들으면 곤혹스러운가? 당신 차례가 되어 이야기하려고 하면 입이 안 떨어지는가? 기도할 때도 그런가?

처방 : 당신이 소그룹에 속할 준비가 되었는지 알아보기 위해 다음 테스트를 해보라. 아래의 열 가지 항목 중 일곱 개에 '그렇다'라고 답했다면 당신은 소그룹에 뛰어들 준비가 된 것이다.

① 현재 당신은 삶 속에서 생기는 심각한 문제들을 해결할 곳을 찾고 있는가?

□그렇다　□아니다

② 당신은 하나님이 당신 삶에 특별한 계획을 가지고 계실 것이라는 가능성에 대하여 마음이 열려 있는가?

□그렇다　□아니다

③ 당신은 당신을 향한 하나님의 뜻이 펼쳐질 수 있는 근원으로써의 성경에 대해 마음이 열려 있는가?

□그렇다　□아니다

④ 당신은 당신 자신이 성경에 대한 모든 답을 갖고 있지 않다는 사실을 인정할 수 있는가? 하나님이나 당신의 삶 자체에 대해서는 어떠한가?

□그렇다　□아니다

⑤ 당신은 다른 사람들이 성경이나 하나님에 대해 질문거리들을 갖도록 할 수 있는가?

□그렇다　□아니다

⑥ 당신은 소그룹 내에서 '탕자'로 꼽히고 영적 믿음을 얻기 위해 갈 길이 먼 사람들도 기꺼이 받아들일 수 있는가?

□그렇다　□아니다

⑦ 당신은 소그룹 내에서 사람들과 나눈 이야기에 대하여 절대로 비밀을 지킬 수 있는가?

□그렇다　□아니다

⑧ 당신은 그룹 사람들과 책임을 나누고 기도로써 그들을 기꺼이 도울 마음이 있는가?

□그렇다　□아니다

⑨ 당신은 함께 공부하는 이 기간(6~12주) 동안 모임에 우선권을 두겠습니까? 그리고 이 시간 이후의 장기간의 헌신에 대해 생각하는가?

□그렇다　□아니다

⑩ 당신은 당신의 삶을 다르게 만들 소그룹 생활의 가능성에 대해 흥미를 느끼는가?

☐그렇다　　☐아니다

당신의 목적에 대해 혼란을 느끼고 있는가?

증상 : 당신은 규칙이 전혀 없는 팀에서 뛰고 있는 것 같은가? 어떤 방향이나 성취하고자 하는 이상이 전혀 없는 팀에 속해 있다고 느껴지는가?

처방 : 모임을 시작하기 전에 당신은 모임의 목적과 규칙과 기대 등을 명시한 '언약'을 정해야 한다. 잠시 시간을 내어 함께 언약을 맺으라. 여기에 방법이 나와 있다. 아래의 문장들을 각자 완성하도록 하라. 그런 후에 의견을 수렴하여 모두가 동의하는 규칙을 정하라. 이것이 경기 계획이 될 것이다.

① 우리 모임의 목적은…

② 우리의 특별한 목표들은…

③ 우리는 _____주 동안 _____ 번 만날 것이며, 그 후 우리 모임을 평가할 것이다.

④ 우리는 ______요일 ______시에서 ______시까지 모일 것이다.

⑤ 우리는 ________ 에서 모일 것이다. 혹은 만나는 장소를 계속 바꿀 것이다.

⑥ 성경공부뿐만 아니라 우리는 _______ 도 할 것이다.

⑦ 우리는 다음의 기본 규칙들을 지킬 것이다.
- 모임의 인도자는 ________ 이며, 혹은 돌아가면서 인도자의 역할을 맡을 것이다. (인도자 외에) 우리 모임 내의 작은 소그룹을

인도하는 사람은 ＿＿＿＿＿ 이며, 혹은 이 책임을 돌아가면서 맡을 것이다.

- 간식/휴식 시간은…
- 아이를 보는 문제 등은…

⑧ 이 일반적인 규칙들에 덧붙여 우리는 다음 규칙에 동의할 것이다.

- 출석 : 이 모임에 우선순위를 둔다.
- 참가 : 사람들과 책임을 나누어 갖는다.
- 비밀유지 : 은밀히 말해진 것은 어떤 것이라도 발설하지 않는다.
- 책임 : 스스로 정한 목표에 책임을 진다.
- 접근 : 도움이 필요할 때에는(한밤중일지라도) 언제라도 서로에게 도움을 요청할 수 있다.

다른 사람들과 거리감을 느끼고 있는가?

증상 : 당신의 모임은 추운 날 아침의 고물 승용차와 같이 출발했는가? 혹은 성경공부를 시작하면서 늘 분위기가 푹 가라앉았는가? 당신이 보기에 몇몇 사람들만 내내 말을 하고 나머지 사람들은 가만히 있는가?

처방 : 성경 본문을 공부하기 전에 토의를 잘 이끌기 위해 질문들을 사용하라. 이 질문들은 세 단계의 나눔 시간을 위해 주의를 기울여 만든 것이다.

1) 도입 - 마음 열기
2) 심화 - 성경 본문 논의하기
3) 적용 - 자신의 삶을 조목조목 살펴보기

① **도입 / 10-15분**

당신의 어린 시절이야기나 누구나 관심을 가질만한 경험에 관한 재미있는 '이야기'로 시작하라. 이 단계에서의 '이야기'가 좋을수록 사람들과 더 깊이 있게 나눌 수 있을 것이다.('어린아이 같음'과 '예수님 같음'에는 밀접한 유사성이 있다.)

1. 당신은 의기소침해 있을 때 무엇으로 기분을 상승시키는가?
2. 당신은 어떻게 웃는가? 조용히 미소를 짓는가?

② **말씀나눔 / 30-40분**

이 단계에서 성경 본문을 읽고, 대답과 관련되는 본문 말씀을 보면서 첫 질문부터 답하라. 이 질문들은 사람들이 관찰과 해석을 하도록 하기 위해 만들어졌다(이것을 '귀납적 성경연구 방법'이라고 부른다). 그렇다고 모든 질문에 답을 할 필요는 없다. 그리고 '적용'의 시간을 남겨 두라.

사태가(그가 옥에 갇혔을 경우) 좋아지거나 나빠졌을 때 바울은 어떻게 할 것 같은가? 또 그의 모범은 다른 사람들에게 어떤 격려가 될 수 있겠는가?

③ **적용 / 15-30분**

이것은 성경공부의 핵심이다. 그리고 그 목적은 자신의 삶을 조목조목 살펴보고, '하나님께서는 당신이 무엇을 하라고 말씀하시는가.'를 사람들과 나누는 것이다. 이 질문들은 '위험 수준'이 높다. 즉 사람들은 기도하기 전에 '필요성의 차원'에서 나눌 것이기 때문이다.

"이는 내게 사는 것이 _______ 이니라."

이번 주 당신의 우선순위와 일정을 생각하며 이 빈칸을 정직하게
채워보라.

성경에 박식한 사람들 때문에 모임에서 두려움을 느끼는가?

증상 : 당신은 성경에 대한 무지로 당황스러워질까 봐 두려운가?
예를 들어, 어떤 사람이 멜기세덱이 누구냐고 묻는다면 당신은 무
엇이라고 답하겠는가? 만일 당신이 미국의 유명한 농구선수라고
말한다면 그것은 틀린 것이다. 너무나 틀린 답이다.
처방 : 그러나 절망하지 말라. 모임에 있는 대부분의 사람들도 그
답을 모를 것이다. 그리고 몰라도 괜찮다. 이 성경공부는 초보자
를 위한 것이기 때문이다. 그리고 초보자들을 위한 '해설'을 준비
해서, 당신이 다른 사람들과 보조를 맞출 수 있도록 도와줄 것이
다.

- 해설의 내용은 다음과 같이 준비한다.
- 중요한 단어의 정리
- 역사적 배경: 본문 단어를 둘러싼 정치적, 사회적, 경제적 상황
- 지리적 배경: 지형, 호수, 농작물, 길, 성지 등에 관한 사실
- 문화적 조망: 생활 양식, 가정, 관습, 특정 절기, 전통, 그 사회
  의 특정 양식 등
- 고고학적 증거: 성경의 사건을 밝혀 주는 최근의 발견들
- 요약/주석: 해당 구절을 책 전체의 문맥에서 볼 수 있게 논증
  을 다시 거론함

모임을 당신 위주로 끌고 가고 싶은 유혹을 느끼는가?

증상 : 두 가지 감정이 있을 수 있다. (1) 만일 어떤 사람을 우리 모임의 구성원으로 받아들인다면, 우리의 '친밀함'이 깨어질 것이고 (2) 어떤 사람을 우리 모임의 구성원으로 받아들인다면, 우리는 서로 충분히 나눌 시간을 갖지 못할 것이다.

처방 : 예수님의 사역과 초대교회에 대해 공부하면서, '친밀함'의 필요성과 '폐쇄성'의 위험에 대해 살펴보라. 예수님은 제자들이 '우리끼리 지내자,' 그러기 위해 '초막'을 짓자고 요구했을 때, 어떻게 대답하셨는가? 마가복음 9:2~13에 나오는 예수님의 변화산에서의 말씀을 주목하라.

- **치료 1.** 모임이 끝나면 빈 의자를 빼놓고, 함께 다음 주에는 '이 의자를 채워 달라'고 하나님께 기도하라.
- **치료 2.** 모임의 구성원이 7~8명이 되면, 각각 4명씩 나누어 앉으라. 매주 모임 시간을 그런 체제로 만들어 전체 모임을 유지하면서 조별 토의 시간도 마련하라.

이 모임이 지겹게 느껴지는가?

증상 : 당신은 모임이 시작되기도 전에 '지겹다'고 느낀다. 그리고 모임이 끝나면 이 증상이 더욱 악화된다. 나눔의 시간은 대부분 '실족케 되기 쉬운' 시간이 된다. 어떤 사람은 3주 연달아 결석한다. 또 어떤 사람은 상습적으로 늦는다. 당신이 이 시간에 다른 것을 하면 더 유익할 것이라는 생각이 든다. 그러나 그것을 어떻게 말해야 할 지 알 수 없다.

처방 : 당신은 이제 모임의 '중반기' 위기를 겪고 있는 것이다. 여기에 세 가지 제안이 있다.

① 성경공부를 잠시 중단하고 여러분이 약속했던 언약을 평가하라. 처음의 목적과 목표에 초점을 맞추고 있는가? 당신은 규칙을 지키고 있는가? 규칙들 중에서 어떤 것을 폐기해야 하는 것은 아닌가? (아무도 당신이 그럴 수 없다고 말하지 않는다.)
② 건전한 소그룹이 되기 위한 세 가지 측면(양육/성경공부, 교제와 협력, 확장/봉사)에서 여러분의 모임이 잘 운영되고 있는지 검토해 보라. 여기에 시험해 볼 수 있는 방법이 있다. 다음 세 항목에서 여러분의 모임이 어떻게 되어 가고 있는지 선택하여 동그라미를 치라.

- 양육/성경공부 : 성경을 아는 것, 성경을 통해 하나님이 당신에게 당신 삶을 향한 계획을 말씀하시게 하는 것.

- 교제와 협력 : 서로 알아 가는 것, 서로 돌보는 것, 하나님께서 우리를 향해 갖고 계시는 최상의 것에 서로 책임지도록 하는 것.

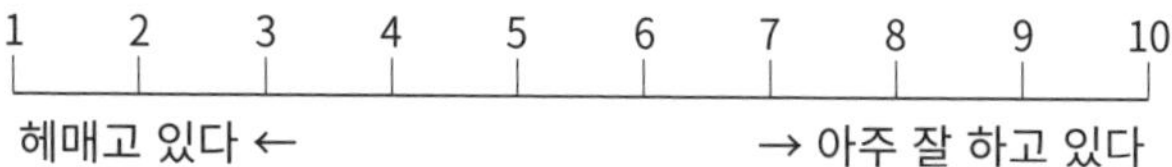

- 확장/봉사 : 곤궁에 빠진 사람 돕기, 사람들을 모임으로 받아들이거나 다른 모임 후원하기.

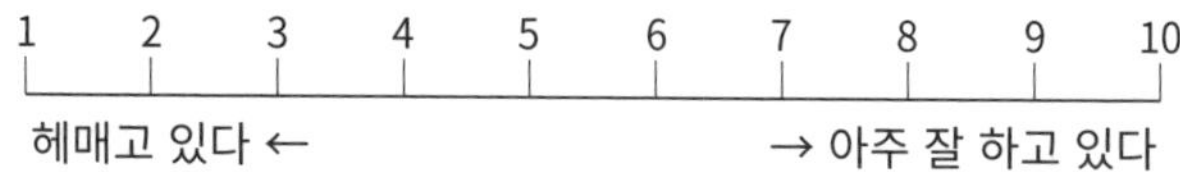

3. 하나님이 모임을 끝낼 시간이라고 말씀하실 수 있다는 점을 고려하라. 자연스럽게 모임이 각자에게 어떠했는지(무엇을 의미했는지), 가장 기억에 남는 것은 무엇인지 나누어 보라.

당신은 어떤 것을 더 해보고 싶다는 갈망이 있는가?

증상 : 단지 성경공부를 하기 위해서 앉아 있는 것이 지겹게 느껴지는가? 당신 주위에는 지금 상처받고 갈등을 겪고 있는 동료들이 있을 것이다. 하나님이 무언가 말씀하고 계신 것 같으나 당신은 그것이 무엇인지 알 수 없다.

처방 : 하나님은 여러분이 모임을 분리하여 새로운 모임을 만들 것을 요구하고 계실 수 있다. 여기에 몇 가지 단계가 있다.

① 함께 멋진 생각들을 떠올려 아래 첫 문장을 완성하고 그 다음 문장으로 넘어가라.

　　나는 ＿＿＿＿＿＿＿ 그룹(예를 들어 '미혼모, 남편이나 아내가 없는 사람들, 젊은 연인들, 외로운 노인들'에 대해 관심을 갖고 있다.

　　나는 우리가 ＿＿＿＿＿＿＿＿＿＿ 하길 바란다.

　　나는 기꺼이 ＿＿＿＿＿＿＿＿＿＿＿＿＿＿ 할 것이다.

② 당신이 식사에 초대하여 '성경공부 모임의 의미'를 설명할 만한 사람들(교회 주변이나 교회 밖에 있는 사람들)의 목록을 만들어 보자.

③ 당신이 직접 쓴 초대장을 이들에게 보내어, 집으로 초대하라.(교회 게시판은 절대로 사용하지 말라. 아무도 읽지 않는다.)

소그룹 내에서 발생하는 문제, 이렇게 해결하라

문제와 해결책

생명을 가진 존재가 건강해지기 위해 노력하는 것은 지극히 자연스러운 일이다. 그런데 따지고 보면 교회만큼 생명적 유기체로 간주될 만한 것이 없고, 교회를 구성하고 있는 최소 공동체인 소그룹만큼 생명체로서의 특성을 그대로 보여주는 것이 없다. 굳이 그리스도의 몸으로서의 신학적 교회론을 진술하지 않더라도 교회의 성장과 성숙을 논한다고 할 때, 이미 교회는 생명체로 간주되는 것이다. 무생물을 향해서는 결코 성장과 성숙을 논할 수 없기 때문이다. 아울러 교회를 구성하는 최소 공동체인 소그룹의 건강성을 따지면서 탄생과 성장, 그리고 새로운 소그룹의 재탄생이라는 라이프 사이클(life-cycle)을 이해한다면 소그룹 역시 생명적 유기체인 것을 부인할 수 없다.

이런 맥락에서 소그룹의 건강성과 역동성을 바라며 소그룹의 웰빙(well-being) 이라는 과제를 짚어 보는 것은 의미 있는 작업이다. 그런데 소그룹이 문자 그대로 웰빙해서(잘 살아서) 자연스럽게 성장하면 좋겠지만 소그룹 내에서 소위 성장통이라고도 불릴 수 있는 많은 문제들이 일어난다는 점이다. 고질적인 수다쟁이나 논쟁을 좋아하는 멤버가 있어서 소그룹으로 모이는 매시간 맺어야 할 결론도 맺지 못하고 결국 옆길로 새서 허망하게 모임을 마치는 경우도 있을 수 있다. 이와는 대조적으로 구성원들의 성품들이 너무 조용해서 리더 혼자서만 떠들어야 하는 경우도 있다.

또한 인격적으로 문제를 안고 있는 멤버나 뒤에서 수군대기 좋아하는 구성원 때문에 소그룹 전체가 갈등하다가 아예 모임 자체가 깨져 버리는 상황도 발생할 수 있다. 어쨌든 생명체이기 때문에 소그룹이 성장과 성숙을 향해 전진하기 위해 직면하는 구체적인 문제는 헤아릴 수 없을 정도로 많다. 그 문제들과 그 해결책들을 정리해 보면 다음과 같다.

첫째, 모임이 활기를 잃고 탈락하는 사람이 생기기 시작할 때

소그룹 사역에서 정말로 어려운 것은 피로감이다. 소그룹 모임이 매주 계속되는 과정에서 흥미는 점점 떨어지고, 출석률 역시 점점 줄어들고 있다. 구성원들은 그들이 어디로 가고 있는지, 그들이 함께 무엇을 하는지 알고 있는 것 같지 않다. 목표 의식을 상실한 것이다. 이런 경우 소그룹의 전체적인 마무리를 어떻게 해야 할지 당황스러운 것이 현실이다. 아무도 비전을 찾을 수 없는 것이다. 이런 문제는 그 소그룹에 목적이 없고, 끝마치는 날짜가 정해지지 않았을 뿐만 아니라 소그룹의 생명주기를 전체적으로 감지하지 못하기 때문에 발생하게 된다.

구성원들이 모임이 지속되기를 원한다면 장거리 여행을 시작하기 전에 새로운 언약을 맺고 그룹을 위한 기본 규칙을 설정하는 것이 필요하다. 그리고 자신들이 서로의 팀워크를 견고하게 해야 할 탄생 시기에 놓여있는지, 아니면 보다 심도 깊은 말씀 공부를 통해 성장을 향해 줄달음쳐야 할 시기인지, 그것도 아니면 함께 공부를 하는 정적인 모임보다는 교회나 지역 사회가 요청하는 봉사의 영역에 구체적으로 헌신해야 할지를 결정해야 하는 것이다. 그리고 무엇보다 중요한 것은 구성원들이 재탄생과 확장이라는 임무가 자신에게 주어져 있음을 기억하게 해야 할 필요가 있다. 건강한 부부에게는 자연스러운 사랑의 열매로 자녀가 주어지는 축복이 있게 마련이다. 건강한 소그룹 역시 그 자연스러운 귀결점은 새생명을 탄생시키는 데 있다.

자기들끼리만 얽매여 있는 그룹은 지쳐버리고 마는 것이다. 그래서 한주 정도는 아예 성경 공부하는 것을 멈추고 소그룹 구성원들이 함께 맺었던 언약을 재협상하는 것이 좋다. 만약 소그룹을 시작할 때 언약서를 쓰지 않았다면 더욱 이 작업은 필요하다. 만약 구성원들이 언약에 동의하지 않는다면, '파티'를 열고 모임이 실패한 것이 아니라, 새로운 승리를 위해 출발하는 것임을 선언하고 모임을 종결시키는 것도 고려해 볼 만한 일이다.

함께하는 관계를 포기할 줄 아는 그룹은 오히려 새로운 측면에서 만나는 것을 통해 결과론적으로 더욱 많은 영적 자녀들을 낳고 그들에게 생명을 가져다 줄 가능성이 있기 때문이다. 그러나 분명한 것은 소그룹을 지속성 있고 역동적으로 운용하기 위한 비전 제시의 영역은 담임 목회자가 해야 할 일이며, 소그룹에 끊임없이 용기를 불어넣어 주는 사역팀이 있다면 더욱 효과적으로 지속될 수 있을 것이다.

둘째, 특정한 사람이 특수한 주제로 모임 전체를 좌우하려고 할 때

한 사람이 소그룹으로 모일 때마다 자녀 문제와 같은 자기 문제들로 모임 전체의 분위기를 흔들어 놓는다. 또, 한번 마이크를 잡으면 놓지 않는 말꾼들도 있다. 이럴 때 어떻게 해야 하는가? 일단 간단한 해결 방법은 질문을 던질 때마다 한 사람이 사용할 수 있는 시간에 대해서 언급하는 것이다. 예를 들면 질문을 한 후에 "이 질문과 관련하여 한 분이 2분씩 사용하면 좋겠습니다."라고 덧붙인다면 대답 중간에 말을 끊어도 큰 실례는 아니다. 그래도 계속해서 정리가 되지 않는다면 모임이 끝난 후에 그 사람에게 소그룹의 목적 등

'기본 규칙들'을 재확인시켜 주고 다음 순서를 진행해야 함을 말할 필요가 있다.

만일 이 사람이 끝까지 자기 고집을 굽히지 않으면 교회의 소그룹 관리자에게 모임에 참석해서 문제를 관찰해 줄 것을 부탁한다. 그래서 때로는 이 사람을 특별한 주제를 다루는 소그룹에 옮기게 할 것인지를 관리자가 결정하도록 하는 것이다. 그리고 더 나아가서 생각할 수 있는 대안은 이런 상황에 대비하기 위해서라도 교회 내에는 특수한 문제로 고민하고 있는 사람을 협력하고 그가 당면하고 있는 문제를 회복시켜 줄 수 있는 협력과 회복을 위한 다양하고 특성화된 소그룹이 필요하다는 점이다. 특별한 어려움에 처해 있는 사람들을 돕기 위한 문제 해결 중심의 성경 공부가 마련되어 있어야 하는 것이다.

셋째, 말하기 어려운 특수한 문제를 다루거나, 나누는 이야기들 속에 비밀이 새어나가면 곤란한 상황이 발생할 때

소그룹 멤버 가운데 특별한 상처로 인해 회복이나 치유가 필요한 상황에서 그 멤버가 당면한 문제를 다루고 그에 대한 깊은 이야기를 나누는 것은 곤혹스러운 문제임에 틀림없다. 이 때 제일 중요한 자세는 '당연한 요청'을 받는 자세로 임해야 한다는 점이다. 즉, 지나치게 거친 자녀를 둔 어머니가 있다면 거친 자녀를 둔 어머니의 마음을 가지고 시작해야 한다는 말이다. 그리고 실질적으로 모임을 비공개로 하는 것을 허용할 필요가 있는데 비공개로 모일 경우에는 진행 과정을 미리 염두에 두고 날짜를 정해야 한다. 특히 모임이 절대적인 비밀 유지를 요구하는 민감한 문제를 다룬다면, 구성원들로 하여금 비공개로 모이는 것이 필요하고 비밀 유지에 대한 언약을 맺어야 한다. 또 다루는 문제의 성질이 '수치스러운 것'이라고 생각된다면 보호막을 사용할 수 있다. 이 보호막은 목회자나 전문가로부터 추천받을 수 있는데, 대략 세 가지의 방법이 있다. 첫째는 외부의 전문가를 초빙하여 특별한 시작 세미나를 여는 방법이다. 둘째는 같은 문제로 인해 회복될 필요가 있는 친구들을 더 많이 초청해서 함께 참석하는 방법이다. 마지막으로 직접 관련이 있는 사람이 그 안에 있다면 그 사람으로 하여금 '아무 말 없이' 앉아 있어도 괜찮다는 것을 미리 인식시켜 주는 것도 좋은 방법일 수 있다. 그러나 무엇보다 소그룹 인도자가 확실한 경계선을 가지고 토의 중에 그 선을 넘지 않도록 영적 통찰력을 가지고 소그룹을 진행하는 것이 중요하다. 더 나아가 제안할 수 있는 대안은 교회 내에 특수한 아픔을 치유할 수 있는 특성화된 치유와 회복 소그룹을 운용하고 전문성을 지닌 인도자를 훈련시켜 놓는 방법이 있다.

넷째, 소그룹이 배타성을 가지고 있을 때

몇 달이 지났는데도 소그룹 멤버들이 잃어버린 영혼들에 대한 감각과 열정을 거의 가지고 있지 못하는 경우가 있다. 게다가 몇몇 사람은 아예 성장하기를 원하지도 않는다. 어떤 사람들은 만약 새로운 사람들이 소그룹 모임에 참여한다면 지금까지 이루어 놓은 '친밀함'을 깨뜨릴 것이라고 느끼기도 한다. 결국 잃어버린 영혼들에게 소그룹의 문을 열어 놓은 것에 대해서 어려워하고 심지어는 두려워하기까지 하는 문제가 내부에 있을 수 있는 것이다. 그러나 소그룹은 그리스도의 성품을 닮아가는 성숙 외에도 수적인 성장이 일어나야 할 곳이다. 따라서 소그룹을 시작할 때부터 이에 대한 강한 도전을 모든 구성원들에게 주어야만 한다.

이런 배타적인 성향 때문에 일어나는 여러 가지 문제들을 해결하기 위해서는 다음과 같은 세 가지 아이디어가 효과적이다. 첫째는 빈자리 전략을 효율적으로 사용하는 방법이다. 소그룹으로 모일 때마다 빈자리를 두고 소그룹으로 모였을 때마다 그 의자에 누군가가 와서 앉도록, 기도하도록 유도하는 것이다. 그리고 소그룹 구성원의 수가 점점 늘어나게 되었을 때 자연스럽게 분리하는 것이다. 둘째는 언약의 두루마리를 활용하는 것이다. 성경 공부의 교재를 바꾸는 시점이나, 소그룹의 각 단계를 출발할 때 잃어버린 영혼에 대한 관심과 그들을 향한 손길을 뻗치기 위해 모든 구성원들이 특별한 노력을 해야 한다는 점을 강조하는 것이 필요하다. 그리고 이것을 말로써만 강조하는 것이 아니라 구체적인 약속이 적힌 문서를 함께 작성함으로써 새로운 영혼에 대한 열정을 불어넣어 주는 것이다. 이렇게 하면 새로운 단계가 시작되거나 교재를 바꾸는 시점에서 모든 구성원들이 성숙과 성장을 동시에 추구하는 영적 순례의 길을 떠나는 장이 주인도자를 세우고 그들을 미리 그리고 지속적으로 양육해 두는 것이 필요하다. 건강한 소그룹의 리더는 소그룹 내에 항상 보조인도자를 발굴하고 그를 양육시켜야 할 책임이 있는 존재다. 양육의 과정에서 리더는 보조인도자로 하여금 그가 소그룹을 통한 확장과 전도에 대한 훈련 및 사명 감당의 강조를 통해 마침내 새로운 소그룹의 재탄생까지 이루어 낼 수 있도록 환경을 조성해 나갈 필요가 있다.

다섯째, 새로운 사람이 소그룹에 들어왔을 때

그렇다면 실제적으로 소그룹이 진행되고 있는 과정에서 소그룹 멤버들이 새로운 사람들이 들어오는 경우가 생길 때 어떻게 할 것인가? 새롭게 참석한 사람들은 성경을 좀 아는 사람들일 수도 있고, 기독교에 대해서 전혀 문외한인 사람일 수도 있다. 소그룹의 개방성을 강조하고 그래서 나타난 좋은 결과이지만 상당히 다루기 어려운 상황이 이런 경우이다.

먼저 어느 정도 기독교에 대해서 알고 있는 사람이 새로 들어왔을 경우에는 소그룹 내에 정착시키는 것이 중요한 관건이다. 각 교회가 선택한 소그룹의 유형이나 커리큘럼에 따라 다소 차이가 있겠지만 이에 대한 해결책은 한 주 정도 진행되는 교과과정을 멈추고 시간을 따로 내서 다시 한번 모든 사람들이 서로를 잘 알 수 있도록 시간을 갖는 것이 효과적이다.

그런데 이와 관련하여 더 큰 문제는 깊이 있는 성경 공부를 진행하고 있는 과정 속에 모임의 분위기에 익숙하지도 않을 뿐더러 성경을 전혀 모르는 사람이 새로 들어왔을 때이다. 이런 상황에서 해결 방안은 그 동안 우리 소그룹이 진행해 왔던 교과과정 중에서 소그룹이 처음 출발할 때 서로를 잘 알기 위해 나누었던 교재 중 두세 과 정도를 다시 활용하는 것이다. 모든 구성원들에게 먼저 양해를 구하고, 스스럼없이 자신의 이야기를 털어놓을 수 있도록 구성된 교재를 함께 나눌 때 이미 견고하게 결속된 구성원들은 이전에 느꼈던 기쁨을 다시 확인할 수 있을 것이고 동시에 새로 온 사람은 편안함을 느끼면서 소그룹의 멤버로 자리를 서서히 잡아갈 수 있게 될 것이다. 결국 새로운 사람이 소그룹에 들어왔을 때에는 그저 두세 과정도 새로운 사람이 모임에 익숙해질 때까지 쉬운 성경 공부로 되돌아가면 되는 것이다.

생명체로서의 소그룹이 성장과 성숙을 향해 움직이는 과정에서 문제가 발생하는 것은 당연한 일이다. 어떤 의미에서 문제가 전혀 없이 소그룹 사역을 하고 있다면 생명력 없는 소그룹 사역을 하고 있다고 진단해도 틀리지 않다. 그러므로 건강한 소그룹 사역을 하고자 할 때 항상 인식해야 할 것은 소그룹 사역을 진전시키는 과정 속에 반드시 해결해야 할 문제들은 나타나고, 더욱 중요한 것은 뒤어넘어야 할 난제들에 대해 어떻게 대안적으로 접근할 것인가 하는 점이다. 이런 점에서 지금 하고 있는 소그룹 사역 속에 문제가 많다는 것은 성장을 향해 몸부림치고 있는 반증이라고 해도 좋을 것이다. 결국 '전진하는 배에만 파도가 친다'는 진리를 기억하며 건강한 소그룹이 되기 위해 제기되는 문제들을 두려워하지 않고 맞서는 것이다.

멤버들 사이에 갈등이 발생했을 때 : 리더의 지혜로운 중재

소그룹은 다양한 사람들이 모이는 자연스러운 장소이다. 따라서 소그룹원들간의 의견 충돌이나 감정적인 마찰, 즉 갈등상황이 발생할 수 있다. 갈등 자체는 사람이 있는 곳에 자연스러운 현상이지만, 이를 어떻게 지혜롭게 다루느냐에 따라 소그룹의 건강과 성장에 큰 영향을 미친다. 리더는 갈등 상황에서 심판관이 되기보다는 성경적인 원칙에 따라 화해와 회복을 돕는 지혜로운 중재자의 역할을 감당해야 한다.

갈등 대처를 위한 리더의 자세와 역할

기도로 시작하라

갈등 상황에 개입하기 전에 먼저 하나님께 지혜와 분별력을 구하는 기도가 필요하다. 리더 자신의 감정이나 편견이 개입되지 않도록 성령의 인도하심을 구하며, 관련된 모든 사람들을 위해 중보하라.

갈등 상황을 적극적으로 경청하라

갈등 당사자들의 이야기를 충분히 들어주는 것이 중요하다. 비난하거나 평가하지 않고, 각자의 입장과 감정을 공감하며 경청하라. 이때 한쪽의 이야기만 듣지 않고 양쪽의 의견을 모두 균형 있게 들으며 편을 들지 않는 것이 필수적이다. 어느 한 쪽에 무게를 더하는 순간 갈등은 증폭될 뿐이다. 뿐만 아니라 언어적인 표현뿐과 비언어적인 표현(표정, 태도 등)에도 주의를 기울이라.

갈등의 원인을 파악하라

표면적으로 드러나는 갈등의 양상 너머에 있는 근본적인 원인을 파악하려고 노력하라. 단순한 의견 차이인지, 오해에서 비롯된 것인지, 성격적인 충돌인지, 아니면 더 깊은 상처나 영적인 문제가 관련된 것인지 분별해야 한다. 바른 진단이 있을 때 바른 중재를 할 수 있기 때문이다.

성경적인 원칙으로 인도하라

리더는 개인적인 판단이나 세상적인 해결 방식이 아닌, 성경적인 원칙(용서, 이해, 사랑, 겸손, 화평 등)에 근거하여 갈등 해결을 도와야 한다. 마태복음 18장의 갈등 해결 원칙이나 에베소서 4장의 공동체 지침 등을 함께 나누며, 하나님의 관점에서 문제를 바라보도록 격려하라.

건설적인 의사소통을 촉진하라

당사자들이 서로를 비난하거나 감정적으로 공격하지 않고, 자신의 생각과 감정을 존중하는 방식으로 표현하도록 도우라. '나 전달법'(I-message)과 같은 효과적인 의사소통 기술을 활용하도록 안내할 수 있다. 갈등 상황을 통해 자신이 직면한 감정은 무엇인지 어떤 부분에서 마음이 상하게 되었는지를 과감없이 말하는 방법이다. 예를 들어 "당신이 그렇게 말함을 통해 나의 기분은 이러했습니다"를 말하도록 하라. 상대방의 감정을 받아들이고 이해함으로 갈등의 상황이 점차 해결될 것이다. 이 때에 리더는 대화가 막히거나 감정이 격해질 때 중재하며 대화의 흐름을 조절하는 역할을 한다.

공동의 해결책을 모색하라

어느 한쪽의 일방적인 승리나 패배가 아닌, 양측 모두가 수용할 수 있는 해결책이나 타협점을 찾도록 도우라. 서로의 필요를 이해하고 양보하며, 관계 회복과 공동체의 유익이라는 공동의 목표를 향해 나아가도록 격려하라.

거리가 좀처럼 좁혀지지 않을 때 자신의 한계를 인정하고 도움을 구하라

모든 갈등을 리더 혼자 해결할 수 있는 것은 아니다. 리더의 중재 노력에도 불구하고 갈등이 해결되지 않거나 더욱 심화될 경우, 또는 리더의 역량을 넘어서는 전문적인 도움이 필요한 경우에는 목회자나 교회의 중재팀 등 상위 리더십에게 도움을 요청하는 것을 주저하지 말아야 한다. 때로는 외부의 객관적인 조언이나 개입이 문제 해결에 더 효과적일 수 있다.

갈등은 소그룹에 위기가 될 수도 있지만, 지혜롭게 대처한다면 오히려 서로를 더 깊이 이해하고 공동체성을 강화하는 성장의 기회가 될 수 있다. 리더는 갈등을 두려워하거나 회피하지 말고, 하나님의 지혜를 구하며 사랑과 인내로 중재의 역할을 감당함으로써 소그룹을 더욱 건강하고 성숙한 공동체로 세워나가야 한다.

문제 진단을 위한 리더의 자기 성찰 질문

소그룹 안에서 일어나는 다양한 문제들을 객관적으로 진단하기 위해서는 소그룹 리더의 리더십을 점검하고 역할을 돌아보는 시간이 반드시 필요하다. 문제가 생기기 전 예방하는 것이야 말로 최고의 문제 해결법이다. 다음 질문들을 통해 스스로를 정직하게 점검해보라.

- 나는 소그룹 멤버 한 사람 한 사람에게 진정한 관심을 가지고 있는가, 아니면 단순히 모임을 운영하는 데만 급급한가?

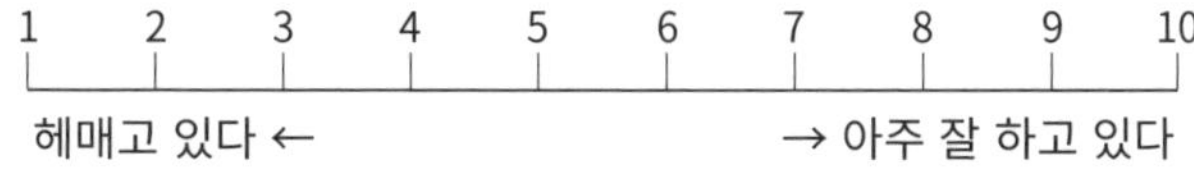

- 나는 멤버들의 이야기에 귀 기울이며 공감하는 경청의 자세를 가지고 있는가, 아니면 내 생각이나 경험을 말하기에 바쁜가?

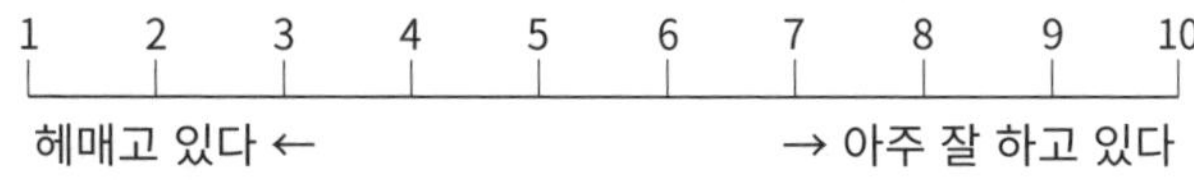

- 나는 모든 멤버가 동등하게 참여하고 나눌 수 있도록 배려하고 있는가, 아니면 특정 멤버에게 편중되거나 소외되는 멤버를 방치하고 있는가?

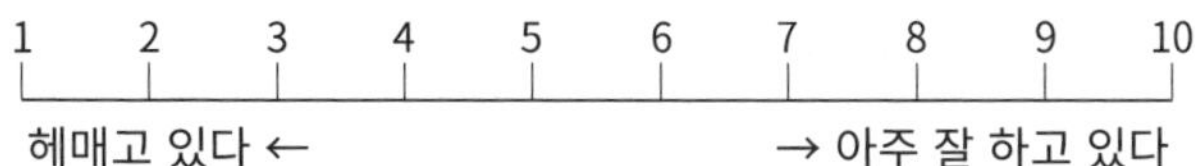

- 나는 모임을 위해 충분히 기도하며 준비하고 있는가, 아니면 습관적으로 모임을 진행하고 있는가?

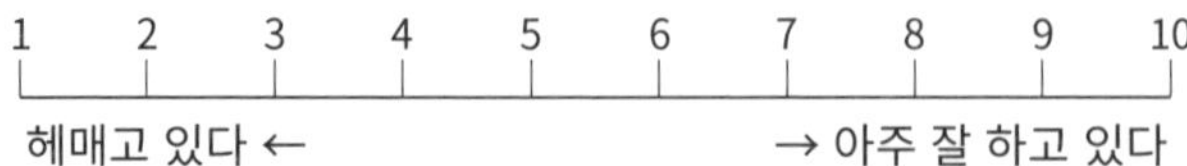

- 나는 멤버들의 영적 성장을 위해 구체적인 목표와 계획을 가지고 있는가, 아니면 막연하게 모임만 이어가고 있는가?

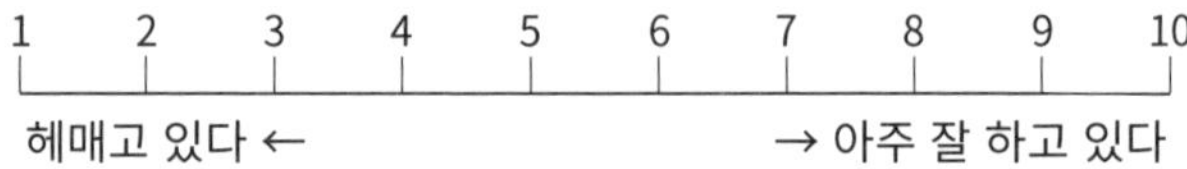

- 나는 소그룹 내 갈등이나 어려움에 직면했을 때 회피하지 않고 지혜롭게 대처하고 있는가?

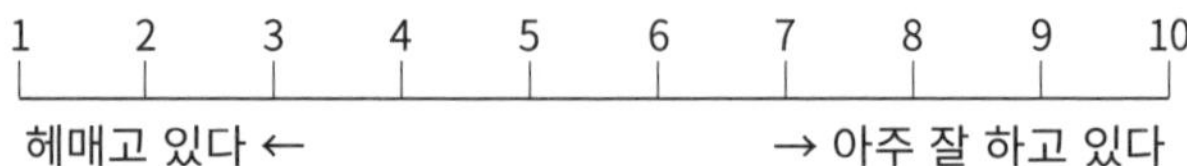

- 나는 리더로서의 권위를 내세우기보다 섬김과 겸손의 자세로 멤버들을 대하고 있는가?

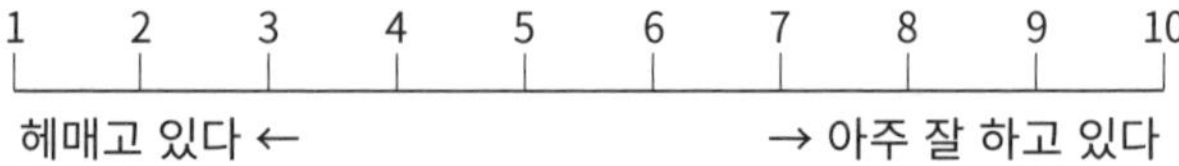

- 나는 나 자신의 영적 성장과 리더십 개발을 위해 꾸준히 노력하고 있는가?

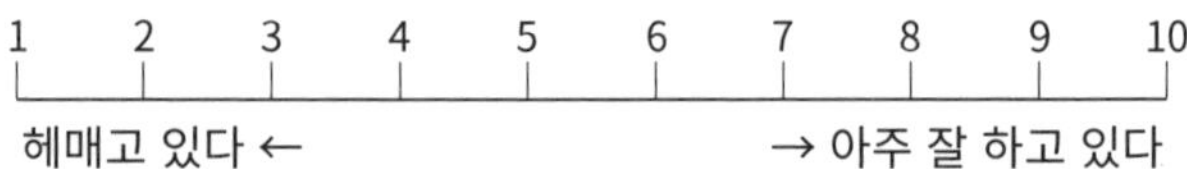

- 나는 소그룹 사역의 어려움이나 한계를 느낄 때 목회자나 다른 리더들과 소통하며 도움을 구하고 있는가?

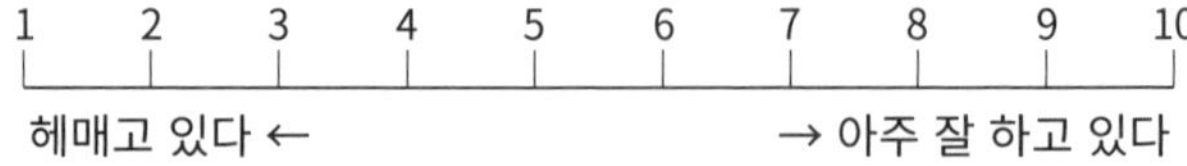

- 나는 궁극적으로 소그룹을 통해 하나님 나라를 세워가는 일에 헌신하고 있는가?

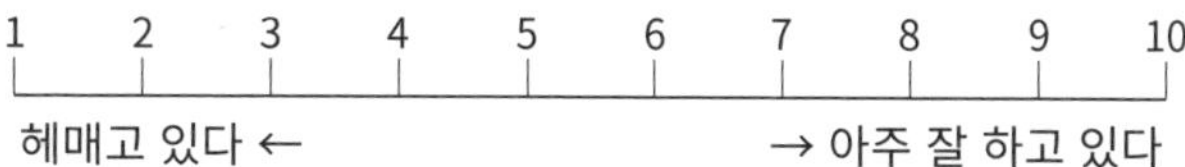

위의 체크리스트를 통해 소그룹 리더는 자신의 강점과 약점을 파악할 수 있다. 나아가 소그룹 안에서 일어나는 문제들을 해결하기 위한 구체적인 개선 방향도 결정할 수 있다. 리더의 정직한 자기점검과 변화의 노력이 건강한 소그룹을 만든다.

소그룹 내에서 역동적인 토론을 가능하게 하라

논쟁을 좋아하는 멤버

"우리 소그룹에는 논쟁을 좋아하는 멤버가 있습니다. 어떤 주제를 가지고 이야기하든지 결국 나중에는 서로 얼굴을 붉히고 끝이 납니다. 해결 방법이 없을까요?"

"우리 소그룹은 매번 모일 때 마다 멤버들이 서로 '침묵 약속'을 맺은 것 같습니다. 어떻게 하면 좋을까요?"

"그 멤버에게 말할 차례가 주어지면 도저히 끊을 수가 없습니다. 왜 그렇게 아는 것은 많은지 한번 이야기를 시작하면 꼬리에 꼬리를 물고 이야기는 이어집니다. 그러다 보면 다른 멤버들은 제대로 말할 기회조차 얻지 못하고, 언감생심, 역동적인 토론은 거의 불가능합니다. 방법은 없는 것일까요?"

역동적인 토론이란 무엇일까?

소그룹 리더들의 하소연 내용 가운데 압도적인 비중을 차지하는 것 중에 하나는 바로 자신이 섬기고 있는 소그룹 내에서는 역동적인 토론이 일어나지 않는다는 것이다. 1년 동안 말 그대로 수십 번의 소그룹 모임을 해도 말하는 사람만 하고, 이가 썩어도 입을 열지 않는 사람들이 있는 소그룹 모임을 지속한다는 것은 한 마디로 "피곤한 일"이다. 아주 잘 알려진 소그룹 전문사역자 가운데 한 사람인 로베르타 헤스테네스(Roberta Hastenes)는 "그리스도인의 소그룹은 정해진 시간에 3명에서 12명 정도의 그리스도인들이 그리스도 안에서의 풍성한 삶을 위한 가능성을 발견하고 성장하기 위한 공통의 목적을 가지고 의도적으로 얼굴을 맞대고 한자리에 모인 모임이다"고 소그룹을 정의한다. 이 정의 가운데 소그룹 내에서의 역동적인 토론과 관련하여 특별히 관심을 기울여야 할 말은 3명에서 12명이라는 분명한 인원 제한이다. 즉 원만한 의사소통이 가능한 물리적 수인 12명 이하의 사람들이 모여 '진리를 공동으로 발견하기 위한 토론'을 가능하도록 해야 한다는 것이다.

이것은 대그룹 안에서는 도저히 맛볼 수 없는 원만한 의사소통과, 모든 구성원들이 진리를 함께 발견해 가는 역동적인 토론을 통해서 비로소 소그룹의 건강성이 유지될 수 있다는 의미로 해석할 수 있다. 그렇다면 어떻게 해야 과연 소그룹 내에서 역동적인 토론을 가능하게 할 수 있을까?

첫째, 토론할 수 있는 여건을 조성하라. 실례로 우리가 충분히 경험할 수 있는 다음과 같은 몇 가지 물리적 상황을 한번 생각해 보자. 소그룹 모임에 두 살배기 어린아이를 데리고 참석하는 젊은 엄마가 있다. 소그룹을 시작하는 첫 시간은 얌전히 앉아 있지만 십 분도 채 지나지 않아 어린아이는 엄마에게 매달리기 시작할 것이 뻔하다. 시간이 지나면서 엄마의 얼굴은 점점 일그러지기 시작할 것이고, 역동적인 토론은 고사하고 리더는 아예 "아이가 좀더 크면 소그룹 모임에 오겠다."는 통보를 받을 수도 있다. 또 모임 도중에 "믿지 않는 남편이 일찍 퇴근했는데 집 열쇠가 없어서 문 밖에서 기다리고 있다."는 전화가 한 멤버에게 걸려 온다면 그 모임에서 역동적인 토론을 진행할 에너지는 상당히 빠져 버리고 만다.

게다가 전화를 받은 멤버의 남편이 믿지 않는 상황이라면 전화를 받은 그 순간부터 그 멤버는 이미 모임을 끝낸 것이나 마찬가지일 가능성이 크다. 그리고 전화 통화 내용을 소그룹 멤버 전체가 듣게 되었다면 바로 그 시간부터 그 모임은 빨리 끝내야 한다는 강박감에 사로잡힐 것이다. 여기에 더하여 모임 장소에 멤버들의 신경을 거슬리게 하는 요소들(낯선 사람을 보고 쉬지 않고 짖어대는 애완견, 계속 걸려 오는 전화, 털갈이하는 고양이 등)이 더해진다면 역동적인 토론은 그림의 떡이다.

이상의 구체적인 사례를 통해서 확인할 수 있는 대로 역동적인 토론을 가능하도록 하기 위해서는 소그룹 멤버들이 집중할 수 있는 물리적 혹은 외면적 여건 조성이 무엇보다 필요하다. 그러기 위해서는 어린아이를 동반하고 참석하는 멤버를 위해서 멤버들이 돌아가면서 아이를 돌본다거나, 모임의 분위기를 산만하게 할 가능성이 있는 것들(전화기, 애완동물 등)은 미리 정리해 두며, 그리고 모인 멤버들 가운데 서로 얼굴을 볼 수 없도록 만드는 사각지대가 생기지 않도록 준비하는 것 등을 통해서 토론의 자연스러움에 제약을 가하는 것을 사전에 제거해야 하는 것이다.

둘째, 상호 친밀감을 이루라. 역동적인 토론이 가능할 수 있는 두 번째 중요한 관건은 멤버 상호간의 친밀감 형성이다. 즉 멤버들이 소그룹에 왔을 때 "이 곳에 와서는 어떤 이야기를 해도 괜찮아."라는 생각이 들 때 활발한 토론이 가능한 것이다. 그런데 문제는 이런 상황이 결코 쉽게 이루어지지 않는다는 점이다. 소그룹사역이 힘든 것은 소그룹으로 모이는 시간 자체만으로 소그룹 자체가 친밀감을 형성할 수 없다는 데 있다. 어떤 의미에서 소그룹으로 모이는 시간만을 가지고 모든 승부를 내려고 하는 소그룹은 반드시 토론 참여 저조라는 결과를 얻게 될 가능성이 크다.

그렇다면 어떻게 해야 하는가? 역동적인 토론이 있는 소그룹으로 가기 위한 '비공식적 관계'로서의 친밀감 형성을 사전에 이루어 내어야 하는 것이다. 분명한 사실은 친밀감이란 하루 아침에 생기는 것이 아니라는 것이다. 꾸준한 만남이 전제될 때만이 비로소 가능한 것이다. 그러나 대부분의 교회 소그룹이 겪는 어려움은 비공식적인 만남을 멤버들이 자주 가질만한 여유가 없다는 점이다. 그러므로 소그룹의 새로운 멤버 구성이 이루어지고, 처음 소그룹이 출발했을 때의 시간을 친밀감을 형성하는 시간으로 활용하는 것은 대단히 중요하다. 그래서 소그룹이 생성되는 초기에 소그룹 리더는 지나치게 무엇을 하려고 하기보다는 어떻게 하면 많이 먹고, 많이 웃고 떠들 수 있도록 해서 친밀감을 형성할 것인가를 고민하며 준비해야 한다. 천성적으로 과묵한 사람이라 하더라도 친한 친구를 만나면 분위기가 달라진다. 따라서 소그룹 탄생 초기에 친밀감만 형성된다면 향후 진행되는 소그룹 모임에서 역동적인 토론의 여부는 전혀 걱정할 문제가 아니다.

셋째, 좋은 질문으로 토론을 자극하라. 역동적인 토론이 가능할 수 있는 또 하나의 관건은 리더가 좋은 질문을 준비하는 것이다. 질문의 기능은 질문을 받는 이들의 생각과 사고를 자극하여 그들 안에 있는 이야기를 끌어내는 데 있다. 그러므로 리더가 어느 정도로 좋은 질문을 만들기 위해 노력하느냐에 따라 역동적인 토론의 가능성 여부는 결정이 난다고 해도 과언이 아니다. 그렇다면 좋은 질문은 어떤 것인가? 역설적으로 역동적인 토론을 어렵게 만드는 나쁜 질문이 무엇인가를 정리해 보면 이에 대한 대답은 의외로 쉬워질 수 있다.

역동적인 토론을 어렵게 만드는 질문은 첫째, 토론에 필요한 질문에 한계 설정을 해놓지 않는 질문이다. 한 마디로 무엇을 묻는지, 질문이 의도하는 바가 무엇인지 명확하지 않는 질문이라고 할 수 있다. 둘째, 한 번에 두 가지 이상의 주제를 토론의 중심에 올려놓는 질문이다. 이런 질문은 멤버들의 생각을 오락가락하게 만들 수밖에 없을 것이다. 셋째, 리더 자신의 견해를 너무 많이 포함하는 질문이다. 이런 질문으로는 멤버들에게 새롭고 창의적인 대답을 기대하기란 어려울 것이 틀림없다. 넷째, 복잡한 내용을 나열 형식으로 만들어 놓은 질문이다. 이것은 미리 예습해 온 리더 혼자만 대답하기로 작정한 질문이므로 토론은 거의 불가능할 것이 틀림없다. 다섯째, 단순히 '예, 아니오'의 대답만을 요구하는 질문이다. 이미 이것은 우리 소그룹에는 토론이 필요 없다고 선전포고하는 것과 같은 것이다. 결국 질문과 관련하여 역동적인 토론의 관건은 리더의 자세에 달려있다는 것을 알 수 있다. 좋은 질문을 통해서 멤버들의 활발한 토론을 이끌어 내고자 하는 리더는 결코 많이 말하지 않고 잘 들어 주는 태도를 취한다. 즉 리더가 자신에 대해 강의하는 교사가 아니라 조력자(facilitator)인 것을 인식하고, 멤버들보다 더 적게 말하기로 작정하면서 질문을 만들고 토론을 진행한다면 역동적인 토론의 가능성은 얼마든지 열려 있는 셈이다.

실제적으로 소그룹 성경 공부와 관련하여 역동적인 토론을 이끌어 내는 질문으로는 답이 이미 정해져 있는 관찰 질문(예: "예수님은 무엇을 가지고 오천명을 먹이셨습니까?") 보다는 해석 질문(예: "오병이어 기적을 체험한 그 당시의 사람들이 예수님에 대해서 어떻게 생각했을까요?")이나 적용 질문(예: "지금 당신이 오병이어 기적에 직접 참여한다면 예수님을 어떻게 생각하리라고 보십니까?")이 훨씬 용이하다. '우호적인 의견의 불일치'를 두려워하지 않고, 멤버들의 주관적인 생각과 서로의 의견을 주고받을 수 있는 질문의 계발은 역동적인 토론을 위해 절대적으로 필요한 요소이다.

넷째, 비밀 유지에 신경을 쓰라. 진지한 토론을 통해 알려진 결과들이 제3의 공간에서 둥둥 떠다닌다는 것을 상상해 보라. 소그룹 모임에서 나눈 이야기는 그 안에서 소화되어야 한다. 토론을 통해 나누었던 이야기들이 얼마 후 교회 공동체 내의 모든 사람들에게 알려져 버린다면 그 이후 진지하고 역동적인 토론을 기대한다는 것은 거의 어렵다. 역동적인 토론의 분위기에 이끌려 진지하게 자기 아픔을 고백한 결과가 다른 사람들의 질시 어린 시각으로 돌아온다면 그 다음 시간 아무리 훌륭한 질문이 던져져도 토론의 분위기를 다시 살리기란 어려울 것이다. 그러므로 소그룹 내에서 토론하고 나누어지는 내용들이 그 안에서 보호되고, 나누어진 이야기들로 인해 이후에 상처받는 일이 없도록 주의해야 하는 것이다.

지금 우리 소그룹에 참여하는 사람들은 누구나 그리스도 안에서 성장하기를 원하며, 성경이나 다른 사람의 이야기나 소그룹의 구성원들이 나누는 독특한 경험을 통해서 성장하기를 기대하고 오늘도 모임에 참석한다. 그렇기 때문에 한 가지 주제를 나눌 때, 그 주제에 대한 토론에 대해 흥미를 느끼면서 역동적으로 참여하기를 원한다. 만약 우리와 함께하는 소그룹 멤버들이 토론과 기도를 마치고 집에 돌아갔을 때, 가슴이 너무 뛰어서 도저히 잠을 이루지 못하고 모임에서 불렀던 찬양을 밤새도록 불렀다고 다음 모임에 와서 간증할 수만 있다면 이런 그룹이야 말로 진짜로 좋은 그룹이다.

활발한 나눔을 위한 동기 부여 방법

나눔이 있는 소그룹이 진정한 소그룹이다.

대그룹에서 할 수 없었던 서로의 얼굴과 표정을 읽으며 소통할 수 있는 소그룹 환경은 멤버들의 구체적인 삶과 기도제목을 나누기에 가장 최적의 장이다. 그러나 때로는 어색한 침묵이 흐르거나 소수의 멤버만 활발히 대화를 주도하는 상황이 발생하기도 한다. 함께있지만 소외의 감정이 드는 것이다. 그렇다면 어떻게 하면 모든 멤버가 마음을 열고 활발하게 나눔에 참여하도록 동기를 부여할 수 있을까? 예수님께서 귀먹고 말 더듬는 자에게 "에바다!"(막 7:34), 즉 "열리라!"고 외치셨듯이, 리더는 멤버들의 마음과 입이 열리도록 돕는 역할을 감당해야 한다.

무엇보다 나눔을 방해하는 요소들을 제거해야 한다.

소그룹 리더는 역동적인 나눔을 가로막는 장애물들을 인식하고 제거하려는 노력이 필요하다.

① 피상적인 나눔을 피하라

멤버들이 자신의 속마음을 감추고 겉도는 이야기만 나누는 것은 아닌지 살펴보라. "하나님의 은혜로…"와 같은 모호한 표현보다는 구체적인 삶의 경험과 감정을 나눌 수 있도록 격려하라. 피상적인 나눔의 근본 원인은 종종 거절이나 비판에 대한 두려움, 또는 멤버 간의 신뢰 부족에 있다. 리더가 먼저 자신의 연약함과 고민을 솔직하게 나누는 모범을 보일 때, 멤버들도 마음의 벽을 허물고 진솔한 나눔에 동참하게 될 것이다. 리더가 마음을 열어 진솔한 대화를 하는 만큼 멤버들도 마음을 연다는 사실을 기억하라.

② 자기 자신의 이야기를 나누는 분위기를 형성하라

모임을 하다 보면 다른 사람의 이야기나 일반적인 주제에 대해서만 이야기하고 정작 자신의 삶에 대해서는 침묵하는 멤버를 발견하게 될 것이다. 소그룹은 남의 이야기를 수동적으로 듣거나 말하는 장소가 아니다. 근본적으로 소그룹은 '나의 이야기'를 나누는 곳이다. 리더는 멤버들이 자신의 생각, 감정, 경험, 기도제목 등을 편안하게 나눌 수 있는 분위기를 조성해야 한다. 다른 사람의 이야기를 하려는 멤버에게는 "집사님(형제님/자매님)은 그럴 때 어떠셨어요?"와 같이 질문의 방향을 돌려 자신의 이야기를 하도록 유도하라. 또한, "우리 소그룹에서는 다른 사람의 이야기는 절제하고 자신의 이야기만 나누기로 해요"와 같은 규칙을 함께 정하고 모임을 이어나가는 것도 도움이 된다.

③ 진정성을 가지고 반응하라

멤버가 용기를 내어 자신의 깊은 고민이나 상처를 나누었을 때, 다른 멤버들이 무관심하거나 가볍게 여기는 반응을 보이지는 않는가? 진솔한 나눔에는 진정성 있는 경청과 공감이 반드시 뒤따라야 한다. "사랑의 첫째 의무는 잘 경청하는 것"(폴 틸리히)임을 기억하고, 멤버가 이야기할 때는 눈을 맞추고 주의 깊게 들으며 따뜻한 격려와 지지를 보내주라. 또한, 소그룹에서 나눈 개인적인 이야기는 반드시 비밀을 지키고, 필요한 경우 함께 기도하며 구체적인 도움을 줄 수 있는 방법을 모색하는 노력까지 이어진다면 소그룹은 시간이 지날수록 더욱 견고해질 것이다.

좋은 질문의 원리와 실제

질문은 사람으로 하여금 생각하게 만드는 힘이 있다.

소그룹 모임의 역동성은 리더가 얼마나 좋은 질문을 던지느냐에 달려 있다고 해도 과언이 아니다. 예수님께서도 공생애 동안 수많은 질문을 통해 사람들의 마음을 열고 진리를 깨닫게 하셨다. 마태복음 16장에서 "너희는 나를 누구라 하느냐?"(마 16:15)는 예수님의 질문은 베드로의 위대한 신앙고백을 이끌어냈고, 이는 교회의 반석이 되었다. 좋은 질문은 멤버들의 생각을 자극하고 지경을 넓혀준다. 또한 멤버들의 참여를 유도하며, 말씀의 의미를 더 깊이 탐구하도록 돕는다. 리더는 단순히 정보를 전달하는 강사가 아니라, 좋은 질문을 통해 멤버들이 스스로 답을 찾아가도록 돕는 안내자 역할을 해야 한다.

좋은 질문이란 무엇인가?

좋은 질문은 단순히 성경의 정보를 확인하는 것을 넘어, 멤버들의 생각과 마음을 움직여 변화를 이끌어내는 질문이다. 어떤 것지 좋은 질문인지 고민하기 먼저 좋지 않은 질문 유형을 피하는 것에 서부터 좋은 질문 만들기는 시작된다.

피해야 할 질문 유형

습관적인 질문

사람을 만났을 때 습관적으로 하는 질문들이 있다. 예를 들어 "지 난 한 주 어떻게 지내셨어요?" 와 같이 매번 똑같이 반복되어 진정 성이 느껴지지 않는 질문은 상대에게 실망을 더할 수 있다. 리더가 습관적으로 묻고 있는 것을 멤버들 역시 알기 때문이다. 습관적으 로 묻는 질문 대신 예전에 오간 대화 내용과 연결해서 질문하기 위 해 더욱 주의를 기울인다면 상대는 자신에게 관심이 있다고 자연스 럽게 느낄 것이다.

맥락 없는 질문

질문의 의도나 배경 설명 없이 던져져 멤버들을 당황하게 만드는 질문은 좋은 질문이 아니다. 질문하는 이유와 목적이 듣는 사람에 게 잘 전달되지 않는다면 상대방이 올바른 대답을 줄 수 없다. 만약 리더의 질문에 "그게 무슨 뜻인가요?"라고 되묻거나 리더의 질문 을 엉뚱하게 받아들인다면 동일한 오류가 있지 않은가 점검해 보아 야 한다.

서두가 장황한 질문

불필요한 미사여구나 자기 변명이 길어 질문의 핵심이 흐려지는 질문을 조심해야 한다. 자기 변명이 길어지면 길어질수록 상대방에게 겸손함을 말하기보다 상대방에게 솔직하지 못하다는 인상을 주기 때문이다. 나아가 정말 원하는 말을 꺼내는데 방해가 될 수 있다. '듣기 좋은 말도 한두 번'이라는 격언을 기억하며 솔직하고 담백하게 질문하는 것이 가장 좋다.

질문을 잘하기 위한 10가지 규칙

① 직설법을 사용하라: 명확하고 간결하게 질문의 요지를 전달하라.

② 질문할 때는 상대의 눈을 쳐다보라: 진정성과 존중의 태도를 보여주라.

③ 일상적인(쉬운) 언어를 사용하라: 멤버들이 쉽게 이해할 수 있는 평이한 단어와 표현을 사용하라.

④ 간단한 문장을 사용하라: 한 번에 하나의 질문만 하고, 문장은 짧고 명료하게 구성하라. 필요하다면 질문 수를 미리 예고하여 예상가능하게 하라.

⑤ 자세히 설명하라: 질문의 배경이나 의도를 명확히 설명하여 오해의 소지를 줄이라.

⑥ 주제에 집중하라: 모임의 주제나 본문의 내용과 관련된 질문을 하라.

⑦ 질문의 목적을 분명히 하라: 이 질문을 통해 무엇을 얻고 싶은지 명확히 인식하고 질문하라.

⑧ 상황과 대상에 맞게 질문하라: 멤버들의 수준, 분위기, 모임의 흐름 등을 고려하여 적절한 질문을 선택하라.

⑨ 의도에 따라 질문 매너를 달리하라: 격려, 도전, 정보 확인 등 질문의 의도에 맞는 어조와 태도를 사용하라.

⑩ 대답을 어떻게 활용할지 준비하라: 멤버들의 대답을 경청하

고, 그에 대한 적절한 피드백이나 후속 질문을 준비하라.

경청하며 살리는 말의 힘

준비된 리더는 말의 위력을 깨달은 사람이다.

말 한마디가 천냥 빚을 갚기도 하고, 때로는 날카로운 비수가 되어 관계를 무너뜨리기도 한다. 특히 소그룹 리더의 말은 멤버들에게 큰 영향력을 미친다. 리더의 따뜻한 격려 한마디는 낙심한 영혼을 일으켜 세우는 힘이 되지만, 무심코 던진 비판적인 말은 깊은 상처를 남길 수 있다. 야고보서 3장은 혀를 작은 불씨에 비유하며, 그 작은 불이 얼마나 큰 숲을 태울 수 있는지 경고한다(약 3:5). 또한 혀는 길들이기 어려운 악이며 죽이는 독이 가득하다고 말한다(약 3:8). 이처럼 말의 파괴력을 잘 아는 야고보는 "선생된 우리가 더 큰 심판을 받을 줄 알고 선생이 많이 되지 말라"(약 3:1)고 권면하기까지 한다. 이는 말을 가르치고 인도하는 위치에 있는 리더가 얼마나 말의 사용에 신중해야 하는지를 강조하는 것이다.

역동적인 소그룹 사역을 위한 리더의 효과적인 말하기 원칙

리더가 말을 통해 멤버들을 세우고 소그룹을 건강하게 이끌기 위해서는 몇 가지 중요한 원칙을 기억하고 실천해야 한다.

메시지를 전달할 때 일관성이 있어야 한다.

리더의 말이 상황이나 사람에 따라 자주 바뀌면 멤버들은 혼란스러워하고 리더를 신뢰하기 어렵다. 중요한 사안에 대해서는 충분히 숙고하고 명확한 입장을 정리한 후 일관된 메시지를 전달하라. 이는 리더의 진정성과 안정감을 보여주는 중요한 표지이다.

중요 내용은 반복이 필요하다.

한 번 이야기했다고 해서 모든 멤버가 그 내용을 완전히 이해하고 기억하는 것은 아니다. 소그룹의 비전, 핵심 가치, 중요한 공지 사항 등은 멤버들이 충분히 숙지할 때까지 다양한 방식으로 반복하여 전달하는 인내가 필요하다.

기왕 말할 것이면 자신감 있게 말하라.

리더의 확신에 찬 목소리와 태도는 멤버들에게 안정감을 주고 메시지의 설득력을 높인다. 특히 어려운 상황이나 불확실한 미래에 대해 이야기할 때, 리더의 흔들림 없는 자신감은 멤버들에게 큰 용기와 희망을 줄 수 있다. 물론 근거 없는 낙관이나 교만은 경계해야 하지만, 하나님을 신뢰하는 믿음 안에서 담대하게 말하는 자세가 필요하다.

책임질 수 있는 말을 하라.

리더의 말은 곧 약속이다. 지킬 수 없는 약속을 남발하거나 가볍게 말을 바꾸는 리더는 신뢰를 잃게 된다. 멤버들에게 어떤 약속을 하거나 계획을 발표하기 전에, 그것이 실현 가능한 것인지 신중하게 검토하고 책임질 수 있는 범위 내에서 말하는 습관을 들여야 한다. 신뢰는 건강한 공동체의 기초이다.

듣는 사람의 눈높이를 맞추라.

효과적인 소통은 말하는 사람 중심이 아니라 듣는 사람 중심이어야 한다. 리더는 멤버들의 배경, 지식 수준, 관심사 등을 고려하여 그들이 이해하기 쉬운 언어와 방식으로 이야기해야 한다. 어려운 신학 용어나 리더만 아는 전문 용어 사용은 지양하고, 구체적인 예시나 비유를 활용하여 메시지를 명확하고 흥미롭게 전달하라. 멤버들의 눈높이에 맞춰 소통하려는 노력은 그들을 존중하고 배려하는 마음의 표현이다.

리더는 '말'을 잘하는 것도 중요하지만 잘 듣는 것이 더 중요하다. 성공하는 리더는 말하기보다 듣기를 더 잘하는 사람이다. 야고보서 1장 19절은 "듣기는 속히 하고 말하기는 더디 하며 성내기도 더디 하라"고 권면한다. 경청은 단순히 상대방의 말을 듣는 행위를 넘어, 그 사람의 마음을 읽고 공감하며 이해하려는 적극적인 노력이다. 리더가 멤버들의 이야기에 진심으로 귀 기울일 때, 멤버들은 자신이 존중받고 이해받는다고 느끼며 마음의 문을 열게 된다. 또한 경청을 통해 리더는 멤버들의 필요와 고민을 더 깊이 파악하고 적절한 도움과 격려를 제공할 수 있다. 소그룹 모임에서 리더는 자신이 말하는 시간 보다 멤버들의 이야기를 듣는 시간을 더 많이 확보하도록 의식적으로 노력해야 한다. 멤버들의 말에 끼어들거나 성급하게 조언하기보다, 인내심을 가지고 끝까지 들어주고 공감하는 자세를 보여주라. 진정한 경청은 관계를 깊게 하고 공동체를 건강하게 세우는 가장 강력한 힘이다.

투명성과 친밀감을 유지하라

예 / 아니오

아래의 질문에 '예 / 아니오'로 대답해 보십시오.

① 매주 여러분과 함께하는 소그룹 구성원들과 당신 삶의 가장 중요한 것들에 대하여 가슴을 연 대화를 바로 시작하기가 어려우십니까?

② 필요한 말을 한 다음 곧바로 의미 있는 대화를 진행한다는 것이 왠지 어색하다고 생각합니까?

③ 당신의 삶 속에서 일어난 중요한 사건에 대하여 편안하게 이야기하려면 언제나 말할까 말까 잠시 동안 뜸을 들이게 됩니까?

④ 당신의 소그룹 모임은 기도를 요청하고 서로를 위해 깊이 있고 진지하게 기도해주는 시간을 가지고 끝마치기가 어렵습니까?

상기한 질문들은 소그룹 리더 세미나를 할 때마다 소그룹 전체가 친밀감을 형성했는지를 확인하는 질문 가운데 몇 가지다. 경험적으로 볼 때 상기한 질문들에 대해 모두 '아니오'라고 대답하는 리더들은 거의 없다.

실제로 소그룹 리더들 가운데 다음과 같이 상담하는 리더들이 의외로 많은 것을 발견한다.

"우리 소그룹은 비공식적인 교제 모임도 자주 하고, 서로 식탁교제를 나누는 데도 아주 익숙합니다. 그런데 웬지 모르게 멤버들 사이에는 가리워진 베일이 있는 듯 하고, 어떤 경우에는 좀 냉랭하다는 인상을 지울 수가 없습니다. 말로 설명하기에도 어려운 이런 상황은 무엇 때문에 생기는 것일까요?"

　리더 자신으로서는 구성원들의 친밀감 형성을 위해 모든 노력을 다하는 것 같고, 겉으로 보기에 구성원들도 서로 교제하는데 별반 어려움이 없는 것 같다. 그러나 정작 깊이 있는 이야기를 나누어야 하는 상황이 대두되면 마음을 열지 않는 멤버들로 인해 소그룹 자체가 온전한 친밀감을 이루지 못한 것 같은 느낌을 받는 경우가 많은 것이 사실이다. 공식적이거나 비공식적인 많은 활동들을 기획하고 진행함에도 불구하고 우리는 한 팀이라는 의식이 형성되지 않는 소그룹이라면 성공적인 소그룹으로 가기에는 아직 요원한 상황이라는 것을 인식할 필요가 있다.

　일례로 소그룹 나눔의 시간에 거리낌을 가지고 있는 듯한 멤버가 있거나, 스스로를 드러내는 것에 대해 계속해서 어려워하는 표정을 가지고 있는 멤버가 모임 시간에 앉아 있다고 생각해 보자. 분위기 전체가 가라앉는 것은 시간 문제다. 또 소그룹 모임이 매주 계속되기는 하지만 자신에게나 그룹의 나머지 사람에게 무엇인가를 숨길 요량으로 가면을 쓴 채로 앉아 있는 사람에게 성숙을 기대하기란 어려운 것이다.

　현대 사회가 점점 거대화 되어 가고 있다는 것은 주지의 사실이다. 그런데 이런 상황이 심화될수록 사람들은 더욱 자신에게 소속감을 줄 만한 적은 수가 모이는 공동체를 찾으려 하는 경향을 보이고, 자신의 이야기를 전적으로 수긍해 줄 수 있는 소그룹 내에 안주하려는 욕구를 가지고 있다. 이런 사실은 인터넷 포털사이트의 커뮤니티가 활성화 되고 있는 것만 보아도 쉽게 확인할 수 있다. 이런 맥락에서 교회 내의 소그룹에 사람들이 왜 오는지를 다시 한번 점검할 필요가 있다. 전체 회중이 모이는 분위기 안에서 사람들은 저마다 자신을 투명하게 열어 놓지 못하는 안타까움을 가지고 있다. 따라서 대그룹만으로 새로 교회에 나온 사람들을 정착시키는 일이란 그리 쉽지 않다. 결국 친밀감을 느낄 수 있는 집단으로 편안함을 느끼게 하는 대안 공동체로서의 소그룹이 존재해야 할 필요성을 현대 교회는 요청받고 있는 것이다.

매주 모이는 소그룹에서 구성원들이 온전한 친밀감을 형성하지 못해 소속감과 편안함을 느낄 수 없다는 것은 그야말로 개인적으로나 소그룹으로서나 한 마디로 불행이다. 결국 성공적인 소그룹으로 가기 위한 중요한 관건은 멤버 상호간의' 친밀감'에 있다. 그러나 친밀감은 모임의 횟수가 많거나 한 번 모여서 긴 시간을 갖는다고 해서 자연스럽게 형성되는 것이 아니라는데 어려움이 있다. 임상적으로 볼 때 친밀감 형성의 가장 중요한 열쇠는 '투명성'이다.

투명성을 이루는 방법

자신의 부족하고 연약한 모습을 자연스럽고 솔직하게 고백할 수 있는 분위기를 유지하는 투명한 소그룹일 수 있을 때 비로소 친밀감 형성의 토대가 마련될 수 있는 것이다. 그렇다면 성공적인 소그룹으로 가기 위한 또 하나의 이유인 소그룹 내의 친밀감 형성의 열쇠인 투명성은 어떻게 가능할 수 있는가?

첫째, 리더 자신이 먼저 가면을 벗을 때 소그룹 내의 투명성은 유지될 수 있다.

사람들은 누구나 자신의 깊숙한 비밀이 다른 이들에게 거부당하거나 비난받을까 봐 가면 쓰기를 좋아한다. 자신의 내면을 속이고,

성령께서 밝히 드러내기를 원하는 영역을 정당화하거나 합리화시켜 적당히 포장하는 데 익숙한 것이 현대인들의 경향성이다. 그러나 자신을 투명하게 드러내지 못하고, 고립되어 있는 사람들이 소그룹 내에 포진해 있는 이상 소그룹을 통한 성숙과 성장은 거의 일어나지 않는다. 이런 상황을 극복하는 첫 번째 방안은 리더 자신이 먼저 모든 멤버들 앞에 가면을 벗고 투명해지는 것이다.

만약 리더가 정직하게 자신을 드러내거나 투명해지는 것에 대해 너무 힘들다는 인식을 가지고 있다면, 그 소그룹은 소망이 없는 소그룹이다. 리더로서 자신의 예민한 부분을 드러내는 일이 쉽지는 않지만 리더가 먼저 투명해지기를 시작할 때 친밀감을 향한 올바른 진전이 있을 수 있다. 그래서 세미나 때마다 투명성과 소그룹의 친밀감에 대해 강조할 때 소그룹 리더는 '실험용 마루타'가 될 각오를 해야 한다고 말한다. 이것은 리더로서 먼저 자신을 오픈하고 정직하고 투명하게 구성원들 앞에 서야 한다는 것을 강력하게 말하고 싶기 때문에 드는 비유이다.

임상을 해 보면 너무나 신기하게 리더가 이야기하는 투명성의 농도만큼만 멤버들이 자기 오픈을 하는 것을 느낄 때가 있다. 즉, 소그룹 구성원들은 리더가 오픈하는 것 이상으로 절대 오픈하지 않는 것이다. 예수님은 이렇게 말씀하셨다. "그 정죄는 이것이니 곧 빛이 세상에 왔으되 사람들이 자기 행위가 악하므로 빛보다 어두움을 더 사랑한 것이니라. 악을 사랑하는 자마다 빛을 미워하여 빛으로 오지 아니하나니 이는 그 행위가 드러날까 함이요 진리를 좇는 자는 빛으로 오나니 이는 그 행위가 하나님 안에서 행한 것을 나타내려 함이라 하시니라."(요 3:19~21) 만약 소그룹 리더로서 구성원들과 한 팀이 되고 싶다면 먼저 자신의 가면을 벗어 던지는 것이 최우선이다.

둘째, 소그룹이 투명성을 형성하는 결정적인 타이밍(Timing)을 놓치지 말아야 한다.

소그룹 멤버들이 상호 친밀감을 이루기 위해 요청되는 투명성 형성은 결정적인 시기(Timing)가 있다. 이 타이밍을 놓치게 되면, 그 후에 아무리 노력해도 별 진전이 없다는 것을 발견하게 된다. 그렇다면 투명성 형성의 결정적인 시기는 언제인가? 먼저 전제해야 할 것은 소그룹도 사람과 마찬가지로 성장을 위한 생명주기가 있다는 점이다. 탄생 시기가 있고, 성장 시기가 있고, 완숙하게 성장해서 새로운 생명을 낳고 양육할 수 있는 재탄생 시기가 있는 것이다.

소그룹이 친밀감을 이루어내기 위해 투명성을 형성해야 하는 결정적인 시기는 바로 소그룹 멤버들이 처음 만나 소그룹을 출범시킨 탄생의 시기이다. 탄생기는 구성원들이 관심을 가지고 그룹에 참여할 것인지 말 것인지를 결정하는 시기이다. 만약 이 시기에 모든 구성원들이 겉옷을 벗어 놓고, 리더의 '적절하고 효과적인 동기부여'(한국소그룹목회연구원의 「NEW 아이스브레이크 모음집」이 도움이 될 것이다)를 통해 남김없이 자기 이야기를 할 수 있게만 된다면 소그룹 모임이 전체적으로 끝나는 시기까지 지속적으로 친밀감이 있게 될 것이다. 그러므로 소그룹이 처음 출발한 탄생기에 투명성 유지를 위해 모든 효과적 노력을 기울여야 할 필요가 있다.

셋째 투명성 유지를 위한 보호막을 만들어야 한다.

의외로 많은 리더들이 소그룹 내의 투명성 유지와 관련하여 폐해가 있다는 지적을 종종 한다. 내용을 들어보면 지나치게 솔직하게 표현했더니 그것으로 인해 시험(?)이 들었다는 것이다. 물론 일리 있는 말이다. 그러나 한 가지 기억할 사실은 투명성을 유지하고 그것을 통해 상호 친밀감을 형성하기 위해서는 최소한 두 가지 정도의 약속을 구성원들 상호간에 가지고 있다면 이런 위험으로부터 벗어날 수 있다. 먼저는 '비밀 유지'다. 소그룹 내에서 들은 이야기는 절대로 밖에 나가서 발설하지 않겠다는 상호 언약을 맺을 필요가 있는 것이다. 또 한 가지는 '전적인 수용과 긍정'의 약속이다. 누가 이야기하든지 성경의 진리와 위배되지 않는다면 모든 멤버들이 전적으로 수용하고 긍정하겠다는 약속을 맺는 것이다. 자신의 이야기가 밖으로 떠돌아다닐 것이라는 위험을 느끼는 사람이 투명하게 자기 마음을 열고 이야기할 리는 만무하다. 또한 진지하게 자신의 마음을 열고 말하고 있는 순간 함께한 사람들이 수용하지 않은 것 같고, 오히려 냉소적이라는 느낌을 받게 된다면 그 다음부터 그 멤버에게서 투명한 이야기를 듣기란 거의 힘들 것임을 예상해야 한다. 그러므로 소그룹의 친밀감 형성을 위해 투명성이 요청된다면 적어도 '비밀 유지'와 '전적인 수용과 긍정'이라는 안전 장치를 소그룹 내에 마련해 두어야만 한다.

소그룹 리트릿을 계획하라

교회마다 바빠지는 사역의 계절

　여름(겨울)이 되면 교회마다 특별사역 준비로 분주해진다. 여름은 우리 그리스도인들에게는 황금 같은 시간이 아닐 수 없다. 전통적으로 여름(겨울)만 되면 전국의 기도원이나 한적한 시골 교회는 각 교회에서 밀려드는 은혜파 성도들로 문전성시를 이루게 된다. 이러한 한국 교회의 전통은 새벽 기도의 열기와 함께 교회를 성장시키고 성도들을 성숙시키는 또 하나의 축이 되어 왔다.

최근 여러 유형의 소그룹이 한국 교회에 소개되었기 때문에 이제는 전통 교회의 주류 속에서 새로운 스타일의 여름(겨울) 행사가 준비되고 진행될 것으로 생각된다. 교회마다 소그룹을 운영하는 방법이 조금씩 달라지고 있다. 교회 전체 차원에서 구역 예배처럼 소그룹을 운영하는 교회가 있는가 하면 교회의 모든 조직이 소그룹으로 이루어진 셀 교회 같은 교회도 있다. 가정 교회 스타일의 소그룹도 점차 늘어가고 있으며 네비게이토나 C.C.C. 같은 선교 단체 스타일의 소그룹 시스템을 갖춘 교회도 있다. 제자 훈련과 다락방 소그룹을 운영하는 교회는 3년의 커리큘럼 속에 여름을 위한 알찬 훈련 계획이 마련될 것이다.

어떤 유형의 소그룹이든지 여름(겨울)은 동일하게 찾아온다. 그리고 소그룹을 지도하는 지도자들은 목자된 심정으로 여름(겨울) 동안 성도들이 영적으로 방황하지 않고 오히려 영적 성숙의 길을 마련해주기 위해 노심초사할 것이다. 사실 이러한 목자의 심정만 있어도 70%이상 성공한 것이라고 할 수 있다. 지도자들이 양떼들에게 건강한 영적 양식을 먹이기 위해 고민한다는 것은 이미 성도들의 성숙을 위한 천금 같은 한 걸음을 내디뎠다는 것을 뜻하기 때문이다.

유익한 프로그램

전체 소그룹 차원에서는 소그룹 컨퍼런스 같은 행사를 계획해도 좋을 것이다. 많은 비용과 준비 기간이 필요한 일이지만 이러한 행사를 계획하고 일사분란하게 치러낼 수만 있다면 성도들의 영적 성숙을 위해 더할 나위 없이 좋은 여름(겨울) 행사가 될 것이다. 어떤 교회는 한 해의 모든 프로그램이 여름에 이루어지는 소그룹 컨퍼런스와 같은 행사를 중심으로 운영되고 있다. 수련회 기간 동안 집중적인 말씀의 도전으로 성도들을 완전히 변화시키고 그렇게 강력하게 변화된 사람의 동력을 중심으로 한해의 소그룹을 운영하는 것이다.

이러한 프로그램은 여름(겨울)마다 새로운 인물(?)들이 탄생되어 교회에 활력을 얻게 된다. 타성에 젖은 성도들에게는 마음을 새롭게 가다듬을 수 있는 기회가 되며 새신자들은 자기의 존재를 모든 성도들에게 알릴 수 있는 절호의 기회를 얻을 수 있게 된다. 이러한 행사는 소그룹을 통해 주님의 지상명령인 제자 삼는 일을 실천하고 영적으로 소경된 자들을 깨우고 양육해서 그리스도의 일꾼을 삼는 것을 교회의 핵심가치로 삼고 이것을 위해 에너지를 집중시킬 수 있는 교회가 해낼 수 있는 프로그램이다. 따라서 많은 교회는 아직까지 그러한 행사는 그림에 떡 같은 일일 수도 있을 것이다.

그러나 실망할 필요는 없다. 큰 행사를 치를 수 없다고 소그룹 활동이 죽는 법도 없으며 전통교회라고 소그룹 여름 행사를 할 수 없다는 법도 없다.

최소 단위 여름캠프

오랫동안 교회 차원의 소그룹 디렉터로 섬겼던 이병성 목사는 "하룻밤 공동체를 만들자!"(smallgroup.co.kr, 소그룹보물찾기 2004년 7월호)는 그의 글에서 목표는 단순하게, 장소는 근거리로, 시간은 최소 단위로 하여 여름캠프를 치를 수 있다고 주장하고 있다. "소그룹 공동체가 좀더 많은 시간을 가지고 숙식하면서 공동의 생활을 하는 것이 바람직한 것은 사실이다. 그러나 현대 사회의 상황은 그렇지 못하다. 또한, 소속된 다른 공동체의 요구가 많아진다면 더더욱 어렵다. 그렇다면 정해진 소그룹 공동체가 함께하는 시간을 최소 단위로 만들어 보면 어떨까? 이것이 하룻밤이다."

또 smallgroups.com의 편집자로 널리 알려진 맥 미카일은 그의 경험에 근거하여 여름에 소그룹에서 실천할 수 있는 실제적인 방법들을 제시해 주고 있다. 아래와 같은 내용을 참고하여 여름 행사를 계획한다면 작은 교회의 소그룹이나 교회 차원의 지원을 받지 못하는 교회의 작은 소그룹들도얼마든지 유익한 여름을 지낼 수 있게 될 것이라 믿는다.

7, 8월이 나오는 큰 달력을 구해서 벽에 붙여둔다. 매주 열리는 정기모임 날짜를 살펴보고 조원들 대부분이 휴가를 가거나 집을 떠날 날짜를 삭제한다. 그 날짜를 피해서 모임 계획을 세운다. 사람들에게 친절한 행동을 하고, 그들이 왜 그렇게 하느냐고 물으면 "하나님의 사랑을 실질적으로 보여주기 위해서"라고 대답하면 된다.

- 이웃들을 초청해서 바비큐 파티를 연다.
- 이웃을 초대해서 함께 야구나 축구 구경을 간다.
- 이웃을 초대해서 야외 콘서트에 간다.
- 늦여름에는 크리스천이 하는 콘서트에 이웃과 함께 간다.
- 날씨가 더울 때 길가에 있는 공원에서 음료수를 대접한다.
- 길가에 주차해 있는 차를 세차해 준다.
- 이웃을 위한 무료 아기 돌보기를 시행해서 젊은 부부들이 오붓한 저녁 시간을 갖도록 해준다.
- 지금껏 모임을 갖던 요일 외에 다른 날에 모임을 갖는다. 여름에는 금요일 밤이나 토요일 아침이 더 낫다. 이 기간에는 좀 더 융

통성을 보인다.

- 모임의 빈도는 줄이되, 모임을 없애지 않는다. 매주 모이기보다는 4주에 3번 모이거나 격주로 모인다.
- 캠핑을 가든지 함께 수련회를 간다. 선교 단체에서 실시하는 크리스천 캠프를 간다. 또는 젊은이들을 위한 크리스천 여름 캠프에서 함께 자원봉사자로 섬긴다. 이렇게 해서 서로 관계가 깊어지고 함께 즐거워할 수 있다.
- 이웃을 위해서 기도하되 개인 기도와 그룹 기도를 병행한다. 특별히 성령께서 그들의 마음을 열어서 그들에게 한 단계 더 다가갈 수 있는 기회를 얻도록 기도한다.

소그룹 컨퍼런스와 같은 거대한 프로그램이 없어도 이와 같은 소그룹별 활동으로 조원들과 함께 단조로운 일상을 벗어나 보는 경험을 공유하게 되면 새로운 관계가 생겨나고 기존의 관계는 더욱 깊어지게 될 것이다. 이런 프로그램을 진행하기 위해 아래의 몇 가지는 꼭 유념할 필요가 있을 것이다.

리트릿을 통한 공동체성 강화 전략

① 명확한 목표 설정

리트릿을 통해 무엇을 얻고 싶은지 구체적인 목표를 설정하라. 예를 들어, '멤버 간의 친밀감 증진', '특정 주제에 대한 깊이 있는 나눔', '공동 기도 시간 확보', '새로운 사역 비전 공유' 등 명확한 목표는 프로그램 기획과 진행의 방향을 제시해준다.

② 멤버들의 참여 유도

리트릿 준비 과정부터 멤버들이 함께 참여하도록 격려하라. 장소 선정, 프로그램 기획, 역할 분담 등에 멤버들의 의견을 반영하고 위임시켜라. 자발적인 참여를 유도할 때, 멤버들은 리트릿에 대한 주인의식을 갖고 더욱 적극적으로 참여하게 된다.

③ 균형 잡힌 프로그램 구성

영적인 프로그램(말씀 공부, 기도회 등)과 교제 및 휴식 프로그램(레크리에이션, 식사 교제, 자유 시간 등)을 균형 있게 구성하라. 너무 한쪽에 치우치지 않도록 멤버들의 에너지 수준과 필요를 고려하여 시간표를 안배하는 것이 중요하다.

④ 깊이 있는 나눔의 시간 확보

평소 소그룹 모임에서는 나누기 어려웠던 깊이 있는 삶의 이야기나 기도 제목을 나눌 수 있는 충분한 시간을 확보하라. 안전하고 신뢰하는 분위기 속에서 진솔한 나눔이 이루어질 때, 멤버들은 서로를 더 깊이 이해하고 영적인 유대감을 형성할 수 있다.

⑤ 함께하는 활동 강화

함께 식사를 준비하고, 공동 과제를 수행하고, 팀 게임을 하는 등 멤버들이 협력하고 소통할 수 있는 활동들을 통해 공동체 의식을 함양하라. 함께 땀 흘리고 어려움을 극복하는 경험은 멤버들 간의 결속력을 강화시킨다.

⑥ 자연스러운 교제 환경 조성

짜인 프로그램 외에도 멤버들이 자연스럽게 교제하고 휴식할 수 있는 시간과 공간을 마련하라. 아름다운 자연 속에서의 산책, 편안한 분위기에서의 담소 등 비공식적인 교제는 관계를 더욱 부드럽고 친밀하게 만든다.

⑦ 리트릿 이후의 삶 연결

리트릿에서 경험한 은혜와 결단이 일상생활로 이어질 수 있도록 후속 조치를 계획하라. 예를 들어, 리트릿에서 나눈 기도 제목을 계속해서 함께 기도하거나, 함께 결단한 내용을 소그룹 모임에서 점검하고 격려하는 시간을 가질 수 있다. 리트릿은 일회성 이벤트가 아니라, 지속적인 성장과 변화를 위한 디딤돌이 되어야 한다.

잘 계획되고 준비된 소그룹 리트릿은 멤버들에게 잊지 못할 추억과 영적인 유익을 선사하며, 소그룹 공동체를 더욱 건강하고 활력 넘치게 만드는 중요한 계기가 될 것이다.

아이스브레이크를 활용하라

아이스브레이크와 보살핌

아이스브레이크는 당신이 인도하고 있는 소그룹에 굉장한 도움을 주게 될 것이다. 소그룹의 역동성은 매우 중요하다. 우리가 일명 '스몰 그룹 다이나믹스'라고 부른다. 우리가 구역을 진행하면서 주일학교도 마찬가지고 중고등부도 마찬가지고 대학 청년부도 마찬가지고 장년도 마찬가지인데, 어떤 그룹이든지 그 소그룹 안에 왠지 김이 빠져 있고 뭔가 억지로 도살장에 끌려 들어가는 사람처럼 그렇게 참석하는 사람도 굉장히 많이 있다. 따라서 '그 소그룹을 어떻게 갱신시킬 것인가?' 하는 것에 대해서 한 번쯤은 고민해 보았을 것이다. 어느 소그룹 인도자는 "제가 인도하고 있는 소그룹은 질문만 하게 되면 쥐 죽은 듯 조용해집니다. 그들은 마치 침묵하기로 맹세라도 한 것 같습니다. 어떻게 하면 좋을까요?" 이런 질문을 해왔다. 아이스브레이크는 소그룹에 참여한 구성원들 사이에 서먹서먹하게 냉각된 분위기를 깨뜨려 친밀한 관계 형성을 할 수 있도록 하고, 나아가 소그룹 구성원들이 서로 격려하고 영적으로 더 깊은 자리에 나아가 소그룹 자체를 견고하게 할 목적으로 동원되는 의사소통의 기술, 자료 및 총체적인 시간을 의미한다.

우리 소그룹에 참여하는 사람들은 환경의 수준도 다르고 그들이 속해 있는 영역도 다른 사람들이다. 다 목회자들 같으면 좋겠지만 다 목회자들일 수도 없고 그래서도 안 된다. 우리 구역 모임에 참여하는 한 사람 한 사람을 보면 가정주부도 있고 직장인들도 있고, 자영업을 하는 사람도 있다. 여러 종류의 사람들이 우리 소그룹에 참여하고 있는 것이다. 그런데 그 사람들은 각기 자기 삶의 영역에 함몰되어 있다가 한 주 하루 시간 내어가지고 만나는 것이다.

따라서 처음부터 하나님 말씀으로 뚫고 들어가는 것은 쉽지 않은 일이다. 물론, 말씀 자체에 능력이 있고 자전성이 있기 때문에 우리가 그것을 인정하고 받아들일 수밖에 없지만 그러나 말씀을 전할 때에 이 의사소통의 기술이 굉장히 필요한 것이다. 훌륭한 소그룹 인도자는 침묵을 두려워하지 않아야 되는데, 우리가 가장 애달파하고 힘들고 어려운 때는 소그룹을 진행하면서 "어떠세요?"라고 질문을 했는데 대답이 나오지 않을 때일 것이다. 대부분의 사람들은 "그냥 그랬어요."라고 하며 가만히 있는다. 각자 자기 삶의 영역 속에서 푹 빠져 있던 사람들이기 때문에 갑자기 와서 영적인 이야기를 하라고 하면 어려워하고 힘들어하는 것이다. 그래서 정말 본질적인 이야기, 깊이 있는 이야기가 터져 나오지 않는 것이다. 인도자에게 '에이, 괜히 물어봤네.'라는 생각이 든다. 한두 사람에게 더 묻다가 "다들 별일 없었던 거 같은데 그냥 성경 공부합시다. 이제 본문 읽고 성경 공부 진행하죠." 하고 지나쳐 버린다.

그렇게 하는 것이 크게 나쁜 것은 아니다. 나쁜 것은 아니지만 한 번, 두 번, 세 번, 소그룹이 계속 그런 식으로 진행이 되면 "아, 나는 소그룹에 가서는 깊이 있는 얘기를 못해." 또는 "영적으로 우리는 긴밀한 관계 형성이 안 돼 있어. 내가 그 자리에 가서 뭘 기대할 수 있을까?"라는 결론으로 치닫게 된다. 이러한 부정적인 생각들을 일소할 수 있도록 해주는 것이 바로 아이스브레이크이다.

건강하고 역동적인 소그룹은 참여하는 모든 구성원들이 서로서로 이름을 아는 것이다. 한 사람의 이름을 안다는 것은 한 사람 한 사람의 영적인 과거와 현재와 미래를 모두 아는 것이다. 소그룹이 이런 현장이 될 때, 그 소그룹은 건강하고 역동적일 수 있는 가능성이 있다. 영적인 이야기를 사람들이 자연스럽게 꺼내놓을 수 있도록 도와주는 것이 두 가지가 있다. 하나는 소그룹을 시작할 때 하는 아이스브레이크로써 마음열기이며, 그 다음은 소그룹을 마칠 때에 하는 아이스브레이크로써 보살핌이다.

목회자들이 볼 때 저 소그룹 인도자가 정말 칭찬할 만하고 인정할 만하고 어디에 내놔도 부끄럽지 않은 예수 그리스도의 제자라고 말할 수 있는 소그룹 인도자는 단 한 사람도 소외되지 않도록 소그룹을 인도하는 사람일 것이다. 이것은 쉽지 않은 일이다. 의식의 차이도 있고 삶의 방식도 굉장히 다르고, 그들의 우선순위도 다 다르다. 그리고 성경을 이해하는 깊이와 폭도 다 다르다. 그런 천차만별의 사람들과 함께 소그룹을 진행할 때, 한 사람도 소외시키지 않고 성경 공부를 인도한다는 것은 결코 쉬운 일이 아니다. 이러한 문제를 마음열기가 효과적으로 도와줄 수 있다. 정말 즐겁게 시작해서 '아, 나는 여기에 와서 소속되어 있고 우리의 목적은 동일하고 내가 어떤 이야기를 하더라도 이 소그룹 안에서는 용납된다.' 이런 마음을 갖게 만들 수 있는 사람은 성공적인 소그룹 인도자가 되는 것이다.

소그룹 인도자는 누가 이야기하든지 무슨 이야기를 하든지 성경의 진리와 위배되지 않는다면 우리는 항상 받아들이고 전적으로 수용한다는 것을 모든 사람들이 인식하고 자연스럽게 이야기할 수 있도록 만들어줘야 한다. 또 훌륭한 소그룹 인도자는 정답과 오답을 이야기할 수밖에 없는 질문이 아니라, 자기의 상황을 이야기할 수 있도록 다음과 같은 질문을 하는 사람이다.

"김 집사님, 한 주간 동안 슈퍼모델에 가까운 한 주간이었나요? 아니면 쥐구멍에라도 들어가고 싶은 한 주간이었나요?"

그렇게 물으면 뭔가 대답을 하게 된다.

"저는 슈퍼모델 쪽에 가까웠습니다."

"왜요?"라고 물으면 계속 이야기가 진행되는 것이다. 우리가 그 속에서 나누는 것은 한 주간 동안 함께 만나기 전까지 있었던 여러 가지 생활의 이야기가 되며 이 이야기를 진행하는 동안 효과적으로 사람들의 마음이 터치될 수가 있다는 것이다.

이렇게 소그룹을 시작할 때 효과적으로 사람의 마음문을 열기 위해서, 그리고 더 나아가서는 영적인 이야기를 깊이 해서 나중에는 비전을 나누는 공동체로 발전시키도록 돕는 자료가 아이스브레이크이다. 아이스브레이크는 견고한 팀워크 형성을 위해서 실시한다. 이것은 우리 모두가 바라는 것이다. 그래서 중고등부나 청년부 수련회를 가면 제일 먼저 하는 것이 팀파워를 형성하는 공동체 훈련이다.

사람의 마음을 표현하면, 다양한 관계의 방들로 가득차 있는 것과 같다. 어떤 사람은 수천 개, 수만 개의 문들을 가지고 있는 존재가 우리의 마음이 아닌가 싶다. 그래서 A라는 사람을 만나면 나를 잘 이해하지 못하고 맨날 뒤에 가서 수군수군하는 사람이니까, 저 사람에게는 마음문 2개만 열어줘야지 하고 그 수준까지만 열어준다. '열어준다'는 의미는 그 사람하고의 인간 관계 속에서 대화 속에서 자신을 오픈한다는 뜻이다. 그런데 소그룹 안에서 소그룹에 참여하는 소그룹 구성원들을 향해서 '우리 소그룹(구역)식구들은 내가 좀 깊이 있는 얘기를 하면 금세 돌아서서 딴 사람하고 뒷얘기를 하더라.'라고 사람들이 인식을 하면 절대로 마음의 문을 열 수가 없다.

이런 불편함이 계속되면 그 소그룹은 절대로 깊은 자리로 나아갈 수 없다. 그래서 이런 어려움을 효과적으로 도울 수 있는 도구가 필요한 것이다. 아주 냉랭한 분위기를 깨뜨릴 수 있고, 영적인 이야기를 깊게 할 수 없는 그런 분위기를 효과적으로 깨뜨릴 수 있는 또 하나의 아이스브레이크로써 '보살핌'이 있다. 따뜻하고 감격 있는 효과적인 마무리는 또 다른 시작을 약속한다. 이 보살핌이라는 것은 소그룹을 마칠 때 적용하는 아이스브레이크이다. 따뜻하고, 감격적이고, 효과적인 마무리는 또 다른 시작을 약속한다. 소그룹 마칠 때, 효과적으로 마무리를 한다면 또 다른 시작을 분명히 약속해 줄 수 있는 아주 좋은 분기점이 된다.

아이스브레이크는 소그룹 내에 영적 분위기를 자연스럽게 이끌어내기 위해 실시한다. 영적인 체험과 감동, 감사와 응답, 이런 것이 있는 소그룹을 만들기 위해서 모든 목회자들이 노력하고 소그룹 인도자들이 애를 쓰지만, 이야기하라고 하면 입을 다물어 버리고,

기도 제목을 다 모아보면 괜히 물어봤다 싶을 정도로 천편일률적인 경우가 많이 있다. 그리고 서로에 대해서 감사를 하거나 감사에 응답하는 것, 이런 것이 우리에게 큰 어려움이다. 우리는 상대를 사람을 앞에 놓고 사랑이나 감사의 표현을 잘 못 하는 경향이 있다. 사람들이 서로 감사와 사랑의 표현을 잘못하니까, '저 사람은 항상 나에 대해서 화내고 있다'고 느낄 수도 있다. '저 사람과는 깊이 있는 얘기가 안 된다'라고도 얘기할 수 있다. 이런 어려움들을 해결해 줄 수 있는 것이 아이스브레이크이다.

성경 공부를 마치는 시간에 성경 공부 친구들과 다음에 주어진 질문에 대답하는 시간을 함께 가져보자. '이번 주 당신을 가장 잘 묘사하는 일기 예보를 하나만 선택해 보십시오. 선택한 것과 관련해서 개인의 기도 제목을 함께 나누셔도 좋습니다.'

예를 들면, 다음과 같다.

"자, 박 집사님, 지난 주 날씨 상태가 어땠습니까? 밑에서 하나 골라보시겠어요?"

"저요? 음... 영하 15도에다가 바람까지 부는 찬 날씨였어요."라고 대답을 한다. 그러면 인도자는 "왜요?" 이렇게 물어주기만 하면 계속 이야기가 진행될 것이다. 자기가 이것을 선택한 이유를 쭉 이야기할 것이다. 이야기하는 것을 가만히 들어보면, 이 사람이 지금 아이들과 굉장히 문제가 많다는 것을 알 수 있게 된다. 그런 이야기를 요약하면, 지금 하나님께 아뢰어야 될 것, 그 다음에 우리가 그를 돕고 기도로 격려해야 될 것이 나올 수가 있게 되는 것이다.

"자, 이 집사님은요?"

"저요? 음... 좋지 않은 날씨일 것이 확실합니다."

"왜요?" 이 집사님은 직장을 다니고 있는 분이다. 이유를 물었더니 이 집사는 이렇게 대답을 한다. "다음주 금요일까지 제가 맡은 프로젝트를 끝내야 되는데 지금 머리 속에 하나도 정리된 게 없고 해놓은 것도 없고 답답해서 정말 머리가 돌 지경입니다.”

그러면 인도자는“어휴, 이 집사님 그러면 금요일까지 하나님께서 지혜를 주셔서 프로젝트 잘 끝낼 수 있도록 그렇게 함께 기도드리면 좋겠군요.”라고 얘기하면 그것이 이 집사의 구체적인 기도 제목이 되는 것이다. 이런 방법들이 굉장히 효과적일 수 있다.

또 다른 방법이 있다. 성경 말씀 중 한 가지를 선택하게 한다. 그리고 왜 그것을 선택했는지 다른 사람들에게 이야기하게 한다. 또한 말씀을 선택하여 그 문장의 주어를 1인칭으로 바꾸어 봄으로써 선택한 그 약속을 자신의 것으로 만들 수도 있다. 이와 같은 아이스브레이크 자료들은 한국소그룹목회연구원에서 출판한 NEW아이스브레이크 모음집에 수록되어 있다.

아이스브레이크를 활용할 때 유의할 점

아이스브레이크를 활용할 때는 반드시 유의해야 할 사항들이 있다.

첫 번째, 소그룹이 얼마나 지속된 모임인가를 예리하게 판단하는 것이다.

위험도가 낮은 이야기에서 시작해서 점점 위험도가 높은 이야기로 발전해야 된다. 자료가 좋다고 해서 무턱대고 적용을 하면 “지금 우리 소그룹은 그걸 소화할 수 있을 정도로 관계 형성이 안 되어 있어요.”라고 대답하는 사람들이 나오게 될 것이다.

저 사람이 도대체 어떤 종류의 사람이고 내가 이야기할 때 어떤 반응을 하는 사람인지 정체불명의 사람들이 앉아 있는데 자기의 깊은 얘기를 할 수는 없을 것이다. 그러니까 소그룹에 참여하고 있는 사람들이 관계 형성의 밀도가 어느 정도인가를 예리하게 판단해야 한다.

특별히 역사가 오래된 교회에서는 어릴 때부터 발가벗고 같이 놀았는데, "여기에 있는 대한민국 지도를 보세요. 당신의 고향은 어디입니까?" 이런 식으로 얘기하는 것은 아주 우스꽝스러운 이야기가 된다. 그러니까 소그룹에 참여하는 사람들의 영적인 성숙도, 관계의 밀도, 함께 살아온 경륜 등을 늘 예리하게 판단하면서 적용해야 한다.

두 번째, 어떤 종류의 소그룹인지를 고려해야 한다.

굉장히 지적이고, 성숙한 사람들이 모여 있는 자리에서 그것을 억지로 깨뜨리기 위해 아주 우스꽝스런 마음열기나 보살핌을 적용한다면 역효과를 가져올 수가 있다. 그렇다고 해서 모인 사람들이 근엄하다고, 근엄한 마음열기나 보살핌을 적용하는 것은 곤란하다. 중요한 것은 그 소그룹을 구성하고 있는 사람들의 면면이 어떠냐 하는 것에 대해서 인도자는 항상 예리하고 통찰력 있게 볼 수 있어야 한다는 것이다. 소그룹은 여러 가지 종류의 소그룹으로 다양하게 구성될 수 있다. 사별한 사람들끼리의 모임으로 구성될 수도 있고, 남편과 사별하고 사는 미망인들끼리의 소그룹이 있을 수도 있고, 고3 학부모들만의 모임으로 구성될 수도 있다. 따라서 아이스브레이크를 적용시킬 때는 이 소그룹에 속해 있는 사람들이 무엇을 싫어하는지를 판단할 수 있어야 한다. 어떤 사람들에게 상처가 될 수 있는 것은 제거할 수 있는 영적인 안목이 필요한 것이다. 그래서 어떤 종류의 소그룹인지를 고려해야 한다.

세 번째, 오늘 성경 공부 주제가 무엇인지를 고려해야 한다.

예를 들어 사순절 기간에 예수님의 고난을 묵상하고 있다. 그런데 웃고 떠드는 마음열기를 적용한다면 "지금 예수님의 고난에 대해서 묵상하고 있는데 웃고 떠들고 할 분위기가 아닌데."라는 말이 나올 것이다. 그리고 "저 사람, 영적인 깊이가 있는 거야? 없는 거야?"라는 이야기를 분명히 들을 수 있을 것이다. 그래서 성경 공부 모임의 주제와 상응하는 그런 영적인 마음열기나 보살핌을 선택해야 할 것이다.

네 번째, 융통성 있게 적용해야 한다.

많은 사람들이 성경 공부 교재를 주면 교재에 나온 대로 곧이곧대로 다하려고 하는 경우가 많다. 그래서 시간이 지체되는 경우가 허다하다. 그래서 우리는 분위기에 따라서 적절히 조절하는 능력이 굉장히 필요하다. 이 아이스브레이크를 효과적으로 하기 위해서 때로는 구성원 모두에게 질문을 할 수도 있겠지만, 때로는 필요가 있는 사람에게만 질문할 수도 있다. 그다음에 질문의 내용이 많다면 한 사람씩 돌아가면서 한 문제씩 맡아서 대답할 수 있게 하는 방법도 있다. 이러한 여러 방법들을 융통성 있게 적용할 수 있어야 한다.

다섯 번째, 계획성 있게 잘 짜여진 활동을 유지해야 한다.

이것을 강조하는 이유는 가고 싶지 않은 소그룹의 1위가 제멋대로 끝나는 고무줄같은 소그룹이기 때문이다. 소그룹 인도자가 자기 기분이 좋으면 1시간 반 해버리고, 기분 나쁘면 30분 하고. 이런 들쭉날쭉한 소그룹에는 절대로 가고 싶지 않다는 것이다. 정말 건강하고 역동적인 소그룹으로 가기 위해서는 이 부분을 중요하게 여겨야 한다. 계획성 있게 잘 짜여진 활동과 관련해서 중요한 것은 아이스브레이크를 적용할 때, 사전에 리허설을 해보아야 한다는 것이다. 리허설을 해보지 않고 마음열기를 갖고 들어갔다가 낭패 보는 경우가 많다. 마음열기와 보살핌을 효과적으로 적용하려면, 반드시 사전에 한 번 연습을 해봐야 한다. 그래서 소그룹 인도자들끼리 모여서 먼저 연습해 보는 것이 좋다. 그리고 이미 사용을 해본 인도자에게 물어보는 것도 좋은 방법이다. 이거 해보니까 어떤 대답이 나오느냐, 사람들이 보통 어떻게 반응하느냐, 어떤 이야기가 모여지더냐 하는 것들을 미리 인지하고, 인식하는 것이 굉장히 중요하다는 것이다.

여섯 번째, 소그룹의 인원수를 잘 조절하고 안배해야 한다.

아이스브레이크 백과사전에 보면 어떤 자료는 두 사람이 등을 맞대고 하면 그 이상 좋을 수 없는 그런 아이스브레이크가 있다. 일대 일로 하는 것이 좋은 아이스브레이크가 있고 또 어떤 경우에는 반드시 홀수로 해야 되는 아이스브레이크가 있다. 그러니까 리허설을 해보지 않으면 몇 명이 하면 좋은가 하는 견적이 나오지 않는다. 아이스브레이크 중 빙고게임 같은 것은 세 사람을 앉혀 놓고는 진행을 할 수 없다. 그것은 최소 열 명 이상은 해야 재미있다. 그것을 우리는 집단 아이스브레이크라고 한다. 집단 아이스브레이크는 많은 사람들이 모여서 할 때 더 효율적이고 효과적이다. 따라서 소그룹의 인원수를 잘 조절하고 안배하는 것이 필요하다. 짝수가 모여서 하는 것이 좋으냐, 홀수가 모여서 하는 것이 좋으냐, 숫자가 많은 것이 좋으냐, 적은 것이 좋으냐, 아니면 일 대 일로 하는 것이 좋으냐, 이와 같은 견적을 아이스브레이크를 적용할 때마다 가지고 들어가야 된다.

일곱 번째, 사람들의 개성과 그들의 이야기에 대해서 긍정해야
한다.

아이스브레이크를 진행하다 보면 굉장히 속 깊은 이야기를 나눌
수가 있는데, 위험성이 있다. 깊이 있는 이야기를 나누다 보면 꼭
그것이 부메랑이 돼서 발목을 붙잡는 경우를 종종 본다. 특별히 교
회 안에서 이 말 때문에 일어나는 여러 가지 어려움들이 많이 있다.
소그룹 안에서 깊이 있는 이야기를 나누려 하는데 그 방파제가 없
는 경우가 많다. 언약서는 그런 위험의 방파제가 될 수 있다. '약속
을 맺고 하여라'는 것이다. 소그룹이 출범하기 전에, 가능하면 출범
하는 첫머리에 약속을 맺는 것이다. 그 언약 중에 중요한 것, 이 긍
정에 대한 언약이다. "깊이 있는 이야기를 할 때, 때때로 그것이 진
리에 어긋나는 이야기로 나갈 수 있는 가능성이 있는데, 만일 그것
이 성경에 대한 진리에 위배되지 않으면서 자기의 개인적인 이야기
라면, 성경의 진리와 위배되지만 않는다면 우리가 수용하고 인정해
준다." 이와 같은 언약을 맺어 놓는 것이다. 이야기하는 데 누군가
아주 냉소적으로 앉아 있다면 그런 냉대를 당한 사람은 다음 번부
터는 자기의 속 안에 있는 이야기를 절대 하고 싶어하지 않게 될 것
이기 때문이다.

(부록 2 에 '유용한 아이스브레이크 모음자료 10선'을 수록하였다.)

6장

새로운 소그룹을 출발시키라

6단계의 점검

건강한 소그룹이 건강한 교회를 만든다. 그렇다면 건강한 소그룹은 무엇인가? 단언컨대 열린 소그룹으로서 새로운 소그룹을 탄생시키는 것이 건강한 소그룹이다. 이제 문제의 관건은 '어떻게 새로운 소그룹을 탄생시킬 수 있는가?'에 있다. 실천적으로 하나의 소그룹이 또 다른 소그룹을 낳기 위해서는 적어도 다음의 6단계를 점검하는 것이 필요하다.

1단계는 바람의 단계이다. 지금 운용되고 있는 소그룹은 과연 전도와 선교를 향한 목적으로 움직여 가고 있는가? 하는 점이다. 이

짧은 질문에 긍정적으로 대답하고 소그룹 구성원들이 얼마나 목적 지향적인가 살펴보는 것이 중요한 것이다.

2단계는 대상 설정의 단계다. 이 단계에서는 교회 공동체가 얼마나 소그룹을 귀중하게 여기며 건강한 소그룹을 이루기 위한 목적 지향점을 가지고 있는가를 점검하는 것이다. 그래서 소그룹 구성원들이 주로 영적으로 어떤 상황에 처해 있는 사람들인지를 확인하는 작업이 여기서는 필요하다.

사실 교회 내에서 진행되고 있는 소그룹들을 살펴보면 그 구성원들 대부분이 고도로 헌신된 그 교회의 핵심 멤버들일 경우가 많다. 이런 사람들로만 구성된 소그룹일수록 재생산의 기쁨을 누리기가 대체로 힘들다. 그러므로 재탄생을 꿈꾼다면 이미 소그룹에 참여하는 사람들과 참여하고자 하는 사람들이 누구인지 대상을 정확히 설정하는 것이 필요하다. 아래의 그림은 교회와 지역 사회에서 전형적으로 발견되는 네 가지 유형의 사람들을 표현한 것이다.

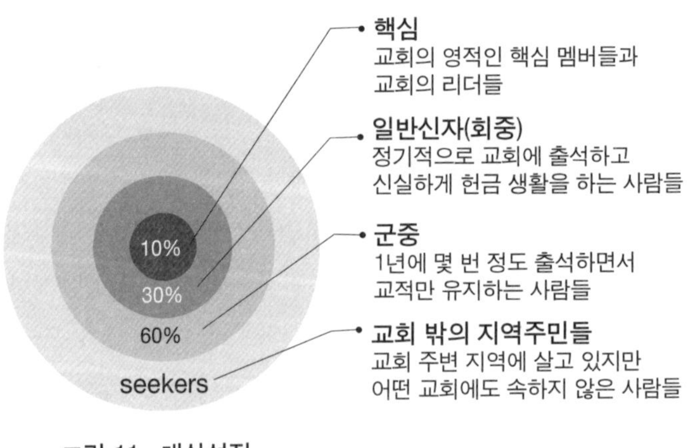

그림 11　대상설정

- 10% 핵심 : 교회의 "영적인 핵심" 멤버들과 교회의 리더들
- 30% 신자(회중들) : 정기적으로 교회에 출석하고 신실하게 헌금생활을 하는 사람들
- 60% 군중들 : 일 년에 몇 번 정도 출석하면서 교적만 유지하는 사람들.
- 교회 밖의 지역주민들 : 교회 주변 지역에 살고 있지만 어떤 교회에도 속하지 않은 사람들

위의 그림에 소그룹 구성원들이 동심원 가운데 어느 위치에 속해 있었는지 점을 찍어보라. 그리고 만일 같은 교회 안에 있는 다른 소그룹들에 대해서도 구성원들을 알고 있다면 그림 위에 그 그룹의 사람들이 속한 위치를 더 표시해 보라. 다 표시하고 나면 소그룹 구성원들에게 아래의 질문을 던져보자. "어째서 우리 교회에서는 소그룹들이 오직 이 그림 위의 점에 표시된 사람들에게만 흥미를 끄는가?" 재탄생을 소망한다면 교회 내의 소그룹 구성원들 가운데 대부분의 사람들이 어디에서 왔는지 그 대상을 정확히 설정하는 것이 필요하다.

3단계는 조사의 단계다. 교회에서 소그룹에 참여하지 않는 사람들의 가려운 곳은 어디에 있는가?를 면밀히 살피는 단계가 바로 이 단계다. 교회에서 소그룹에 관심이 없는 것으로 여겨지고 있는 사람들이 요청하는 부분이 무엇인지를 정확하게 파악할 수 있다면 전혀 새로운 사람들(이전에 소그룹에 전혀 흥미를 가지고 있지 않은 사람들 혹은 소그룹에 참석했다가 흥미를 잃고 더 이상 참석을 하지 않은 사람들 등)이 소그룹에 참석할 수 있는 환경을 만드는 기회가 될 것이다. 그러므로 교회 내의 사람들이 바라는 것이 무엇인지 파악하기 위하여 전 교회적으로 설문조사와 같은 작업이 필요한 것

이다.

4단계는 아이디어 회의 단계이다. 조사한 결과로부터 교회가 현재 더욱 신경 쓰고 배려해야 할 부분과 영역이 무엇인지를 배울 수 있다. 그러므로 새로운 그룹을 시작할 때 지금까지 해왔던 소그룹 사역과는 다른 새로운 차원의 차별화된 소그룹 사역을 시작하므로써 흥미를 유발할 수 있게 될 것이다.

5단계는 순회 유세의 단계다. 여기서는 '누구를 초청할 것인가?'를 결정한다. 새로운 소그룹 사역에 참여하는 것에 관심을 가질 수 있다고 생각하는 사람들의 예상 명단을 모든 소그룹 구성원들로 하여금 구체적으로 작성하도록 하는 것이 필수적이다.

마지막 6단계는 파송의 단계다. 소그룹 구성원들 가운데 새로운 소그룹을 시작하는데 헌신한 자들을 축하하며 파송하는 것이다. 여기에는 적당한(인상에 남을 수 있는) 파티를 여는 것도 효과적이다.

확장-재탄생에 대한 소그룹 점검 확인서

당신이 속해 있는 소그룹은 확장(전도와 선교- 재탄생)을 위해 움직여가고 있는가? 어떤 쇠사슬이든지 가장 큰 위험은 가장 강하게 연결된 부분에 있다. 이것은 특별히 성경공부 그룹에 있어서도 마찬가지다. 바로 성경공부의 깊이가 새로운 사람들의 합류를 가로막거나 그들이 참여할 때 편안하게 느끼지 못하게 한다. 그룹이 내부적으로 성장하는 마지막 단계에서는 자기중심적이 되고 영적으로 둔감하게 된다. 여러분의 그룹에 이러한 일들이 벌어지는 것을 예방하기 위하여 아래의 간단한 물음에 대답하고 그룹의 구성원들과 함께 그 결과에 대하여 이야기해 보자.

① 당신은 예수 그리스도의 헌신된 제자입니까?　□**예**　□**아니오**

② 당신은 예수 그리스도께서 당신이 당신의 믿음을 다른 사람들과 함께 나누기를 원하신다는 것을 믿습니까?　□**예**　□**아니오**

③ 당신은 모든 그리스도인들이 서로를 돌보는 작은 공동체에 소속되어야 함을 믿습니까?　□**예**　□**아니오**

④ 당신은 당신의 교회에서 현재 소그룹에 참여하지 않고 있는 사람들이 누구인지 알고 있습니까?　□**예**　□**아니오**

⑤ 당신은 교회의 한 구석에서 삶을 나누는 소그룹에 소속될 필요가 있는 친구들을 알고 있습니까?　□**예**　□**아니오**

⑥ 당신은 하나님께서 당신을 향한 뜻과 계획을 가지고 계심을 믿습니까?　□**예**　□**아니오**

⑦ 당신은 하나님께서 이 소그룹 안에서 당신을 통하여 하고자 하시는 일에 자신을 열어 놓을 수 있습니까?　□**예**　□**아니오**

⑧ 당신은 하나님께서 새로운 소그룹을 이루고자 당신을 사용하실 수 있다는 가능성에 대하여 열려 있습니까?　□**예**　□**아니오**

만일 당신이 어떠한 물음에도 "아니오"라고 대답할 수 없다면 자신은 헌신되어 있다고 생각하셔도 좋습니다!

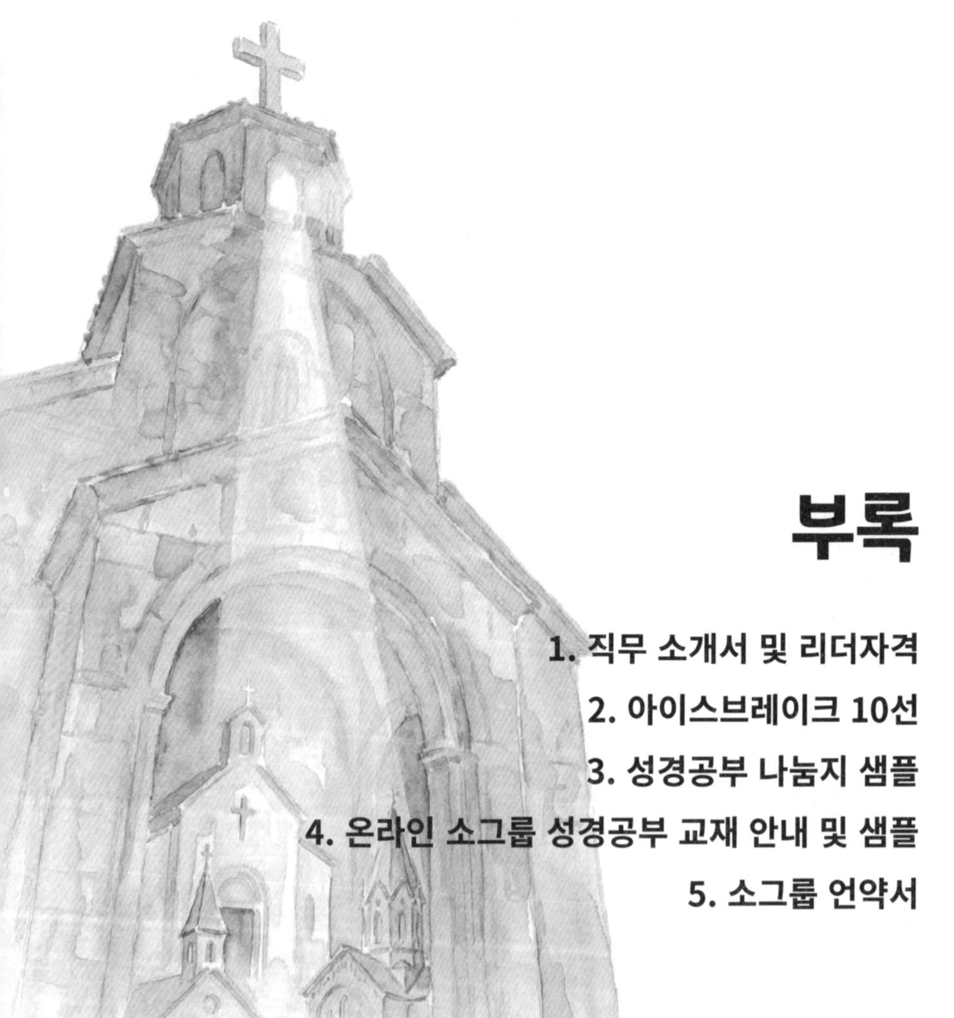

부록

1.소그룹 인도자가 갖추어야 할 최소한의 자격

① 모든 그룹 인도자는 그룹을 담당하기 전에 6시간 이상의 훈련 과정에 반드시 참석해야 한다.

② 모든 그룹 인도자는 그룹을 담당하기 전에 보조인도자를 구해야 한다.

③ 모든 그룹 모임은 반드시 삼각기둥의 세 가지 요소 (1) 그룹 세우기 (2) 성경공부 (3) 임무 - 빈자리 채우기를 갖추어야 한다.

④ 모든 그룹 인도자는 최소한 한 달에 한 번은 인도자 계속 교육에 반드시 참여해야 한다.

⑤ 모든 그룹 인도자는 최소한 일 년에 한 개 이상의 새로운
   그룹을 탄생시켜야 하는 임무를 가지고 있다.
⑥ 모든 그룹은 최소한 한 달에 두 번은 모임을 가져야 한다.
⑦ 모든 그룹은 소그룹 관리책임자에 의해 인정된 교과과정
   과 교재만을 사용해야 한다.

2. 소그룹 인도자의 자격과 직무

역할
우리 모임의 임무를 다함께 완수하기 위하여 그룹의 구성원들을
준비시키고, 격려하고, 인도한다.

자격
① 우리 교회의 교인
② 자신이 받은 영적 은사를 활용하고자 하는 열정이 있는 사
   람
③ 소그룹 사역을 통하여 다른 사람의 제자로서 교회의 비전
   을 믿고 공유하는 사람
④ 가르칠 수 있는 사람
⑤ 다른 사람들과 원만하게 의사소통할 수 있는 사람

책임
① 그룹을 위하여 보조인도자를 선택발굴한다. 보조인도자
   를 지도하고 훈련과정에 정기적으로 참여하도록 격려한
   다.
② 당신이 있는 곳에서 보조인도자가 모임을 진행해 볼 기회
   를 제공한다(신중하게 판단해서 당신이 없이 인도해 볼 기

회도 마련한다).

③ 보조인도자와 창립 멤버들의 도움을 받아서 장차 그룹 모임에 참여할 만한 사람들을 초대한다.

④ 최소한 한 달에 두 번 이상 모임을 소집한다. 모든 구성원들과 참가 예상자들을 개인적으로 방문하거나, 전화 연락 등을 통해서 왕래를 갖는다.

⑤ 기도, 대화, 찬송, 성경 적용의 내용이 포함된 활동을 준비한다.

⑥ 그룹이 교회 밖의 믿지 않는 사람들과 관계를 발전시켜야 할 책임을 갖고 있다는 것을 받아들인다.

⑦ 각 구성원들을 위해서 기도하고, 매 모임을 준비한다.

⑧ 대응이 필요한 심각한 위기 상황들에 대해서는 담당교역자에게 보고한다.

보고 체계

① 소그룹 인도자는 소그룹 관리책임자에게 보고한다.

훈련과 개발

① 오리엔테이션 / 6시간의 사전 교육

② 월 1회의 계속 교육

③ 가능한대로 훈련받을 수 있는 기회에 대하여 우선권을 갖는다.

3. 보조인도자의 자격과 직무

역할

우리 모임의 임무를 완수하기 위하여 그룹의 구성원들을 준비시키고, 격려하고, 인도하는 일에서 인도자를 보조한다.

자격
① 우리 교회의 교인
② 자신이 받은 영적인 은사를 활용하고자 하는 열정이 있는
   사람
③ 소그룹 사역을 통하여 다른 사람의 제자로서 교회의 비전
   을 믿고 공유하는 사람
④ 가르칠 수 있는 사람
⑤ 다른 사람들과 원만하게 의사소통할 수 있는 사람

책임
① 아이들을 돌보아주고, 간단한 간식을 제공하고, 모임에 적
   합한 장소를 제공할 수 있는 가정을 물색한다.
② 초청 대상자와 구성원 모두에게 개인적으로 방문하거나
   전화 또는 서신을 통해 연락하고 왕래한다.
③ 모임 때마다 새로운 참가자가 필요하다는 것을 인식할 수
   있도록 빈자리를 마련해 놓는다.
④ 연합을 유지하고 교회의 가르침에 반대되는 가르침이나
   행동에는 동의하지 않는다.
⑤ 믿지 않는 사람들과 관계를 발전시켜야 하는 책임을 받아
   들인다.
⑥ 그룹에 대한 월간 보고서를 소그룹 관리자에게 제출한다.
⑦ 충분히 성장하게 되면 새로운 그룹을 탄생시킨다.
⑧ 각 구성원들을 위해 기도하고 모임을 준비한다.
⑨ 대응이 필요한 심각한 위기 상황에 대해서는 담당교역자
   에게 보고한다.

보고체계
① 보조인도자는 인도자에게 보고한다.

훈련과 개발
① 6시간의 사전 교육
② 월 1회의 계소 교육
③ 가능한 훈련 기회에서 우선권을 갖는다

4. 초청자의 자격과 직무

역할
모임을 위하여 자기집이나 편안한 장소를 제공함으로써 그룹
의 인도자와 보조인도자를 돕는다.

자격
① 우리 교회의 교인
② 자신이 받은 영적인 은사를 활용하고자 하는 열정이 있는
   사람
③ 소그룹 사역을 통하여 다른 사람의 제자로서 교회의 비전
   을 믿고 공유하는 사람
④ 가르칠 수 있는 사람
⑤ 다른 사람들과 원만하게 의사소통할 수 있는 사람

책임
① 자기 집이나 모임을 위해 편안한 장소를 제공하고 인도자
   중심으로 모여 앉을 수 있도록 자리를 배열한다(원형이 적
   당하다).

② 모임이 시작되기 전에 참가자들이 인사를 나눌 수 있도록 간단한 간식을 준비한다.

③ 미처 준비하지 못한 사람을 위해 여분의 성경과 종이와 펜을 준비한다.

④ 모든 손님들에게 진심으로 관심을 기울이고 따스한 미소로 문 앞에서 그들을 맞이한다.

⑤ 모든 사람을 사랑하고 용납할 수 있는 분위기를 조성하고 처음 초대된 사람을 다른 사람들에게 소개한다.

⑥ 손님들이 자리를 뜰 때까지 기다렸다가 자리를 정돈하고 청소를 한다.

보고체계

① 초청자는 인도자에게 바로 보고할 수 있다.

6. 소그룹에 대한 현재의 관심에 관하여

① 나는 우리 교회에서 소그룹의 중심적인 목적이
_________________________________ 이라고 믿는다.

② 소그룹에 동참하고자 하는 이유는 :

③ 내가 지닌 리더십의 장점은 :

④ 내가 리더십을 발휘하기 어려운 역할은 :

⑤ 만일 결혼하셨다면 배우자는 당신의 지도자로서의 역할을 후원하실 수 있습니까?　□예　□아니오

⑥ 당신은 소그룹에서 어떤 역할에 관심이 있습니까?
☐인도자 ☐보조인도자 ☐초청자

신앙고백

나는 다음의 내용을 믿습니다(예 또는 아니오에 체크하십시오).

① 나는 죄된 본성을 지녔으며 내 죄의 사함을 위해 하나님
의 은혜가 필요하다는 것을 믿습니다.   ☐예 ☐아니오
② 나는 하나님의 아들로서 나의 죄를 사하시기 위해 갈보리
십자가에서 자신을 내어주신 예수그리스도를 믿습니다.
☐예 ☐아니오
③ 나는 예수그리스도를 믿음으로써 하나님께서 자유롭게 은
혜의 선물로 주시는 영원한 생명을 지니고 있음을 믿습니
다.   ☐예 ☐아니오
④ 나는 성경이 하나님의 말씀이며 나의 신앙과 삶의 표준이
되는 유일한 신성의 법칙임을 믿습니다.   ☐예 ☐아니오
⑤ 나는 사도적 신앙고백과 교회의 가르침을 받아들입니다.
☐예 ☐아니오
⑥ 나는 성부, 성자, 성령 삼위일체의 하나님을 믿습니다.
☐예 ☐아니오

1. 나는 누구일까요

　아래의 목록을 살펴보고 자신에게 해당하는 항목 다섯 가지를 골라서 표시를 해 보십시오. 모두가 표시하고 나면 각자 가지고 있는 교재를 펼쳐서 가운데에 쌓아 놓습니다. 쌓아 놓은 교재 가운데 다른 사람의 책을 돌아가면서 한 권씩 집어듭니다. 돌아가면서 자신이 집어든 책에 표시된 다섯 가지 항목을 읽어 주면 그것이 누구의 교재인지 맞추어 봅니다.

□ 칭찬을 받으면 얼굴이 빨개진다.　　□ 첫 데이트라도 마음에 들면 손을 잡는다.

□ 나무나 화초와 이야기를 한다.　　□ 매일 아침 해야 할 일의 목록을 만든다.

□ 미팅에 자주 나간다.　　□ 간이 화장실은 이용하지 않는다.

□ 잠깐이라도 시간이 나면 잠을 잔다.　　□ 게임할 때 속임수를 쓴다.

□ 찜질방에 가는 것을 좋아한다.　　□ 천둥번개 치는 것을 좋아한다.

□ 낯선 사람에게 망설임 없이 길을 묻는다.　　□ 휴가는 집에서 보낸다.

□ 샤워할 때 노래를 부른다.
□ 혼자 여행하기를 즐긴다.
□ 지퍼가 열린 사람에게 그 사실을 알려 준다.
□ 신문의 경제면을 꼼꼼히 읽는다.
□ 국을 훌훌 소리내어 마신다.
□ 어려울 때를 대비해서 저축을 한다.
□ 음악을 들을 때 볼륨을 최대로 한다.
□ 자신의 나이를 속인다.
□ 춤추기를 좋아한다.
□ 심판에게 큰 소리로 항의한다.
□ 영화를 보면서 눈물을 흘린다.
□ 자신의 자동차를 직접 정비한다.
□ 꽃향기를 맡기 위해 걸음을 멈춘다.
□ 테니스를 즐긴다.
□ 낮잠을 자면서 꿈을 꾼다.
□ 공포영화를 보면서 눈을 감는다.
□ 성에 관한 이야기가 나오면 대화를 피한다.
□ 수박을 주먹으로 깨뜨린다.
□ 신문에 개인적인 광고를 낸 적이 있다.
□ 자녀에 대한 걱정거리가 있다.

□ 연애소설을 즐겨 읽는다.
□ 편지를 주고받는 친구가 있다.
□ 낱말 맞추기 퍼즐을 좋아한다.
□ 곰인형을 끌어안고 잔다.
□ 쉽게 사랑에 빠진다.
□ 수술을 받은 적이 한 번도 없다.
□ 고소공포증이 있다.
□ 죽은 후 화장해 달라고 유언할 것이다.
□ 번지점프를 즐긴다.
□ 친구에게 건강이 안 좋아 보인다고 말한다.
□ 무술(태권도, 유도, 검도 등) 유단자이다.
□ 재미있는 이야기를 잘한다.
□ 연속극을 열심히 본다.
□ 학교에서 징계를 받은 적이 있다.
□ 어두운 곳에서는 두려움이 생긴다.
□ 신문을 들면 1면보다 만화를 먼저 본다.
□ 일찍 잠자리에 든다.
□ 축하카드나 연하장을 빼놓지 않고 보낸다.
□ 기타를 칠 줄 안다.
□ 식사보다 후식을 먼저 먹는다.

2.요즘 저의 생활에대해말씀드리자면

오늘 당신은 어떤 하루를 보냈습니까? 지난 한 주간은 어땠습니까?
한 달은? 일 년은? 아래의 그림 중 요즘 당신의 생활을 묘사하는 것
한 가지를 선택해서 다른 참가자들에게 소개하십시오. 너무 자세하
게 설명하려고 부담 가질 필요는 없지만 각자 충분히 이야기할 수 있
도록 시간을 고려하십시오.

3. 능력있는 사람들

우리 주위에는 특별한 의미를 갖는 사람들이 있습니다. 당신의 삶에도 커다란 영향을 미친 사람들이 있습니다. 이래의 목록에는 여러 가지 다양한 모습의"능력 있는"사람들이 있습니다. 아래의 빈칸에 당신의 삶에 영향을 미친 사람들의 이름을 생각나는 대로 기록해 보십시오.

1. 청취자__________
나를 설득하려 하지 않고 언제나 내가 말하지 않고는 견딜 수 없도록 이야기를 잘 들어주는 사람

2. 도전자__________
내가 자기 만족에 빠져 있을 때에도 나의 잠재력을 끌어내고 최선을 다하도록 이끌어 주는 특별한 사람

3. 충고자__________
내가 듣기 싫어하는 것까지 이야기할 정도로 나를 사랑하는 사람

4. 격려자__________
내가 사물의 긍정적인 면을 볼 수 있도록 도와주는 사람

5. 기도 동역자__________
내가 하나님께 기도하러 올라갈 때 신뢰하고 함께 동행할 수 있는 사람

4. 총 합계

자 이제 덧셈과 뺄셈을 이용해서 재미있는 마음열기를 시작해
봅시다. 이 마음열기는 참가자들을 두 개의 소그룹으로 나눌 때
이용할 수 있습니다. 그리고 최고득점자나 최저득점자를 뽑아서
간식 준비 등의 담당자를 정할 때 재미있는 방법으로 사용할 수
있습니다.

아래의 네모 상자에 정확한 숫자를 적어 넣고 각자 자신의 숫
자를 계산해 봅니다. 계산이 끝나면 함께 모여서 어떻게 합계가
나왔는지 이야기합니다.

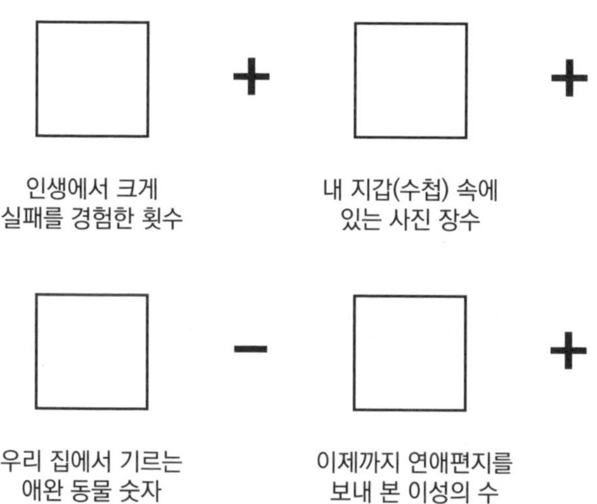

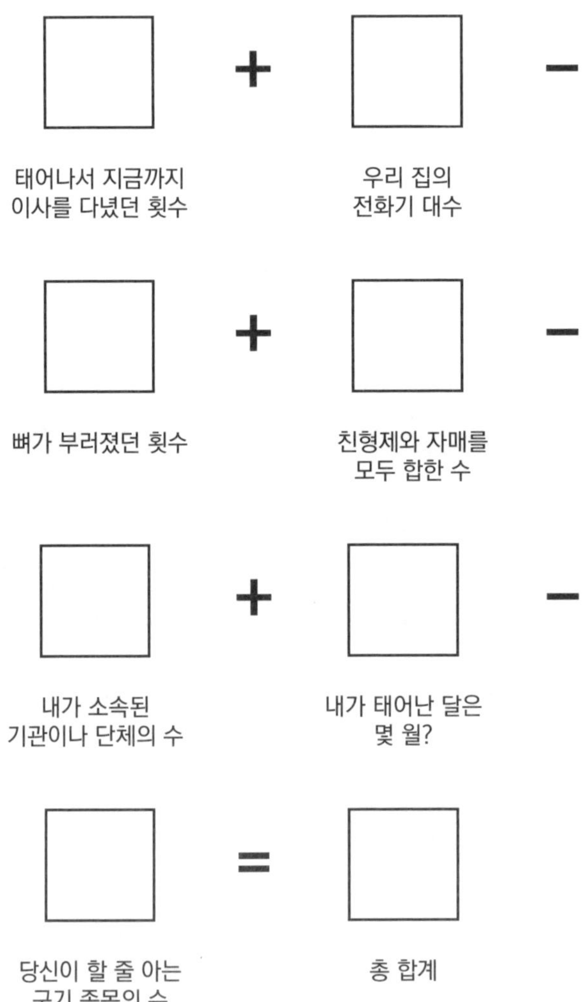

태어나서 지금까지
이사를 다녔던 횟수

우리 집의
전화기 대수

뼈가 부러졌던 횟수

친형제와 자매를
모두 합한 수

내가 소속된
기관이나 단체의 수

내가 태어난 달은
몇 월?

당신이 할 줄 아는
구기 종목의 수

총 합계

5. 기분과 표정

요즘 기분이 어떻습니까? 소그룹 모임에 참석하러 갈 때의 기분은 어떻습니까? 아래의 그림 가운데 자신의 기분을 묘사하는 그림을 선택하거나 적당한 표정을 그려보십시오. 그리고 왜 그런 그림을 선택했는지 이야기해 봅시다.

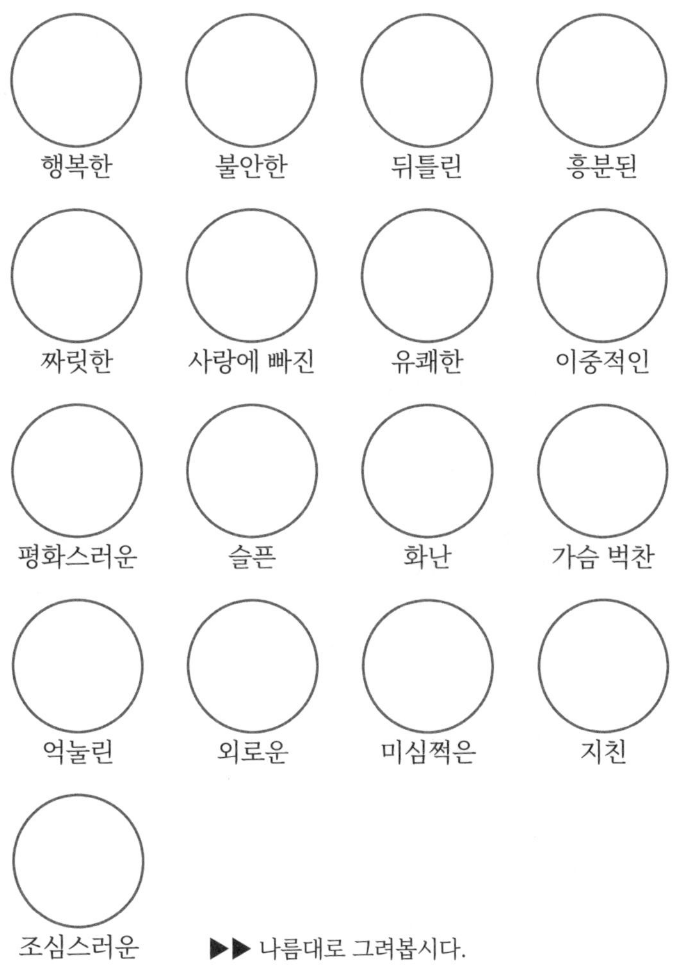

▶▶ 나름대로 그려봅시다.

6. 내 인생 최고의 대상

　지금은 여러분 자신이 선정한 최고 대상을 수여하는 시상식입
니다. 여러분은 자신의 삶 속에서 만난 최고의 사람이나 최고의
것들에게 상패를 수여할 수 있습니다. 여러분의 삶 속에서 최고
는 무엇이었는지 생각해보고 아래에 기록해 봅시다. 한두 가지
를 선택해서 다른 사람들에게 이야기하고 나에게 특별한 의미를
가진 이유는 무엇인지 이야기하십시오.

· 내가 어렸을 때 **최고의 친구**는……

· 내가 만난 **최고의 선생님**은……

· 내가 가졌던 **최고의 직업(일)**은……

· 내가 만난 **최고의 상관(상사)**은……

· 내가 가졌던 **최고의 장난감**은……

· 내가 학창 시절에 속했던 **최고의 학급**은……

· 내가 본 것 가운데 **최고의 책이나 영화**는……

· 내가 타 본 **최고의 자동차**는……

· 내가 보냈던 **최고의 휴가(방학)**은……

· 내가 함께 한 **최고의 이웃**은……

7. 날씨 어때요?

여러분의 삶 속에 있는 여러 가지 다른 영역들에 대해서 생각해 보십시오. 그 가운데 세 가지 영역을 선택하고 그 영역의 상태가 아래에 나와 있는 각 월별 날씨 가운데 어떤 날씨에 해당되는지 표시하고 그룹원들에게 이야기하십시오. 왜 그렇게 선택했는지에 대해서 설명하는 것은 부담갖지 않으셔도 됩니다.

☐ 애정	☐ 직업	☐ 우정
☐ 금전	☐ 영성	☐ 가족
☐ 감정	☐ 신체	☐ 모든 것

1월 : 춥고 눈은 내리지만 새로운 한 해가 시작되었다.

2월 : 새해의 결심이 벌써 무너지기 시작하고 나는 조금씩 지쳐간다.

3월 : 아직은 춥고 바람이 매섭지만 서서히 봄기운이 도는 것은 느낀다.

4월 : 모든 것이 들뜨고 동요되지만 내 인생은 여기저기 상처투성이다.

5월 : 이제 완연한 봄이다. 꽃이 피고, 새가 울고, 바람은 따뜻하다.

6월 : 따뜻하고 느긋해지는 날들이다. 초목이 자라고 녹음이 우거진다. 마음은 벌써 여름 휴가를 기다린다.

7월 : 너무 덥다. 모든 것이 검게 그을리고 지쳐서 어깨가 무겁다.

8월 : 한바탕 태풍이 불고 빗줄기가 세차게 퍼붓고 있지만 이 고비만넘기면 시원한 가을추수가 다가올 것이다.

9월 : 어느덧 시원한 바람이 불고 제법 가을이 느껴진다. 하늘이 점점 높아져 간다.

10월 : 가을이 무르익고 있다. 동물들은 겨울나기를 준비하지만, 산과 들은 아름다운 채색으로 불탄다.

11월 : 낙엽이 모두 져버리고 날씨가 추워지고 있다.

12월 : 날씨는 춥고 풍경은 황량하지만, 성탄 트리의 불빛과 캐롤송이 우리의 마음을 따스하게 해준다.

8. 나의 기념관

축하합니다! 막대한 기금을 운영하는 선한 양심을 가진 시민들의 위원회에서 당신의 기념관을 건립하기로 결정했습니다. 그 기념관 건물은 이미 완공되었고, 이제 당신이 전시할 자료들을 제공해야할 단계입니다.

기념관에는 다음과 같은 전시 코너가 마련되어 있습니다.

- **가문의 전통과 유산**
- **어린 시절**
- **학창 시절**
- **청년 시절과 사랑**
- **업적**
- **영적인 삶**
- **미래(공사중)**

당신의 기념관의 각 방에 전시될 삶의 흔적들에 대하여 생각해 보십시오. "미래"라고 이름 붙여진 방에 당신이 훗날 전시하고자 하는 것은 무엇입니까? 한 사람씩 돌아가면서 각자 자신의 기념관에 무엇을 전시할 것인지, 그 이유는 무엇인지 이야기합시다.

9. 지금 내게 필요한 것은

아래의 목록 가운데 지금 당신에게 좀 더 필요한 것을 5가지만 골라보십시오. 사람들에게 자신이 선택한 것이 무엇인지 이야기합니다.

□ 생기와 활력	□ 자존감	□ 방향성
□ 관심	□ 평정	□ 안전
□ 인정	□ 관용	□ 균형
□ 활동성	□ 자신감	□ 보살핌
□ 인식	□ 건강	□ 동기부여
□ 대화	□ 고독	□ 헌신
□ 묵상	□ 안정	□ 신뢰
□ 통찰	□ 기쁨	□ 기도
□ 친교	□ 통합	□ 용서
□ 자기포기	□ 믿음	□ 목표
□ 음악	□ 웃음	□ 후원
□ 자기표현	□ 친구	□ 조화
□ 로맨스	□ 친밀감	□ 인내
□ 아름다움	□ 민감성	□ 자기인식
□ 기술	□ 기회	□ 도전
□ 다양성	□ 조직	□ 재능
□ 절제	□ 상상력	□ 돈
□ 책임감	□ 교육	□ 경험
□ 자유	□ 힘	□ 에너지
□ 건강	□ 여유	□ 위로
□ 영양섭취	□ 감동	□ 수면
□ 천진함	□ 조정	□ 유연성
□ 연습	□ 자기통제	□ 축하

소그룹 모임에서 각 사람에게 필요한 것들을 위해 기도할 수 있습니다.

10. 일상 속의 축복

　모두 함께 각자 옆자리에 앉은 사람에 대하여 잠시 생각해 봅시다. 아래 그림과 같은 일상 생활용품들 가운데서 그 사람이 소유하고 있는 특별한 가치를 떠올리게 해주는 것을 골라 보십시오. 여러분은 이 방안의 분위기를 환하고 밝게 만들어주는 사람을 생각하며 전구를 택하거나 우리 그룹이 하나가 되도록 엮어주는 사람을 생각하며 서류클립을 택할 수도 있습니다. 아래의 그림들 가운데 한가지를 이용하거나 적당한 다른 것을 택해도 좋습니다.

　모두들 준비가 되었다면 자신이 누구를 생각하며 무엇을 택했는지 왜 그렇게 연상되는지 이야기합니다.

소그룹하우스 성경공부 샘플① - 그리스도인이 된다는 것 1과

진행안내 마음열기 201(성숙)은 101보다 말씀나눔의 비중이 높아지게 됩니다. 101보다는 마음열기의 비중이 적어지고 말씀나눔과 보살핌의 비중이 높아지는 것은 그룹이 탄생기를 지나 이제 성숙기로 전환되어야 하는 시기가 되었기 때문입니다.

지금 나의 위치

이 과정을 시작하기 전에 잠깐 시간을 내서 당신의 삶 속에서 두 가지 중요한 관계인 하나님과의 관계와 그룹과의 관계에 있어서 어떤 위치에 있는지를 표시해 보십시오. 두 가지 기호를 사용해서 당신의 위치를 나타내 보십시오.

☐ 내, 외야 – 실제 활동하고 있는 장소

☐ 대기석 – 팀에는 속하지만 실질적으로 참여하지는 않는다

☐ 관중석 – 흥미는 있지만 단지 관객일 뿐이다

☐ 샤워장 – 몸을 식히고 씻는 곳

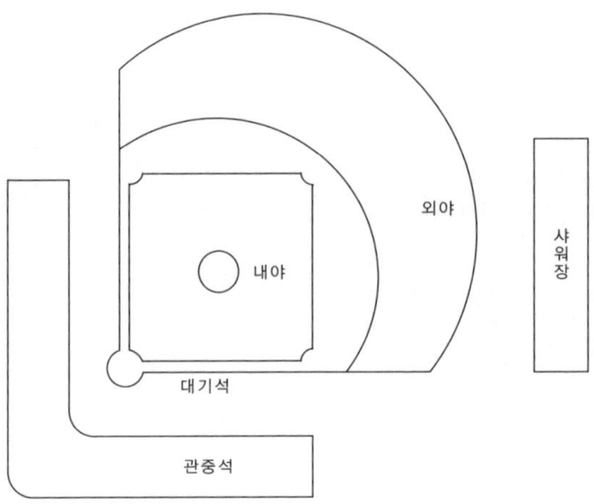

"지금 나의 위치" 체크를 하고 나서 자기의 위치가 어디인지, 왜 그런지에 대해 나누도록 하십시오.

예) 하나님과 조금 소원한 관계에 있다면 샤워장을 표시한다.

　멤버들에게 큰 관심이 있다면 관중석을 표시한다.

 '말씀나눔'을 더욱 효과적으로 하기 위해서는 4명 정도가 적절합니다. 그래서 조원이 너무 많을 경우 '말씀나눔' 시간에 인원수를 적절히 조정하여 진행하시기를 부탁드립니다. 소그룹하우스의 성경공부 교재는 예, 아니오의 답이나 성경구절을 찾아 답을 써넣는 식의 폐쇄형 질문은 가능한 배제하고 있습니다.

씨와 땅

누가복음 8:5-8,11-15

개역성경

[5]각 동네 사람들이 예수께로 나아와 큰 무리를 이루니 예수께서 비유로 말씀하시되, "씨를 뿌리는 자가 그 씨를 뿌리러 나가서 뿌릴 쌔 더러는 길가에 떨어지매 밟히며 공중의 새들이 먹어버렸고 [6]더러는 바위 위에 떨어지매 났다가 습기가 없으므로 말랐고 [7]더러는 가시떨기 속에 떨어지매 가시가 함께 자라서 기운을 막았고 [8]더러는 좋은 땅에 떨어지매 나서 백배의 결실을 하였느니라……… [11]이 비유는 이러하니라. 씨는 하나님의 말씀이요. [12]길가에 있다는 것은 말씀을 들은 자니 이에 마귀가 와서 그들로 믿어 구원을 얻지 못하게 하려고 말씀을 그 마음에서 빼앗은 것이요 [13]바위위에 있다는 것은 말씀을 들을 때에 기쁨으로 받으나 뿌리가 없어 잠깐 믿다가 시험을 받을 때에 배반하는 자요 [14]가시떨기에 떨어졌다는 것은 말씀을 들은 자니 지내는 중 이생의 염려와 재리와 일락에 기운이 막혀 온전히 결실치 못하는 자요 [15]좋은 땅에 있다는 것은 착하고 좋은 마음으로 말씀을 듣고 지키어 인내로 결실하는 자니라."

도입

이 비유는 어떤 사람이 하나님과 그의 말씀에 반응하는 방법을 나타내 주고 있습니다. 예수님은 우리가 할 수 있는 여러 반응을 구체적으로 설명해 주시기 위해 네 유형의 땅을 비유로 사용하셨습니다. 아예 시작하지도 않는 사람은 바위로 이루어진 땅이라 할 수 있으며, 사람이나 물건에 마음이 쏠리면 아무것도 못하는 사람은 길가

땅이고, 상황이 나빠지면 도망가는 사람은 가시떨기가 있는 땅, 어떤 일이 있어도 말씀을 붙드는 사람은 좋은 땅이라고 할 수 있을 것입니다. 하나님의 바람은 모든 사람이 예수 그리스도를 통해서 자신과 관계를 맺는 것입니다. 이러한 관계의 시작 – 어떤 사람이 예수 그리스도를 구주로 인정하고 예수님을 자신의 삶에 영접하는 것 – 을 성경에서는 구원이라고 부릅니다.

1. 다음은 네 사람을 묘사하는 내용입니다. 각각은 예수님이 설명한 네 유형의 땅을 나타내고 있습니다. 내용을 읽어보시고 어떤 유형의 땅인지를 맞추어 보십시오.

"창호씨는 매사에 첫 번째로 지원하는 사람인데 상황이 안 좋아지면 가장 먼저 나가 떨어진다. 많은 약속을 하지만 지키기 쉬운 몇 가지만 끝까지 행한다. 함께 하고 있는 그룹에 맞추기 위해 자신의 생각을 자주 바꾸는 편이다. 인기가 없어 보이는 일은 절대 하려들지 않는다."

창호씨는 ________________________________ 땅과 같다.

"민호씨는 대단한 사람이다. 그는 여러 가지 일로 항상 분주하다. 그는 진지한 일에 대해서는 생각해 보려고 하지 않는다. 그는 매사에 쉽게 따분해하고 재미없는 일에는 그냥 그런 태도를 보인다."

민호씨는 ____________________________ 땅과 같다.

"영숙씨는 어떤 일을 할 때 실제로 의지할 수 있는 사람이다. 그녀는 자신에게 중요한 일은 아주 열심히 한다. 상황이 나빠져도 떠나지 않고 제자리에 머물러 있는다. 그녀는 항상 최선을 다하는 모습을 보여주는 사람이다."

그녀는 _____________________ 땅과 같다.

"은정씨는 삶을 즐기는 데만 전념한다. 그녀는 잘 생긴 남자들과 같이 있기를 좋아하고 제일 좋은 옷을 입고 가장 인기있는 그룹에 속하려고 한다."

은정씨는 _____________________ 땅과 같다.

*서로서로의 답이 일치하는지 맞춰 보십시오.

2. 당신에게 하나님의 사랑에 대한 복음의 씨를 뿌린 사람은 누구입니까?

3. 영적인 생활을 시작한 초기에 하나님의 말씀에 대한 당신의 반응은 어떠했습니까?
   (하나만 답하십시오.)

   ■ 길가 – 말씀을 내 마음에서 밀어냈다.

   ■ 바위투성이 땅 – 말씀이 좋기는 했지만 상황이 어려워질 때마다 포기하곤 했다.

   ■ 가시 밭 – 잘 믿고는 싶었지만 다른 것을 포기하고 싶지는 않았다.

   ■ 좋은 땅 – 정말 흥분했고 이것이야말로 나를 위한 것이라고 생각했다.

4. 내가 그렇게 반응한 이유는 무엇이었습니까?

   ■ 내게는 너무 새로운 것이었다.

- 사람들이 나를 비웃을 것 같았다.

- 당시의 삶의 방식이 좋았다.

- 모든 일에 너무 진지해지기 싫었다.

- 예수님이 행하신 것들이 너무 좋았다.

- 미숙해서 잘 알지 못했다.

- 잘 모르겠다.

5. 지금 하나님과 말씀에 반응하는 자신의 방식을 가장 잘 나타내주는 것은 어떤 땅
   입니까?

   - 길가   - 바위   - 가시밭   - 좋은 땅

6. 구원은 사건입니다. 사전에서는 사건을 "어떤 중요한 일의 발생"이라고 정의하고
   있습니다. 다음의 두 개의 성경구절에 따르면, 우리 입장에서 어떤 사건이 예수 그
   리스도와의 관계를 시작하게 합니까?

   - 예수님이 말씀하시기를, "볼찌어다. 내가 문밖에 서서 두드리노니 누구든지 내 음성
     을 듣고 문을 열면 내가 그에게 들어가 그로 더불어 먹고 그는 나로 더불어 먹으리
     라." (계시록 3:20)

   - "영접하는 자, 곧 그 이름을 믿는 자에게는 하나님의 자녀가 되는 권세를 주셨으니" (요
     한복음 1:12)

7. 구원은 사건임과 동시에 과정입니다. 이 과정은 그리스도인에게 절대로 간과되어
   서는 안되는 것입니다. 사전에서는 과정을 "계속 진행되는 움직임이나 발전"이라

고 정의하고 있습니다. 사도 바울은 빌립보서에서 다음과 같이 말하고 있습니다:
내가 이미 얻었다 함도 아니요. 온전히 이루었다 함도 아니라. 오직 내가 그리스도 예수께 잡힌바 된 그것을 잡으려고 좇아가노라. 형제들아 나는 아직 내가 잡은 것으로 여기지 아니하고 오직 한 일, 즉 뒤에 있는 것은 잊어버리고 앞에 있는 것을 잡으려고 목표를 향하여 그리스도 예수 안에서 하나님이 위에서 부르신 부름의 상을 향하여 좇아가노라. (빌립보 3:12-14)

a. 구원의 사건이 자신의 삶에 발생했다면 당신에게서 잊어버려야 할 뒤의 일은 무엇입니까?
b. 지금 당신의 앞에 있는 것은 무엇입니까?
c. 이번 주에 목표를 향해 좇아가기 위해서 어떤 일을 할 것인지 나누어 주십시오.

! 진행안내   따뜻한 마무리는 다음 모임을 위한 준비입니다. 다음 항목들을 나누고 함께 기도하시기 바랍니다.

1. 당신의 생애에서 예수님을 당신의 삶에 영접한 때가 있었다면 언제인지 돌이켜 생각해 보십시오. 언제였습니까? 지금 당장 멈추어서 당신의 삶에 있었던 그 기뻤던 사건으로 인해 하나님께 감사드리십시오.(지금껏 예수님을 당신의 삶에 영접하지 않았다면 지금 해도 좋습니다. 계 3:20에는 당신이 요청하기만 하면 당신의 삶에 들어오시리라고 말씀하고 있습니다. 그 약속을 지금 붙든다면 당신의 삶에 가장 중요한 사건이 일어날 것입니다.)

2. 예수님을 당신의 삶에 영접한 사건 이후로 당신이 얼마나 발전했는지 잠시 돌이켜
   보십시오.

3. 하나님과의 동행에 있어 좀 더 나아지기 위해서 특별히 하고 싶은 것은 무엇입니까?

❗ **진행안내** 201(성숙시리즈)은 101(부르심시리즈)보다 말씀나눔의 비중이 높아지게 됩니다. 101보다는 마음열기의 비중이 적어지고 말씀나눔과 보살핌의 비중이 높아지는 것은 그룹이 탄생기를 지나 이제 성숙기로 전환되어야 하는 시기가 되었기 때문입니다.

1. 어린(학생)시절 당신에게 가장 좋은 분으로 기억되는 사람 한 분을 선택하시고 이유를 서로 나누어 보십시오.

- 학교선생님

- 친척중의 한 분(할아버지, 할머니, 삼촌, 고모, 이모)

- 교회(주일)학교 선생님

- 이웃어른

- 기타

2. 지금까지 살아오는 동안 도저히 극복할 수 없다고 느낀 큰 시련을 한가지씩 나누
   어 보십시오.

! **진행안내** 말씀나눔을 위해서는 본문을 먼저 깊이 읽어보아야 합니다. 읽고 묵상한 시간만큼 나눔의 시간도 풍성해질 수 있습니다. 미리 한 주간 동안 본문을 깊이 묵상하고 성경사전이나 강해설교 또는 주석 등을 참조하여 공부를 해 오면 한 두 사람의 수고로 말씀을 더욱 깊고 풍성하게 나눌 수 있게 될 것입니다. 이 과에서는 산상설교에 대한 소개와 '심령이 가난함'에 대하여 공부하게 됩니다. 문제에 주어지는 예제에는 정답이 없습니다. 정답을 찾으려 하지 말고 자신의 생각을 나누어 주십시오.

산상설교

(마 5:1~12)

개역성경

[1] 예수께서 무리를 보시고 산에 올라가 앉으시니 제자들이 나아온지라 [2] 입을 열어 가르쳐 가라사대 [3] 심령이 가난한 자는 복이 있나니 천국이 저희 것임이요 [4] 애통하는 자는 복이 있나니 저희가 위로를 받을 것임이요 [5] 온유한 자는 복이 있나니 저희가 땅을 기업으로 받을 것임이요 [6] 의에 주리고 목마른 자는 복이 있나니 저희가 배부를 것임이요 [7] 긍휼히 여기는 자는 복이 있나니 저희가 긍휼히 여김을 받을 것임이요 [8] 마음이 청결한 자는 복이 있나니 저희가 하나님을 볼 것임이요 [9] 화평케 하는 자는 복이 있나니 저희가 하나님의 아들이라 일컬음을 받을 것임이요 [10] 의를 위하여 핍박을 받은 자는 복이 있나니 천국이 저희 것임이라 [11] 나를 인하여 너희를 욕하고 핍박하고 거짓으로 너희를 거스려 모든 악한 말을 할 때에는 너희에게 복이 있나니 [12] 기뻐하고 즐거워하라 하늘에서 너희의 상이 큼이라 너희 전에 있던 선지자들을 이같이 핍박하였느니라

예수님께서 무리를 보시고 산으로 올라 가 앉으시니 제자들이 곁으로 다가 왔습니다. 예수님께서는 입을 열어 이렇게 가르쳐 주셨습니다. "마음이 가난한 사람은 복이 있다. 천국이 그들의 것이다. 슬퍼하는 사람은 복이 있다. 그들은 위로를 받을 것이다. 온유한 사람은 복이 있다. 그들은 땅을 차지할 것이다. 의를 위해 주리고 목마른 사람은 복이 있다. 그들은 만족할 것이다. 남을 불쌍히 여기는 사람은 복이 있다. 그들은 불쌍히 여김을 받을 것이다. 마음이 깨끗한 사람은 복이 있다. 그들은 하나님을 볼 것이다. 평화를 도모하는 사람은 복이 있다. 그들은 하나님의 아들이라 불려질 것이다. 옳은 일을 하다가 고난을 받는 사람은 복이 있다. 천국이 그들의 것이다. 나 때문에 모욕을 당하고 고난을 받으며 터무니없는 말로 온갖 비난을 다 받으면 너희는 복이 있다. 기뻐하고 즐거워하여라. 너희가 받을 큰상이 하늘에 준비되어 있기 때문이다. 앞서간 선지자들도 너희에 앞서 같은 핍박을 받았다."

함께 찬양

- 찬미1500   1353번   심령이 가난한 자는
- 찬송가   516장   맘가난한 자는

찬양을 부르실때는 주위의 다른 모임에 방해되지 않도록 하는 것이 좋겠습니다.

도입

산상설교는 천국백성이 가져야 할 성품에 관한 말씀입니다. 기독교인이 아닌 사람에게 산상설교에 나오는 성품을 소유하라고 하는 것은 어려운 일입니다. 왜냐하면 거듭나지 않은 사람에게 기독교인의 성품을 기대하는 것은 어리석은 일이기 때문입니다. 산상설교의 기본 전제는 이 교훈을 듣는 사람이 거듭난 그리스도인이어야 한다는 것입니다.

그리스도인의 가장 본질적인 성품 중 한 가지는 언제나 '하나님 앞에 있다'(Coram Deo : 코람 데오)는 의식을 갖고 사는 것입니다. 하나님을 의식하고 사는 것은 그리스도인과 비그리스도인의 성품이 본질적인 차이가 있음을 밝혀 줍니다. 그러나 그리스도인들이 세상사람들과 본질적으로 다르다는 것을 세상과 격리되어 살아야 한다는 말로 오해해서는 안됩니다. 오히려 세상 안에 살면서 비그리스도인들의 성품과는 전혀 다른 성품을 갖고 구별된 삶을 살아야 한다는 것이 산상설교의 중요한 가르침입니다.

1. "여러분 부~자 되세요"라는 광고문구가 우리 사회를 휩쓴 적이 있습니다. 세상 사람들이 일반적으로 생각하는 복의 기준을 잘 보여주는 말인 것 같습니다. 세상 사람들이 생각하는 복의 기준을 잘 드러내 주는 것에 대해 알고 있는 것을 한가지씩 말해 봅시다.

2. 예수님은 산상설교에서 세상 사람들이 가지는 일반적인 복의 개념과는 질적으로 다른 8가지 복(심령이 가난함-천국, 애통함-위로, 온유함-땅의 기업, 의에 주림-배부름, 긍휼히 여김-긍휼히 여김 받음, 마음이 청결함-하나님을 봄, 화평케 함-하나님의 아들이라 불림, 의를 위해 핍박받음-천국)을 말씀하셨습니다. 이 8가지 복은 8가지 성품에 대하여 선물로 주시는 것입니다. 세상사람들이 생각하는 복의 개념과 비교해 볼 때 드는 각자의 느낌을 한가지씩 말해주십시오.

3. 어떤 면에서 팔복에 표현되어 있는 내용은 너무 도전적이어서 평범한 그리스도인
들은 갖기 어려운 성품이라고 느껴질 수도 있을 것입니다. 만약 그리스도인 모두
가 이 말씀에 대해 "나와는 상관없는 것"이라고 느낀다면 우리가 소속된 공동체
내에서 어떤 일이 벌어지리라고 예상하십니까?

- 우리 교회에서 _______________________________
- 우리 가정에서 _______________________________
- 우리 소그룹에서 _______________________________
- 한국교회 전체에서 _______________________________
- 기타 _______________________________

4. 지금까지 살아오는 동안 다른 사람들로부터 당신의 성품에 대해 대체로 어떤 평가
를 받았는지 말해 주시고 그렇게 평가를 받은 이유를 나누어 주십시오.

- 아주 좋다   　■ 좋다
- 평범하다   　■ 별로다   　■ 그저 그렇다

잠깐 쉬어 갑니다

질문 : 그리스도인이 아닌 사람이 좋은 성품을 가지고 있는 것은 무엇 때문입니까?

대답 : 인간적으로 볼 때 좋은 성품을 타고난 사람들이 있습니다. 그러나 어떤 사람
의 성품이 '좋다, 나쁘다' 는 평가는 사실 상대적인 것입니다. 천국백성으로
서의 성품은 거듭난 그리스도인들이 절대적인 표준이며 그리스도안에서 점
차적으로 변화되는 과정을 통해 이루어 갈 수 있는 것입니다.

5. 여덟가지 천국백성의 성품중에서 당신이 가장 실천하기 힘들게 느껴지는 것은 어떤 것입니까? 가장 하기 쉽다고 느끼면 1로, 불가능하게 느껴지는 것은 10으로 표현해 보십시오. 그리고 각각의 성품에 대해 왜 그렇게 느끼는지 말씀해 주십시오.

    1. 심령이 가난함 　(　) ＿＿＿＿＿＿＿＿＿＿＿

    2. 애통함 　(　) ＿＿＿＿＿＿＿＿＿＿

    3. 온유함 　(　) ＿＿＿＿＿＿＿＿＿

    4. 의에 주리고 목마름 　(　) ＿＿＿＿＿＿＿＿＿＿

    5. 긍휼히 여김 　(　) ＿＿＿＿＿＿＿＿＿

    6. 마음이 청결함 　(　) ＿＿＿＿＿＿＿＿＿

    7. 화평케 함 　(　) ＿＿＿＿＿＿＿＿

    8. 의를 위하여 핍박받음 　(　) ＿＿＿＿＿＿＿＿＿＿

6. "심령이 가난한 자는 천국이 저희 것임이요"(3절) 라는 말씀은 심령이 가난하지 않고는 천국에 들어 갈 수 없다는 말과 같습니다. 그렇다면 '심령이 가난하다'는 말이 보다 구체적으로 의미하는 것은 무엇일까요? 아래의 문항에서 당신의 마음에 특별히 와 닿는 설명을 선택하고 그 이유를 설명해 보십시오.

- 그것은 영적으로 가난하다는 것을 인정하는 것이며, 혼자서는 영적인 문제를 해결할 능력이 없다는 것을 하나님 앞에서 인정하는 것이다.
- 세상을 향한 욕망으로 가득 찬 마음을 비우는 것이다.
- 하나님과 사람 앞에서 겸손한 마음을 품는 것이다.

- ‘주여 나를 떠나소서 나는 죄인이로소이다’ 하나님 앞에서 자신의 죄인 됨을
  철저히 깨닫는 상태다.
- 기타

7. 심령이 가난한 자가 되기 위해 당신이 하나님 앞에 특별히 내려놓고 겸손히 하나
   님의 주도권을 인정해야 할 영역은 어디입니까?

- 직장생활
- 인간관계
- 결혼문제
- 사 업
- 시험이나 진로문제
- 가정문제
- 건강문제
- 영적인 영역(혹은 하나님과의 관계)
- 기 타

! 진행안내 하나님은 항상 우리를 돌보아 주시는 분입니다. 때때로 우리는 우리의
삶의 영역에서 하나님께서 돌보시는 일에 대하여 걱정함으로 심한 압박을 받곤 합니다.
아래의 성경구절중 하나님께서 오늘 당신에게 주시는 말씀이라고 생각되는 구절을 한
가지 선택한 다음 (   )안에 자기의 이름을 넣어 주시고 왜 그것을 골랐는지 이야기해
봅시다. 한사람씩 진행한 후 옆사람이 선택한 하나님의 말씀과 기도제목을 놓고 함께
기도하고 모임을 마칩니다.

- 베드로전서 5:7

  (   )의 염려를 다 주께 맡겨 버리라 이는 저가 (   )를 권고하심이니라

- 잠언 3:5-6

  (   )는 마음을 다하여 여호와를 의뢰하고 (   )의 명철을 의지하지 말라.

  (   )는 범사에 그를 인정하라 그리하면 (   )의 길을 지도하시리라

- 시편 46:1-3

  하나님은 (   )의 피난처시요 힘이시니 환난 중에 만날 큰 도움이시라 그
  러므로 땅이 변하든지 산이 흔들려 바다 가운데 빠지든지 바닷물이 흉용하고
  뛰놀든지 그것이 넘침으로 산이 요동할지라도 (   )는 두려워 아니하리
  로다 (셀라)

- 시편 4:8

  (   )가 평안히 눕고 자기도 하리니 (   )를 안전히 거하게 하시는 이
  는 오직 여호와시니이다

- 시편 121:7-8

  여호와께서 (   )를 지켜 모든 환난을 면케 하시며 또 (   )의 영혼을 지
  키시리로다 여호와께서 (   )의 출입을 지금부터 영원까지 지키시리로다

■ 신명기 33:12

(   )에 대하여는 일렀으되 여호와의 사랑을 입은 자는 그 곁에 안전히 거
하리로다 여호와께서 (   )를 날이 맞도록 보호하시고 (   )로 자기
어깨 사이에 처하게 하시리로다

■ 시편 18:2

여호와는 (   )의 반석이시요 (   )의 요새시요 (   )를 건지시는
자시요 (   )의 하나님이시요 (   )의 피할 바위시요 (   )의 방
패시요 (   )의 구원의 뿔이시요 (   )의 산성이시로다

■ 요한복음 16:33

이것을 (   )에게 이름은 (   )로 내 안에서 평안을 누리게 하려 함이
라 세상에서는 (   )가 환난을 당하나 담대하라 내가 세상을 이기었노라
하시니라

■ 로마서 8:37-39

그러나 이 모든 일에 (   )를 사랑하시는 이로 말미암아 (   )가 넉넉
히 이기느니라 내가 확신하노니 사망이나 생명이나 천사들이나 권세자들이
나 현재 일이나 장래 일이나 능력이나 높음이나 깊음이나 다른 아무 피조물
이라도 (   )를 (   )의 주 그리스도 예수 안에 있는 하나님의 사랑에
서 끊을 수 없으리라

[‘온라인 소그룹 성경공부 나눔지’를 소개합니다.]

그 동안 ‘건강한 소그룹, 건강한 교회’를 기치아래 1994년 이후 꾸준히 소그룹 성경공부교재와 소그룹관련 자료를 연구개발 해 온 한국소그룹목회연구원에서는 출범 이후 현재까지 교회에서 매주 효과적으로 사용하실 수 있는 ‘소그룹성경공부 교재’(단행본)과 ‘온라인 소그룹 성경공부 나눔지’를 집필 개발하고 있습니다.

본 연구원의 나눔지와 인도자 훈련자료는 웨스트민스터신학대학원대학교의 소그룹목회학위과정(Th.M., M.A.)의 학생들과 긴 시간 연구와 임상을 통해서 나온 결정체입니다. 성경공부교재 역시 말씀연구와 공동체 내의 풍성한 교제, 주님의 교회와 하나님 나라를 향한 사역인 전도와 섬김, 소그룹의 세 가지 본질적인 요소를 효과적으로 돕는 임상을 거친 실용적이고 차별화된 성경공부교재입니다. 따라서 기존 성경공부교재와는 달리 ‘Storytelling’ 식으로 구성원들의 생각과 삶을 자연스럽게 나누고 적용함으로써 친밀한 교제와 신앙의 성숙을 이루는데 탁월한 적용성을 지닌 교재로 자리매김하고 있습니다.
(*2025년 11월 현재 동광교회, 은현교회, 상암교회 등 열린질문으로 구성된 소그룹 나눔지의 중요성을 인식한 교회에서 이미 사용하고 있습니다.)

■ 나눔지 특징

1. 예습이 필요없어 **참석자의 부담을 덜 수 있습니다.** 소그룹 편성 후 중간에 들어오는 멤버들도 부담없이 참석하여 삶을 나누고 성경을 공부할 수 있도록 집필되었습니다.
2. 3~4개의 질문으로 구성되어 있어 **소그룹 시간 조절이 용이합니다.** 짧게는 40분에서 길게는 2시간까지 융통성있게 활용할 수 있습니다.
3. 정해진 답을 요구하는 질문이 아닌 개인의 삶을 이야기할 수 있는 열린 질문으로 구성되어 있어 **풍성한 삶의 나눔과 구체적인 적용과 기도제목을 나눌 수 있습니다.**
4. 전체 주제에서 자유롭게 주제를 선정하여 ‘우리 교회만의’ 커리큘럼 제작 가능합니다.
5. 원본 파일을 그대로 드리므로 교회의 상황에 따라 문제를 편집 및 수정할 수 있습니다.

■나눔지 구성요소■

1. **아이스브레이크(마음열기)**
2. **찬양 나눔(찬송가 & 복음성가 각 1곡)**
3. **말씀 나눔(본문 및 기본 3~4가지 질문)**
   - 도입 및 관찰 질문 → 묵상 및 해석 질문①, ② → 적용 질문
   - 각 질문마다 보기를 두어 원활한 진행을 도움
4. **보살핌**
5. **기도제목(교회 / 소그룹공동체 / 개인기도)**

■ 소그룹 나눔지 구성요소

1. 아이스브레이크(마음열기)

마음열기는 모임을 시작하는데 도움을 줍니다. 그 날의 주제에 대한 연구나 토론으로 뛰어들어가 대신에 모든 사람들이 만남을 준비할 수 있도록 도와주는 질문입니다. 서로에 대하여 더 깊이 알수 있도록 도와주고 한 주간 힘들었던 일들을 잊어버리고 소그룹 안에서 신나는 대화를 시작할 수 있도록 도와주는 질문입니다.

2. 찬양 나눔

아이스브레이크로 열린 마음을 정돈하는 시간입니다. 찬송가와 복음성가를 통해 하나님의 임재를 느끼고 영적으로 집중하며 하나님께 나아가는 데 도움을 줄 것입니다.

3. 말씀 나눔

본문 말씀을 중심으로 구성된 열린 질문을 통해 말씀을 깊이 있게 묵상하고 나눕니다. 정해진 답을 요구하는 질문이 아닌 개인의 삶을 이야기 할 수 있는 질문으로 구성되어 있어 풍성한 삶의 나눔과 구체적인 적용과 기도제목을 나눌 수 있습니다.
- 질문은 단계별로 도입(관찰질문) → 묵상(해석질문) → 적용질문으로 구성되어 있습니다.

4. 보살핌

잘 시작하는 것이 중요한 만큼 잘 마무리하는 것도 똑같이 중요합니다. 보살핌은 모임이 가장 솔직하고 가장 정직해질 수 있는 시간입니다. 모임의 마지막을 기도와 결단으로 마무리하며, 성령의 인도하심을 경험하도록 돕는 시간입니다. 서로의 기도 제목을 나누고 중보하며 공동체의 사랑과 돌봄을 실천합니다.

5. 기도제목

섬기는 교회와 소그룹공동체, 개인의 기도제목을 솔직하게 나누고 정리하는 시간입니다. 교회안의 작은 교회인 소그룹 공동체가 더욱 건강해지기 위해 섬기

"건강한 교회 건강한 소그룹"
행복한 소그룹 리더를 위한 지침서

"소그룹은 함께 가는 것이 특징입니다"

영적 성장에 대한 갈망을 마음에 품고 모인 소그룹 안에서는 놀라운 변화들을 목격할 수 있습니다. 이제 겨우 신앙을 갖게 된 사람도 소그룹 안에서 성장을 거듭하여 다른 영혼을 섬길 수 있는 사람으로 성숙해져 가고, 이미 성숙한 사람은 소그룹 안에서 '철이 철을 날카롭게 하듯' 성숙의 속도에 있어서 더욱 가속도가 붙습니다. 여기에 더하여 건강한 소그룹의 환경 속에서는 개인의 성장만이 아닌 다른 이들의 성장을 돕고 또 스스로 도움을 받는 구성원들의 모습을 쉽게 찾아 볼 수 있습니다. 그래서 건강한 소그룹을 유지하면서 소그룹 구성원들이 '함께' 성장하고 열매 맺는 기쁨을 맛보기 위해서 중요하게 생각해야할 몇 가지 요소가 있습니다. 우리는 과연 목표를 세우고 이를 이루기 위한 단계적인 목표를 세울 때 이 목표를 어떻게 함께 세우며 나아갈 수 있을까요?

1. '함께'라는 인식을 거두지 마십시오.
소그룹은 한 사람이 독주하는 구조가 근본적으로 아닙니다. 그러므로 한 사람이 말이 많으면 엄밀한 의미에서 그것은 소그룹이라고 말할 수 없습니다. 특히 열린 질문을 가지고 나눔을 위한 소그룹 모임을 지향할 때 인도자가 지나치게 말이 많은 것은 아닌지, 구성원 가운데 한 분이 나눔을 하는 과정에서 자신의 이야기를 하는데 시간을 지나치게 소비하는 것은 아닌지를 리더는 늘 주의 깊게 살펴야 합니다. 소그룹은 말 그대로 원만한 의사소통을 위해 '함께' 모인 현장이기 때문에 모든 구성원들이 "함께 기여하고, 함께 배려 받는 현장"이어야 합니다. 그럴 때 아무도 소외됨이 없이 함께 아름다운 열매를 맺을 수 있습니다.

2. '함께' 변화하고 싶은 실현가능한 목표를 세우십시오.
말씀을 기준으로 인도자나 한 구성원에게 치우치지 않고 균형 있는 나눔이 이루어지는 소그룹이 더욱 역동성을 띠기 위해서는 매주 모임을 가지는 과정을 통해서 함께 도달할 수 있는 구체적인 목표가 있어야 합니다. 그 누구도 맹목적인 모임을 좋아할 리는 없습니다. 그러므로 소그룹 멤버들 각자에게 "우리가 왜 모였는지?" "모여서 무엇을 하려고 하는지?" "모임을 통해서 어떤 변화가 있으면 좋은지?"를 물어보고 실현가능한 최대공약수를 찾아내는 것이 필요합니다. 임상을 통해서 볼 때 목표가 분명한 공동체에 사람들은 오고 싶어 합니다.

3. 함께 걸어가십시오.

분명한 목표를 세우고, 그 목표달성을 위해 매주 서로를 배려하는 모임을 가지며 주중에도 리더와 구성원들이 서로 영적인 격려와 돌봄을 지속적으로 하면 그 소그룹에는 성숙의 기쁨이 분명하게 나타납니다. 그런데 여기서 한 가지 중요한 것은 서로 끌어주고 밀어주는 모습들 가운데 보다 깊이있는 기도제목 나눔과 영적인 격려를 위해서 비밀유지에 기초를 둔 리더 보고서 작성을 통해서 교역자들이 '함께' 목회적인 돌봄과 기도를 할 수 있도록 교역자들과의 소통은 필수적입니다. 믿음의 가족들이 서로 격려하고 배려며 함께 걸어갈 때 우리 자신도 믿기 어려운 영적인 성장을 거듭하게 될 것입니다.

분명 목표를 향해 뛰어가는 동안 어려운 시간도 있을 것입니다. 하지만 서로가 있기에 영적인 성장을 향한 여정을 두려움 없이 시작하고, 좌절하여도 일으켜 주는 형제자매가 있기에 끝까지 완주하는 멋진 소그룹이 되길 기도합니다

<u>월별 인도자모임 광고</u>
1. **소그룹리더 산상 기도회 안내** : 소그룹 리더들과 함께 소그룹 사역과 자신과 맡겨질 영혼들을 위해 기도하는 시간을 갖고자 합니다. 정확한 날짜는 추후 재공지하도록 하겠습니다.
2. **소그룹리더보고서 제출 안내** : 매주 조원들의 근황과 기도제목들을 리더 보고서에 작성해 제출해 주시기 바랍니다. (온라인 보고나 서면 보고 중 택일하시면 됩니다.)

※ 교회 별로 소그룹 리더 공지사항 등을 작성하시면 됩니다.
1.
2.
3.
4.

교회 내 신앙생활 가이드 (1)

오랫동안 신앙생활을 하기는 했지만, 바른 신앙의 자세가 무엇인지, 교회 내에서 어떤 모습으로 신앙생활을 해야 할지 알지 못해 고민하는 성도들을 우리 주변에서 어렵지 않게 만날 수가 있습니다. 아니 멀리 갈 것도 없이 바로 내 모습일 수도 있습니다. 그래서 두 달 동안 '교회 내 신앙생활 가이드(1,2)'를 통해서 교회 내 신앙 생활의 가장 기본이 되는 몇 가지 영역들을 다루려고 합니다.

<u>1과</u> **"바른 예배를 드리고 있습니까?"** 하나님께서는 이 땅의 교회들을 통해 영광 받으시기를 원하십니다. 그리고 교회가 하나님께 영광 돌리는 가장 중요한 일이 바로 예배입니다. 그렇기 때문에 교회의 구성원인 성도의 신앙생활에 가장 중요한 것 역시 예배라고 할 수 있습니다. 본 과의 목표는 예배의 중요성을 다시 인식하고 바른 예배 생활을 하게 하는 것입니다.

<u>2과</u> **"성도의 특권, 기도"** 기도생활에 대해 이야기하면 많은 사람들이 식상해 합니다. 반복적으로 많이 들었기 때문입니다. 그러나 많이 들었다고 기도를 잘하는 것은 아닙니다. 우리 중에 기도의 중요성에 대해 알기는 하지만, 정작 실천하지 않는 경우가 많습니다. 성도의 특권인 기도의 중요성에 대해 다시 한번 살펴보고 잃어버렸던 기도의 골방을 되찾는 것이 본 과의 목표입니다.

3과 "금보다 사모하는 말씀" 우리의 신앙이 메마르고 결핍되지 않기 위해서는 끊임없는 갱신이 절실하게 요구됩니다. 이를 위해서 우리가 항상 힘쓰지 않으면 안 되는 것이 바로 말씀의 생활화입니다. 그리스도인은 말씀을 듣고, 말씀을 읽고, 말씀의 가르침을 따라 살아가는 사람들입니다. 말씀의 능력을 깨닫고 말씀을 더욱 사모하게 하도록 도전을 주는 것이 본 과의 목표입니다.

4과 "감옥에서 부르는 찬양" 예수를 믿는 모든 사람들은 찬송하며 삽니다. 성경에서 찬양하라는 명령은 수를 셀 수도 없을 만큼 많이 기록되어 있습니다. 왜 찬양해야 하는지, 언제 찬양해야 하는지, 찬양할 때 어떤 역사가 일어나는지 말씀을 통해 살펴보고 하나님이 받으실만한 진정한 찬양을 올려드리기를 결단하는 것이 본 과의 목표입니다.

5과 "성령 안에서 나누는 성도의 교제" 인간은 혼자서 살 수 없는 존재입니다. 우리 모두에게는 마음을 나누고 대화를 나눌 친구가 필요합니다. 다른 말로 하면 인간은 교제가 필요한 존재라는 것입니다. 본 과에서는 성도의 삶에 교제가 필요한 이유와 어떻게 그 교제를 누릴 수 있는지에 대해 살펴보도록 하겠습니다.

삶의 매 순간마다 하나님께서 주시는 영육의 강건함 있기를 소원합니다.

한국소그룹목회연구원
대표 이상화

0000년 00월 00일

2과

성도의 언어생활

마음열기 [복습해 봅시다.]

그동안의 소그룹을 통해 나누었던 주제들 중에 특별히 기억에 남은 주제나 새로운 도전을 주었던 것이 있다면 함께 나누어 주십시오.

- ☐ 훈련의 필요성
- ☐ 다음세대를 세우는 교회
- ☐ 소그룹의 중요성
- ☐ 문화사역자
- ☐ 예배생활
- ☐ 기도생활
- ☐ 말씀생활
- ☐ 성도의 교제
- ☐ 헌금생활
- ☐ 찬송생활
- ☐ 전도와 선교
- ☐ 섬김과 나눔
- ☐ 직업과 신앙
- ☐ 결혼과 신앙
- ☐ 가정생활
- ☐ 재물과 신앙

함께 찬양

♫ 은혜의 찬양 386번 주님 큰 영광 받으소서
새찬송가 430장(통456장) 주와 같이 길 가는 것

말씀 나눔 [에베소서 4:29, 누가복음 6:28]

1. 우리는 말로써 사람의 영혼을 살리기도 하고 죽이기도 하며, 마음을 각성시키기도 하고 마비시키기도 하며, 감동을 주기고 하고 분노를 일으키게 하기도 합니다. 이처럼 우리의 말은 긍정적이든, 부정적이든 큰 힘을 가지고 있습니다. 당신이 '말 한 마디의 힘'을 실제로 경험한 적이 있다면 함께 나누어 보십시오.

____

2. 좋은 말과 언어를 선택해서 사용하는 것은 참 중요합니다. 우리는 말할 때, 쾌활하고, 부드럽고, 정확하게 말할 뿐 아니라 친절하고 예의있게 말하는 습관을 기를 필요가 있습니다. 자신의 언어생활에서 성숙시켜야 할 부분과 삼가해야 할 부분이 있다면 함께 나누어 보십시오.

〈Don't〉	〈Do〉
☐ 소리 지르지 않기	☐ 작은 일부터 칭찬하기
☐ 남과 비교하지 않기	☐ 말투와 단어 선택에 신경쓰기
☐ 의견 무시하지 않기	☐ 말과 행동에 동조하고 경청하기
☐ 무반응	☐ 한번 더 생각하고 말하기
☐ 기타	☐ 기타

3. 대화의 123법칙이라고 있습니다. 말하는 것은 1분, 듣는 것은 2분, 맞장구 치는데 3분을 사용하라는 경청의 법칙입니다. 다른 사람과의 소통이 잘 안되는 경우는 상대방의 말을 경청하지 않기 때문일 가능성이 매우 높습니다. 그렇기 때문에 시의적절한 말을 잘하기 위해서는 듣는 것이 중요합니다. 당신이 다른 사람의 말을 경청하는데 방해가 되는 것은 무엇인지, 반대로 당신만의 경청 노하우가 있다면 함께 나누어 주십시오.

[경청의 방해 요소]
☐다른 사람이 말하는 동안 이후에 자신이 무슨 말을 할 것인지 생각한다.
☐집중하지 않는다.
☐나에게 좋고 필요한 말만 듣는다.
☐상대방의 말투나 외모에 편견을 갖고 예 전제를 깔고 듣는다.
☐기타

[경청 노하우]
☐상대방에게 완전히 몰입하고 집중한다.
☐말하는 사람의 얼굴을 적절하게 쳐다본다.
☐진심어린 관심을 보여준다.
☐질문을 던져 대화가 중단되지 않도록 한다.
☐상대방의 말을 끝까지 들을 때까지 결론을 내리지 않는다.

보살핌

"경우에 합당한 말은 은쟁반에 금사과"라고 성경은 말합니다. 성도들은 이 세상을 살아가며 말로써 행복한 삶을 누릴 수 있어야 합니다. 말로 행복을 얻으려면 감사, 사랑, 축복의 말을 해야 합니다. 동시에 행복이 말에 있기 때문에 자나 깨나 말조심의 마음을 가져야 합니다. 그리스도인의 입술에 합당한 언어생활을 위해서 다짐한 것을 실천할 수 있도록 서로를 위해서 기도함으로 모임을 마무리하시기 바랍니다.

#한 주간의 기도제목

교회	
소그룹 공동체	
개인기도	

2과　　　　　성도의 언어생활

• 학습목표 •

언어는 많은 것을 드러나게 합니다. 언어는 마음과 신앙과 인격의 거울이라고 할 수 있습니다. 많은 경우에 한 사람의 말을 들으면 그 사람이 어떤 사람이며 그 사람의 생각이 어떠한지 알 수 있습니다. 그렇기 때문에 그리스도인으로 삶의 모범을 보이기 위해서는 바른 언어생활이 필수적입니다. 성경에서 권면하고 요구하는 성경적인 언어 습관은 무엇인지 살펴보는 것이 본 과의 목표입니다.

• 말씀 나눔을 위한 도입 •

우리가 절대 근절해야할 폭력은 물리적 폭력 뿐만 아니라 언어 폭력도 포함되어 있습니다. 안타까운 것은 이 언어폭력이 가정, 학교, 군대, 인터넷상 등에서 시간과 장소를 가리지 않고 날이 갈수록 점점 더 심화된다는 것입니다. 더욱 더 안타까운 것은 그리스도인들이 더러는 이런 언어폭력이 가해자가 되기도 하고, 또 피해자가 되기도 한다는 것입니다.

우리는 '사람이 말을 하고 말이 사람을 만든다'는 사실을 기억해야 할 것입니다. 인류 역사상 가장 지혜로운 사람 중에 하나라고 하는 솔로몬 왕도 이 말의 위력과 힘을 잘 알았던 사람입니다. 그래서 그는 "경우에 합당한 말은 아로새긴 은쟁반에 금 사과와 같다"고 하였습니다. 바른 언어생활은 이처럼 사람의 삶을 값지고 풍요롭게 하는 축복의 자원입니다.

그렇다면 바른 언어생활이란 무엇이며 어떻게 그것을 구체적으로 실천할 수 있을지 함께 말씀을 통해 살펴보고 함께 나누어 보도록 하겠습니다.

• 소그룹 마침기도 •

"우리에게 언어라는 선물을 허락하신 하나님"

우리가 언어를 주셔서 우리가 서로 생각을 나누고 소통하며,
가르치며 배우고, 수많은 이야기들을 공유할 수 있는
기쁨과 축복을 허락하여 주신 것에 감사를 드립니다.
그러나 하나님께서 우리에게 언어를 주신 것은 하나님을 찬양하고
이웃들을 사랑하며 창조 세계를 아름답게 하라고 하신 것 일진데,
우리는 원망하고 불평하는 말들을 습관적으로 뱉어내고,
다른 사람을 아프게 하고 좌절케 하는 말을 수없이 쏟아내고 있으니
우리의 어리석음과 완악함을 용서하여 주시옵소서.
이제 우리의 입술과 혀를 성령님께서 지켜주시사
입술을 잘 다스릴 수 있는 능력과 지혜를 허락하여 주시고,
그리하여 우리의 말로 가정과 학교,
직장을 세우는 귀한 은혜가 넘쳐나게 하옵소서.

예수님의 이름으로 기도드립니다. 아멘.

※ 위의 기도문을 참고 하셔서 더욱 깊이 기도하시면 더 큰 은혜가 있을 것입니다.

• 참고 구절 •

"도가니로 은을, 풀무로 금을, 칭찬으로 사람을 단련하느니라"
(잠언 27:21)

2025년 11월 현재 소그룹 교재 전체구성

(각 영역별로 계속 교재가 집필되고 있습니다.)

영적 영역 (총 15주제 251과)

1_ 구원의 확신 (8과) / 2_ 영적 생활 (69과)
3_ 선교 (8과) / 4_ 전도 (23과)
5_ 예배 (4과) / 6_ 믿음의 선진들(9과)
7_ 일상 신앙의 회복(26과)
8_ 내가 기도하는 하나님(9과)
9_ 구약에 나타난 기도응답 (5과)
10_ 예수님과 나(4과)
11_ 생명의 주 그리스도와 함께 (4과)
12_ 주님의 인도하심 (25과)
13_ 영성이란 무엇인가 (5과)
14_ 영원한 찬양 (25과)
15_ 나의 소망 되신 하나님(27과)

사회적 영역 (총 5주제 64과)

1_ 세상 속의 그리스도인 (12과)
2_ 세상을 이긴 믿음 (17과)
3_ 나라와 민족 (9과)
4_ 그리스도인의 사회 참여 (13과)
5_ 그리스도인의 직업관 (13과)

전인적 그리스도인

〈균형잡힌 그리스도인〉

지성적 영역 (총 7주제 67과)

1_ 복음(12과)
2_ 제자도 (4과)
3_ 리더십 (13과)
4_ 삼위일체 (8과)
5_ 그리스도인과 재물관(4과)
6_ 복음의 능력으로 하나님께 영광을! (13과)
7_ 예수님의 질문들을 통해서 확인하는 복음 (13과)

인격적 영역 (총 7주제 91과)

1_ 나눔과 섬김(9과)
2_ 그리스도인의 삶(8과)
3_ 일상속의 신앙생활(9과)
4_ 거룩한 삶으로 초대 (18과)
5_ 화평을 주시는 그리스도 (8과)
6_ 성령의 열매, 그리스도인의 성품 (19과)
7_ 하나님을 마음으로 모시는 삶 (20과)

본문중심 교재

1. 구약성경
- 여호수아(26과)
2_ 신약성경
- 마가복음(28과)
- 산상수훈(9과)
- 주기도문(8과)

절기중심 교재

송구영신 (16과)
그리스도의 생애
(고난,부활,성탄) (48과)
종교개혁 (13과) 및 기타

* 2025년 11월 전체 676과를 집필했으며 매달 새로운 주제로 나눔지가 집필되고 있습니다.

‘온라인 소그룹 성경공부 나눔지’ 사용 및 신청안내

‘한국소그룹목회연구원’으로 연락주시면 친절하게 상담 후
신청서를 메일로 송부해 드리겠습니다.

☎ 070-7578-2957

주소: 서울시 마포구 잔다리로 7길 31 교육관 503호
전자우편: webmaster@smallgroup.co.kr
홈페이지: www.smallgroup.co.kr

한국소그룹목회연구원
Korea Smallgroup Ministry Institute

부록5 소그룹 언약서

아래는 우리 소그룹에 참여하는 모든 이들이 함께 달려가기 위해 정해야 할 언약의 예문들입니다. 우리 그룹에 맞는 언약의 내용이 빠지지 않고 포함될 수 있도록 충분히 토론한 후 정식 언약서를 만들어서 각 조원에게 나누어 주십시오. 성경공부 시간이 부족하여 토론을 할 수 없는 경우, 별도로 시간 약속을 하여 언약서를 위한 토론회를 가지면 더욱 좋겠습니다.

1. 우리 모임의 목적은?

2. 우리 모임이 달성하려는 목표는?

3. 우리의 모임시간은?

4. 우리의 모임장소는?

5. 우리는 다음의 세부사항들을 준수할 것이다

*예습   *다과 준비   *전화 연락

6. 우리는 모임을 위하여 아래의 규칙들을 준수할 것이다

① 이 모임을 갖는 동안 우리는 모임에 참여하는 일에 우선 순위를 둔다.
② 모든 사람은 자신의 의견을 말할 수 있고 모든 질문들이 존중되어야 한다.
③ 모임에서 이야기된 개인적인 이야기를 다른 곳에서 공개하지 않는다.
④ 참가 인원의 규모와 모임의 공간이 허용하는 한 우리 그룹은 새로운 사람이 참여할 수 있다.
⑤ 다른 사람의 도움이 필요할 때면 언제든지 서로에게 연락할 수 있다.
⑥ 우리가 수행할 수 있는 특별활동이 조원들 간의 합의에 의해 정해지면 그것을 완성될 수 있도록 최선의 노력을 기울인다.
⑦ 기타

**위 내용을 성실히 수행함으로
아름다운 열매를 맺을 것을 약속합니다.**

주후 20   년   월   일
성 명 :   (서명)